Für eine afrikanische Revolution
Politische Schriften

Frantz Fanon

Für eine afrikanische Revolution

Politische Schriften

Aus dem Französischen übertragen von
Einar Schlereth

Herausgegeben von Barbara Kalender

MÄRZ

Inhaltsverzeichnis

Vorwort

Die politischen Texte von Frantz Fanon, die in diesem Band veröffentlicht werden, umfassen die aktivste Periode seines Lebens, von der Veröffentlichung von *Peau noire, masques blanches* im Jahre 1952 – er war gerade achtundzwanzig Jahre alt – bis zu *Les damnés de la terre* im Jahre 1961, die fast mit seinem Todestag zusammenfallen sollte.

Die Mehrzahl dieser Texte wurde bereits veröffentlicht. Sie wurden in verschiedenen Zeitschriften und Periodika abgedruckt, die jeweils mit dem Erscheinungsdatum angegeben sind. Aber sie waren verstreut und schwierig aufzufinden.

Besonders jene aus dem *El Moudjahid* sind heute kaum noch zugänglich, waren selbst damals nur einem eng umgrenzten Publikum zugänglich.

In chronologischer Reihenfolge zusammengefasst, stellen diese Texte eine einzigartige lebendige Einheit dar. Sie markieren die sukzessiven Etappen ein und desselben Kampfes, der sich entwickelt und ausdehnt, dessen Ziel und Mittel jedoch von Anfang an klar gesehen und fest umrissen waren. Die drei bis jetzt veröffentlichten Bücher waren drei Analysen, die sich an bestimmten Punkten der Entwicklung Frantz Fanons herauskristallisierten. Die folgenden Texte sind ein allgemeinerer Leitfaden durch sein Leben und Werk, die Marschroute eines Denkens in ständiger Entwicklung, sich ständig erweiternd und bereichernd, gleichwohl sich selbst immer die Treue haltend.

Die zwei ersten Artikel, *Das nordafrikanische Syndrom* und *Antillesen und Afrikaner*, veröffentlicht 1952 und 1955, können die ersten Etappen markieren. Zu diesem Zeitpunkt hat Frantz Fanon seine Studien der Psychiatrie abgeschlossen: Er ist somit in der Lage, einerseits aus seiner täglichen medizinischen Erfahrung heraus wissenschaftlich über die Situation des Kolonisierten Bericht zu erstatten; andererseits ist diese Situation – er hat sie historisch miterlebt, er erlebt sie noch immer – für ihn eine persönliche Erfahrung, die er auch von innen heraus beurteilen kann. Einmal entschlossen, gleicherweise von dem »großen weißen Irrtum« und dem »großen schwarzen Wahn« loszukommen, beschreitet er einen neuen, einen revolutionären Weg; um das Problem des Kolonisierten aufzuwerfen und um es zu lösen, bringt er alle Voraussetzungen mit; sein Selbstbewusstsein und die Klarheit seiner Vision verstärken noch die Entschlossenheit seines Engagements. Frantz Fanon trifft seine Wahl. Er wird in Algerien praktizieren, einem Land des Kolonialismus par excellence, um unter den gleich ihm Kolonisierten zu leben und zu kämpfen. Das Thema wird in *Rassismus und Kultur* behandelt, ein Vortrag, den er 1956 auf dem I. Kongress der Schwarzen Schriftsteller hielt. Diesmal ist die Analyse schärfer, die Anklage ist radikal, das Engagement ist eindeutig und präzise. Seine Diagnose des Rassismus, die »nicht eine zufällige Erfindung ist«, sondern »sich in ein charakteristisches Ganzes einfügt, das der Ausbeutung einer Gruppe Menschen durch eine andere«, impliziert nur eine Lösung: »Das logische Ende dieses Kampfwillens ist die totale Befreiung des nationalen Territoriums« und »… Der Kampf ist von Anfang an total, absolut«. Dieser Kampf ist nicht verbal. Seit er Psychiater am Krankenhaus in Blida ist, und erst recht nach dem Beginn des Aufstandes, kämpft Frantz Fanon konkret in der revolutionären algerischen Organisation. Zur gleichen Zeit vollendet er eine bemerkenswerte medizinische Arbeit, bahnbrechend in jeder Beziehung, tiefschürfend, innigst verbunden mit seinen Kranken, in denen er in erster Linie die

Opfer des Systems sieht, das er bekämpft. Er sammelt die klinischen Berichte und die Analysen der Phänomene der kolonialen Entfremdung, die sich hinter den Geisteskrankheiten verbergen. Er erforscht die lokalen Traditionen und ihre Beziehungen zur Kolonisierung. Dieses äußerst wichtige Material ist zugänglich, aber es ist ebenfalls verstreut, und wir hoffen, es in einem gesonderten Band zusammenfassen zu können. Seine Arbeit als militantes Mitglied der FLN bringt ihn bald mit der französischen Polizei in Berührung. Ende 1956, bevor er nach Tunis geht, bringt er in seinem *Demissionsbrief* ein totales Engagement zum Ausdruck, das allerdings schon weit zurückliegt. Mit dem unveröffentlichten Brief *An einen Franzosen*, dem einzigen Text, der über diese Periode Zeugnis ablegt, haben wir das Kapitel *Für Algerien* bestritten. Aus den Erfahrungen, die er im unmittelbaren Kampf macht, sollte später *L'an V de la révolution algérienne* entstehen.

In Tunis wird Frantz Fanon dazu berufen, im Pressedienst der FLN mitzuarbeiten. Er gehört zu den geistigen Urhebern des *El Moudjahid*, von dem die ersten Nummern erscheinen. Ohne Unterlass widmet er sich der Aufgabe, die Totalität, die unverschleierte Einheit des kolonialistischen Systems aufzuzeigen, die Solidarität, zu der es wohl oder übel jene verpflichtet, die auf seiner Seite stehen, während sich der Völkermord an einer Million Algeriern vollzieht. Seine Analyse in *Linksintellektuelle und der Krieg in Algerien* greift die französische Linke auf das Heftigste an. Er weist darin die Heuchelei jener nach, die im Kolonialismus und seinen Folgen, Krieg, Torturen, nur einen monströsen Auswuchs sehen, den zu beschreiben und zu missbilligen es genügt, während es sich doch um ein völlig logisches unbedingt zusammenhängendes Ganzes handelt, das alle jene, die in seiner Mitte leben, unwiderruflich zu Komplizen macht.

Fanon hat nun die Möglichkeit, eines seiner ersten Themen ausführlich zu behandeln: die Verbindung des Kampfes aller Kolonisierten. Als einer der ersten, der auf konkrete Weise die Einheit Afrikas ins Auge fasst – nicht als eine »prophetische Vision«, sondern als Ziel des unmittelbaren Kampfes – verbindet er ständig das Schicksal der algerischen Revolution mit der Gesamtheit des Kontinentes, nicht die algerische Revolution, die Avantgarde der afrikanischen Revolution. *El Moudjahid* verfolgt unbeirrt diese Linie: *Die algerische Revolution und die Befreiung Afrikas*, Titel einer Broschüre mit Artikeln und Dokumenten der FLN und zu jener Zeit am weitesten verbreitet, bezeichnet treffend die Bedeutung, die die algerischen Revolutionäre damals dieser Linie beimaßen. Die Artikel des *El Moudjahid* wurden niemals signiert. Die Anonymität war total. Die hier unter der Kontrolle von Frantz Fanon veröffentlichten Artikel sind ausschließlich solche, bei denen wir die unwiderlegbare Sicherheit haben, dass sie von Frantz Fanon geschrieben wurden. Gewiss hat sich seine Mitarbeit nicht nur auf diese Artikel beschränkt. Aber wie in jedem Team, und besonders in dieser Revolution auf ihrem Höhepunkt, findet bei der Arbeit eine ständige Osmose, Wechselwirkung und gegenseitige Anregung statt. In dem Moment, wo das Denken Frantz Fanons im Kontakt mit dem schöpferischen Kern der algerischen Revolution neue Dimensionen erreicht, verleiht es auch diesem neue Anstöße. Wir haben die in jener Zeit entstandenen Texte unter dem Titel *Die Befreiung Afrikas* zusammengefasst.

Die Idee, die Fanon von dem »Afrika auf dem Marsch«, hatte, konkretisiert sich in der Mission, die er in den westafrikanischen Ländern durchführt, nachdem er Botschafter in Accra geworden war. Er untersuchte besonders die Bedingungen für eine engere Allianz der Afrikaner, die Rekrutierung schwarzer Freiwilliger, die Eröffnung einer neuen Front im Süden der Sahara … Die Seiten, die wir im letzten Kapitel veröffentlichen – *Die Afrikanische Einheit* – stammen aus einem unveröffentlichten Reisebericht, in dem dieser Plan in seiner ganzen Klarheit und Vehemenz Gestalt gewinnt.

Frantz Fanon kehrt von dieser Mission erschöpft zurück: Er hatte Leukämie bekommen. Seine letzte Kraft widmete er der Redigierung der *Damnés de la terre*. Er starb ein Jahr nach dem Sturz Lumumbas, den er unmittelbar miterlebt hatte, dessen Freund er gewesen war und der zu den afrikanischen Führern gehörte, dessen afrikanische Vision der seinigen am nächsten kam. Er starb mit der Gewissheit der baldigen totalen Befreiung Afrikas, überzeugt, wie er in *L'an V de la révolution algérienne* geschrieben hatte, dass die algerische Revolution eine »nicht umkehrbare Situation« geschaffen hatte.

François Maspero

I.

DER KOLONISIERTE IN FRAGE

1. Das »nordafrikanische Syndrom«[1]

Man sagt gerne, dass der Mensch sich selbst ununterbrochen infragestellt, und dass er sich selbst verleugnet, wenn er behauptet, es nicht mehr zu sein. Also scheint es, dass es möglich sein muss, eine höchste Dimension aller menschlichen Probleme darzustellen. Genauer noch: dass alle Probleme, die sich der Mensch in Bezug auf den Menschen stellt, sich auf die folgende Frage zurückführen lassen:

»Habe ich nicht, durch meine Taten oder meine Unterlassungen, zu einer Abwertung der menschlichen Realität beigetragen?« Eine Frage, die sich auch formulieren ließe:

»Habe ich unter allen Umständen den Menschen, der in mir steckt, angerufen und herausgefordert?«

Ich will mit diesen Zeilen zeigen, am besonderen Beispiel des nach Frankreich emigrierten Nordafrikaners, dass eine Theorie der Inhumanität Gefahr läuft, ihre Gesetzmäßigkeiten zu finden. All diese Menschen, die Hunger haben, all diese Menschen, die frieren, all diese Menschen, die Furcht haben …

All diese Menschen, die uns Furcht einflößen, die den smaragdfarbenen Schleier von unseren Träumen reißen, die die zerbrechliche Wölbung unseres Lächelns zerstören, all diese Menschen uns gegenüber, die uns keinerlei Fragen stellen, denen aber wir ungewöhnliche Fragen stellen.

Wer sind sie?

Ich frage es euch, ich frage es mich. Wer sind sie, diese nach Menschlichkeit begierigen Wesen, die sich stemmen gegen die nicht fassbaren Grenzen (die ich aber mit furchtbarer Deutlichkeit aus Erfahrung kenne) der vollständigen Anerkennung?

Wer sind sie wirklich, diese Wesen, die sich verstecken, die sich in der sozialen Wirklichkeit hinter Attributen wie bicot, bounioule, arabe, raton, sidi, mon z'ami verbergen? (In Frankreich gebräuchliche Schimpfworte für Araber. D. Übers.)

I. These. – *Dass das Verhalten des Nordafrikaners häufig bei medizinischem Personal eine misstrauische Haltung hervorruft, in Bezug auf die Echtheit seiner Krankheit.*

Mit Ausnahme von dringenden Fällen, wie Darmverstopfung, Verwundung, Unfällen, ergeht sich der Nordafrikaner in vagen Andeutungen.

Er hat Schmerzen im Bauch, im Kopf, im Rücken, er hat überall Schmerzen.

Er leidet furchtbar, sein Gesicht ist beredt, es ist ein gebieterisches Leiden.

»Was gibt es denn, mein Freund?«

»Ich sterbe, Herr Doktor.«

Sagt es mit beinahe gebrochener Stimme.

»Wo hast du Schmerzen?«

»Überall, Herr Doktor.«

Vor allem verlange man keine präzisen Angaben: Ihr werdet sie nicht bekommen. Bei Schmerzen, die von Geschwüren herrühren, ist es zum Beispiel wichtig, den Stundenplan der Schmerzen zu kennen. Dieses Sich-halten-an zeitliche Kategorien scheint der Nordafrikaner zu hassen. Es ist keineswegs Unverständnis, denn oft kommt er in Begleitung eines Dolmetschers. Man könnte sagen, dass es ihm schwerfällt, sich in eine Lage zurückzuversetzen, in der er nicht mehr ist. Die Vergangenheit, das ist für ihn heftig schmerzende Vergangenheit. Was er erhofft, ist nie mehr leiden zu müssen, niemals mehr mit dieser Vergangenheit konfrontiert zu werden. Dieser gegenwärtige Schmerz, der die Muskeln seines Gesichtes derart verzerrt, genügt ihm. Er versteht nicht, dass man ihn zu etwas zwingen will, und sei es nur in der Erinnerung, was schon nicht mehr ist. Er versteht nicht, warum der Arzt ihm so viele Fragen stellt.

»Wo hast du Schmerzen?«

»Im Bauch.«

(Er deutet auf Thorax und Unterleib.)

»Wann?«

»Immer.«

»Auch in der Nacht?«

»Besonders in der Nacht.«

»Hast du mehr Schmerzen in der Nacht oder am Tag?«

»Nein, immer.«

»Aber mehr in der Nacht als am Tag?«

»Nein, immer.«

»Und wo tut es am meisten weh?«

»Da.« (Er deutet auf Thorax und Unterleib.)

Da steht man nun, draußen warten die Kranken und, was noch schlimmer ist, man hat den Eindruck, dass die Zeit nichts an der Angelegenheit ändert. Man entlässt ihn also mit einer Wahrscheinlichkeitsdiagnose und verordnet entsprechend eine annähernde Therapeutik.

»Nimm dieses Mittel einen Monat lang. Wenn es dir nicht besser geht, kommst du wieder.«

Dann gibt es zwei Möglichkeiten:

1. Dem Kranken geht es nicht sofort besser und er kommt drei, vier Tage später wieder in die Sprechstunde. Dadurch werden wir gegen ihn aufgebracht, denn schließlich ist der Wirkung des verschriebenen Medikamentes eine bestimmte Frist gesetzt worden (womit wir entschuldigt sind).

Man macht es ihm verständlich: er muss sich exakt daran halten, sagt man ihm. Aber unser Patient hat gar nicht zugehört. Er *ist* nur Schmerz und er weigert sich, das ganze Gerede zu verstehen und der Grund für diese Behauptung ist nicht weit zu suchen: »Es ist nur, weil ich Araber bin, dass sie mich nicht wie die anderen pflegen.«

2. Dem Kranken geht es nicht sofort besser, aber er kommt nicht zum selben Arzt zurück und nicht zum selben Krankenhaus.

Er geht woanders hin. Er geht von dem Prinzip aus, dass man erst dann Genugtuung erhält, wenn man an alle Türen geklopft hat und er klopft. Er klopft mit Erbitterung. Mit Sanftmut. Mit Naivität. Mit Wut. Er klopft. Man öffnet ihm. Und er erzählt *seinen Schmerz*. Der immer mehr zu seinem Schmerz wird. Er schildert ihn mit großer Beredsamkeit. Er packt ihn, dreht und wendet ihn mit allen zehn Fingern, entfernt alle Hüllen, führt ihn vor. Der Schmerz wird zusehends größer. Er rafft ihn aus allen Körperenden und -ecken zusammen und nach fünfzehn Minuten gestenreicher Erklärungen übersetzt uns der Interpret (mit Umschweifen, wie es sich gehört): Er sagt, dass er Schmerzen im Bauch hat.

Alle diese Streifzüge in den Raum, diese Zuckungen des Gesichtes, dieses ganze Augenaufreißen wollten nur einen vagen Schmerz zum Ausdruck bringen. Und dann kommen wir mit unseren Erklärungen und empfinden eine Art Enttäuschung. Die Komödie oder das Drama beginnt von vorne: Diagnose und annähernde Therapeutik.

Es gibt keinen Grund, weshalb das Spiel aufhören sollte. Eines Tages wird man eine Röntgenaufnahme machen, die ein Geschwür oder eine Gastritis zum Vorschein bringt. Oder die in den meisten Fällen gar nichts ergeben wird. Man wird von seinen Schmerzen sagen, sie seien »funktional«.

Diese Erfahrung ist bedeutsam und verdient, dass man bei ihr verweilt. Eine Sache wird vage ausgedrückt, wenn es ihr an Konsistenz ermangelt, an einer objektiven Realität.

Der Schmerz des Nordafrikaners, für den wir keinen Krankheitsgrund feststellen können, wird als inkonsistent, als irreal beurteilt. Oder der Nordafrikaner *ist* einfach einer, der die Arbeit scheut. Sodass sein ganzes Verhalten, von diesem a priori ausgehend, dementsprechend interpretiert wird.

Ein Nordafrikaner kommt aus Faulheit, Schlaffheit, Schwäche in Behandlung. Man verordnet ihm kräftigende Mittel, um ihn wiederherzustellen. Nach zwanzig Tagen ordnet man seine Entlassung an. Dann entdeckt er eine neue Krankheit.

»Das Herz, das hüpft da drinnen.«

»Der Kopf, der zerspringt mir.«

Angesichts dieser Angst vor der Entlassung beginnt man sich zu fragen, ob die Schwäche, derentwillen er behandelt wurde, nicht einer Laune entspringt. Man beginnt sich zu fragen, ob man nicht der Spielball dieses Kranken gewesen ist, den man sowieso nie richtig verstanden hat. Der Verdacht nimmt Formen an. Von nun an wird man den angegebenen Symptomen misstrauen.

Im Winter ist die Sache klar; wenn die große Kälte einsetzt, sind manche Hospitäler buchstäblich überfüllt. Es ist so angenehm in einem Krankensaal.

In einem Hospital schalt ein Arzt einen Europäer, der Ischias hatte, weil er den ganzen Tag in den Krankenzimmern herumschwirrte. Er erklärte ihm, dass die Ruhe in diesem besonderen Fall schon die halbe Behandlung ist. Speziell zu uns gewandt fügte er hinzu, dass es bei den Nordafrikanern ganz anders sei: Ihnen brauche man nicht die Ruhe zu verordnen, sie seien sowieso den ganzen Tag im Bett.

Angesichts dieses Schmerzes ohne Krankheit, dieser Krankheit, die sich im und über den ganzen Körper verteilt, dieses beständigen Leidens, ist die allereinfachste Haltung die, zu der man sich mehr oder weniger schnell verleiten lässt, diejenige, dass man jeden krankhaften Zustand leugnet. Im äußersten Fall ist der Nordafrikaner ein Simulant, ein Lügner, ein Drückeberger, ein Nichtsnutz, ein Faulenzer, ein Dieb.[2]

II. These. – *Die Einstellung des medizinischen Personals ist sehr häufig vorgefasst. Der Nordafrikaner ist nicht in seiner Rasse verankert, sondern er betritt einen Boden, der von den Europäern bereitet wurde. Mit anderen Worten, er gerät, im Augenblick seines Erscheinens, in einen präexistierenden Rahmen.*

Seit einigen Jahren tritt eine medizinische Richtung in Erscheinung, die man, kurzgefasst, als Neohypokratismus bezeichnen könnte.

Diese Tendenz beabsichtigt, dass die Ärzte sich weniger bemühen, beim Kranken eine Diagnose der Organe zu erstellen, als vielmehr eine Diagnose der Funktionen. Aber diese Gedanken sind noch nicht bis zu den Lehrstühlen gedrungen, an denen Pathologie gelehrt wird. Es gibt einen Konstruktionsfehler im Denken des praktischen Arztes. Einen äußerst gefährlichen Fehler.

Wir werden ihn an einem konkreten Fall aufzeigen.

Ich werde zu einem Kranken gerufen, einem dringenden Fall. Es ist zwei Uhr morgens. Das Zimmer ist schmutzig, der Kranke ist schmutzig. Seine Eltern sind schmutzig. Alle heulen. Alle schreien. Der seltsame Eindruck, dass der Tod nicht weit ist.

Der junge Arzt verscheucht alle Abschweifungen seiner Seele. Er beugt sich ganz »objektiv«, mit typisch chirurgischer Miene über den Bauch.

Er fasst ihn an, er betastet, er klopft, er fragt, aber er bekommt nur Seufzer zu hören, er betastet wieder, klopft abermals, und der Magen zieht sich zusammen, wehrt sich … Er »sieht nichts«. Und wenn es dennoch etwas Chirurgisches wäre? Wenn er etwas übersehen hätte? Seine Untersuchung ist negativ, aber er wagt nicht zu gehen. Nach vielem Zögern steuert er seinen Kranken auf die Diagnose *akute Bauchentzündung* zu. Drei Tage danach sieht er seine *akute Bauchentzündung* lachend und vollständig geheilt in sein Zimmer hereinspazieren. Aber was der Kranke nicht weiß, ist, dass es ein anspruchsvolles medizinisches Denken gibt und dass er dieses Denken lächerlich gemacht hat.

Das medizinische Denken schließt vom Symptom auf eine Verletzung. In hervorragenden Kreisen, auf internationalen Medizinerkongressen ist man sich über die Bedeutung des neurovegetativen Systems, des Zwischenhirnes, der endokrinen Drüsen, der psychosomatischen Zusammenhänge, des vegetativen Nervensystems im Klaren, aber man fährt damit fort, die Ärzte zu lehren, dass jedes Symptom eine Läsion erforderlich macht. Der Kranke ist derjenige, der, wenn er von Kopfschmerzen, Ohrensausen, Schwindelanfällen spricht, gleichzeitig überhöhten Blutdruck präsentiert. Aber wenn man anhand dieser Symptome weder überhöhten Blutdruck, noch einen Gehirntumor, auf jeden Fall nichts Positives findet, dann versagt für den Arzt das medizinische Denken; und da jedes Denken ein Denken von etwas ist, wird für ihn *der Kranke* versagen, – ein uneinsichtiger, undisziplinierter Kranker, der nicht die Spielregeln kennt. Diese unumstößliche Regel, die sich darin ausdrückt: Jedes Symptom geht auf eine Läsion zurück.

Und der Kranke, was mache ich mit ihm? Von der Chirurgie, wohin ich ihn wegen eines möglichen Eingriffes geschickt hatte, kommt er mit der Diagnose »nordafrikanisches Syndrom« zurück. Und es ist wahr, dass der junge Arzt von Anfang an durch die Nordafrikaner in seiner Abteilung mit Molière in Berührung kommt. Eingebildeter Kranker! Wenn Molière (ich werde eine Dummheit sagen, aber diese Zeilen sollen ja nur eine viel größere Dummheit deutlich und offensichtlich machen), wenn Molière das Privilegium genießen würde, im XX. Jahrhundert zu leben, hätte er sicherlich nicht *Der eingebildete Kranke* geschrieben, denn niemand ist sich darüber im Zweifel, dass Argan krank ist. Er ist aktiv krank:

Was sagst du, Schurkin! Und ob ich krank bin! Und ob ich krank bin, Schamlose!

Das nordafrikanische Syndrom. Wenn sich heutzutage ein Nordafrikaner in die Sprechstunde begibt, dann trägt er die tote Last all seiner Landsleute mit sich. All jener, die nur Symptome hatten, all jener, von denen man sagte: »Nichts, um sich graue Haare wachsen zu lassen.« (Wohlgemerkt: keine Läsion.) Aber der Kranke, der mir hier gegenübersteht, dieser Körper, von dem ich gezwungen bin anzunehmen, dass er von einem Bewusstsein beherrscht wird, dieser Körper, der schon nicht mehr ganz oder der vielmehr doppelt Körper ist, da mit Schrecken erfüllt – dieser Körper, der von mir gehört zu werden erwartet, ohne Umschweife – er provoziert in mir eine Revolte.

»Wo hast du Schmerzen?«

»Im Magen.« (Und er zeigt auf die Leber.)

Ich ärgere mich. Ich sage ihm, dass der Magen links liegt, dass das, was er mir zeigt, der Sitz der Leber ist. Er lässt sich keineswegs aus der Fassung bringen, er fährt mit der Handfläche über diesen geheimnisvollen Bauch:

»Das alles tut mir weh.«

Aber ich weiß, dass es in »das alles« drei Organe gibt; zur Not sogar fünf oder sechs. Dass jedes Organ *seine* Pathologie hat. Diese vom Araber erfundene Pathologie interessiert uns nicht. Das ist eine Pseudopathologie. Der Araber ist ein Pseudokranker.

Jeder Araber ist ein eingebildeter Kranker. Der junge Arzt oder der junge Student, der niemals einen kranken Araber gesehen hat, *weiß* (vergleich die alte medizinische Tradition), dass »diese Typen Schauspieler sind«. Etwas jedoch könnte Anlass zur Überlegung bieten. Gegenüber einem Araber ist der Student oder der Arzt geneigt, die zweite Person Singular zu verwenden. Das ist nett, wird man uns sagen ... damit sie sich wohlfühlen ... sie sind es nicht anders gewohnt. Tut mir leid, ich fühle mich nicht in der Lage, dieses Phänomen zu analysieren, ohne meine objektive Haltung, die ich mir auferlegt habe, aufzugeben.

Das ist stärker als ich, sagte mir ein Assistenzarzt, ich kann sie nicht genauso anreden wie die anderen Kranken.

Sehr gut! Das ist stärker als ich. Wenn ihr wüsstet, was in meinem Leben stärker als ich ist. Wenn ihr wüsstet, was mich in meinem Leben in den Stunden quält, wo die anderen ihren Verstand einschläfern. Wenn ihr wüsstet ... aber ihr werdet es nicht wissen. Das medizinische Personal entdeckt die Existenz eines nordafrikanischen Syndroms. Nicht auf experimentellem Wege, sondern durch mündliche Überlieferung. Der Nordafrikaner nimmt Platz in diesem asymptomatischen Syndrom und begibt sich automatisch auf eine Ebene der Undiszipliniertheit (im Verhältnis zur medizinischen Disziplin), der Inkonsequenz (in Beziehung zu dem Gesetz: Jedes Symptom setzt eine Läsion voraus), der Unaufrichtigkeit (er sagt leiden, wenn wir doch wissen, dass es für das Leiden keine *Ursachen* gibt). Eine vage Idee ist bereits vorhanden, an der Grenze meiner Unehrlichkeit, besonders wenn der Araber sich vermittels seiner Sprache verrät:

»Herr Doktor, ich sterbe.«

Diese Idee, nachdem sie einige Haken geschlagen hat, setzt sich fest, zwingt sich mir auf.

Diese Typen sind einfach nicht ernsthaft.

III. These. – *Der beste Wille und die besten Absichten nutzen nichts, wenn sie sich nicht manifestieren.*
Über die Notwendigkeit, eine Situationsdiagnose zu stellen.
Doktor Stern schreibt in einem Artikel über psychosomatische Medizin, wobei er die Arbeiten von Heinrich Meng stützt: »Man muss nicht nur herausfinden, welches das angegriffene Organ ist, welcher Art die organischen Verletzungen sind, wenn welche bestehen, und welche Mikroben den Organismus befallen haben; es reicht nicht, die *somatische Konstitution* des Kranken zu kennen, sondern man muss das versuchen, *herauszufinden*, was Meng seine *Situation* nennt, das heißt seine Beziehungen zu seiner Umgebung, seine Beschäftigungen, seine Sorgen, seine Sexualität, seine inneren Spannungen, sein Gefühl der Sicherheit oder Unsicherheit, die Gefahren, die ihn bedrohen; und, fügen wir auch hinzu, seine Entwicklung, seine Lebensgeschichte. Man muss eine *Situationsdiagnose*[3] machen.«

Doktor Stern schlägt einen hervorragenden Plan vor, dem wir folgen.

1. *Beziehungen zu seiner Umgebung.* – Muss man wirklich darüber sprechen? Liegt nicht eine gewisse Komik darin, über die Beziehungen des Nordafrikaners zu seiner Umgebung, in Frankreich, zu sprechen? Hat er Beziehungen? Ist er nicht alleine? Sind sie nicht alleine? In den Straßenbahnen oder Trolleybussen kommen sie uns nicht absurd vor, sozusagen ohne jeden Hintergrund? Woher kommen sie? Von Zeit zu Zeit sehen wir sie auf irgendeinem Bau arbeiten, aber man sieht sie nicht, man bemerkt sie, man sieht sie nur flüchtig. Umgebung? Beziehungen? Es gibt keine Kontakte. Es gibt nur ein Darauf-stoßen. Weiß man, was das Wort Kontakt an Sanftem und Höflichem umfasst? Gibt es Kontakte? Gibt es Beziehungen?

2. *Beschäftigungen und Sorgen.* – Er arbeitet, er ist beschäftigt, er beschäftigt sich, man beschäftigt ihn. Seine Sorgen? Ich glaube, dass es dieses Wort nicht in seiner Sprache gibt. Sich sorgen um was? In Frankreich sagt man: Er kümmert sich darum, Arbeit zu finden; in Nordafrika: Er ist damit beschäftigt, Arbeit zu finden. »Entschuldigung, Madame, welches sind ihrer Meinung nach die Sorgen des Nordafrikaners?«

3. *Sexualität.* – Ich verstehe, es dreht sich um Notzucht. Um zu zeigen, bis zu welchem Punkt eine obskure Studie für den gültigen Nachweis eines Phänomens von Nachteil sein kann, möchte ich einige Zeilen aus einer medizinischen Doktorarbeit wiedergeben, die 1951 von Doktor Léon Mugniery geschrieben wurde:

»In der Region von Saint-Étienne haben acht von zehn Arabern Prostituierte geheiratet. Die Mehrzahl der anderen leben in zufälligen und kurzfristigen Verbindungen, die manchmal einer Ehe gleichkommen. Oft beherbergen sie für einige Tage eine oder mehrere Prostituierte, denen sie ihre Freunde zuführen.

Denn die Prostitution scheint im nordafrikanischen Milieu eine bedeutende Rolle zu spielen[4] ... Sie entspringt dem starken sexuellen Appetit, mit dem diese heißblütigen Südländer ausgestattet sind.«

Weiter unten:

»Zweifelsohne kann man zahlreiche Einwände machen und an vielfältigen Beispielen zeigen, dass die Versuche, die unternommen wurden, um die Nordafrikaner angemessen unterzubringen, ebenso viele Fehlschläge waren.

In der Mehrzahl handelt es sich um junge Männer (25–35 Jahre) mit starken sexuellen Bedürfnissen, die durch das Band einer Mischehe nur zeitweilig gestillt werden können, weshalb für sie die Homosexualität zu einem verhängnisvollen Laster wird … Es gibt kaum eine Lösung für dieses Problem: Entweder muss man trotz *der Risiken*[5], die eine solche Invasion durch arabische Familien darstellt, die Bildung von Familien in Frankreich begünstigen und muss junge Mädchen und arabische Frauen kommen lassen, oder man muss für sie geschlossene Häuser in Kauf nehmen …

Wenn man diesen Fakten nicht Rechnung tragen will, wird man riskieren, sich noch häufigeren Notzuchtversuchen auszusetzen, wovon uns die Zeitungen ständig genug Beispiele bieten. Die öffentliche Moral hat zweifelsohne mehr von der Existenz dieser Tatsachen zu fürchten als von der Existenz solcher geschlossener Häuser.«

Und zum Abschluss beklagt der Doktor Mugniery einen Irrtum der französischen Regierung, indem er in seiner Arbeit diesen Satz mit großen Buchstaben schreibt:
»DIE BEWILLIGUNG DER FRANZÖSISCHEN STAATSBÜRGERSCHAFT MIT RÜCKSICHT AUF DAS GLEICHE RECHT FÜR ALLE SCHEINT ZU ÜBEREILT GEWESEN ZU SEIN UND SICH MEHR AUF SENTIMENTALE UND POLITISCHE GRÜNDE ZU STÜTZEN ALS AUF DEN UMSTAND DER SOZIALEN UND INTELLEKTUELLEN EVOLUTION EINER RASSE MIT ZUWEILEN ENTWICKELTER ZIVILISATION, ABER EINEM NOCH PRIMITIVEN SOZIALEN, FAMILIÄREN UND SANITÄREN VERHALTEN.« (S. 45)

Gibt es dem noch etwas hinzuzufügen, muss man diese absurden Sätze, einen nach dem anderen durchgehen, muss man den Doktor Mugniery daran erinnern, dass wenn die Nordafrikaner sich in Frankreich mit Prostituierten begnügen, erstens nur deshalb, weil sie dort Prostituierte vorfinden und zweitens, weil sie dort keine arabischen Frauen vorfinden (die ja die Nation überschwemmen könnten)?

4. *Seine innere Spannung.* – Wirklich? Dann könnte man auch von der inneren Spannung eines Steines sprechen. Innere Spannung! Welch ein Witz!

5. *Sein Gefühl der Sicherheit oder Unsicherheit.* – Der erste Terminus muss gestrichen werden. Der Nordafrikaner ist eine ständige Unsicherheit. Eine mehrschichtige Unsicherheit.

In gewissen Augenblicken frage ich mich, ob es nicht gut wäre, dem durchschnittlichen Franzosen klarzumachen, dass es ein Unglück ist, Nordafrikaner zu sein. Der Nordafrikaner war niemals sicher. Er hat Rechte, werdet ihr mir sagen, aber er kennt sie nicht. Ah! Ah! Er muss sie nur kennen. Die Kenntnis. Na ja! Und wir fallen wieder auf unsere Füße. Rechte, Pflichten, Bürgerschaft, Gleichheit, wie wunderbar! Der Nordafrikaner an der Schwelle der französischen Nation – die, wie man uns sagt, die seine ist – fristet auf politischer und ziviler Ebene ein verzwicktes Dasein, auf das niemand auch nur einen Blick werfen möchte.

Was für eine Beziehung zum Nordafrikaner gibt es in einem gastfreien Milieu? Genau, es gibt eine Beziehung.

6. *Die Gefahren, die ihn bedrohen.*

Bedroht in seinem Gemütsleben,

bedroht in seiner sozialen Aktivität,

bedroht in seiner Zugehörigkeit zur Gemeinschaft,

vereinigt der Nordafrikaner alle Bedingungen auf sich, die einen Menschen krank machen.

Ohne Familie, ohne Liebe, ohne menschliche Beziehungen, ohne Verbindung mit der Umgebung, wird die erste Begegnung mit sich selbst auf neurotische oder pathologische Art verlaufen; er wird sich leer fühlen, ohne Leben, ganz nahe dem Tode, ein Tod diesseits des Todes und was ist bewegender, als dass dieser Mann mit seinen starken Muskeln mit wahrhaft gebrochener Stimme zu uns sagt: »Herr Doktor, ich sterbe.«

7. *Seine Entwicklung und seine Lebensgeschichte.* – Es wäre besser zu sagen, die Geschichte seines Todes. Eines täglichen Todes.

Ein Tod in der Straßenbahn,
ein Tod im Sprechzimmer,
ein Tod bei den Prostituierten,
ein Tod am Arbeitsplatz,
ein Tod im Kino,
ein vielfacher Tod in den Zeitungen,
ein Tod aus Furcht, nach Mitternacht das Haus
zu verlassen vor lauter netten Menschen.
Ein Tod,
ja ein TOD.
Das ist alles sehr schön, wird man uns sagen, aber was
für eine Lösung schlagen sie vor?
Sie wissen doch, sie sind so gestaltlos, so unbestimmt – …
»Man muss in ihrer Haut stecken.«
»Man muss sie aus dem Krankenhaus werfen.«
»Wenn man auf sie hörte, würden sie nie gesund werden.«
»Sie können sich nicht ausdrücken.«
Und sie sind Lügner.
Und außerdem sind sie Diebe (klauen wie Araber).
Und dann, und dann, und dann
Der Araber ist ein Dieb
alle Araber sind Diebe.
Sie sind eine faule Rasse
dreckig
zum Kotzen.
Nichts daran zu machen
nichts daran zu ändern.
Sicher, es ist schwer für sie, so zu sein
und nicht anders
aber, schließlich, sie müssen zugeben, dass das nicht
unsere Schuld ist.
Doch, es ist unsere Schuld.
Doch, es ist DEINE Schuld.

Wieso; die Menschen kommen und gehen einen Gang entlang, den du für sie eingerichtet hast, wo du keine Bank aufgestellt hast, damit sie sich ausruhen könnten, wo du eine Menge Ramsch hingestellt hast, der ihnen um die Ohren fliegt, an dem sie sich das Gesicht, die Brust, das Herz verletzen können.

Wo sie keinen Platz finden

wo du ihnen keinen Platz machst

wo es absolut keinen Platz für sie gibt

und du wagst mir zu sagen, dass dich das alles nichts angeht!

Dass das nicht dein Fehler ist!

Wie, dieser Mensch, den du verdinglichst, indem du ihn systematisch Mohammed nennst, den du dir aufbaust, vielmehr, den du auflöst, ausgehend von einer Idee, einer Idee, von der du weißt, dass sie abscheulich ist (du weißt sehr wohl, dass du ihm etwas nimmst, dieses etwas, für das du vor nicht allzu langer Zeit bereit gewesen wärst, alles hinzugeben, selbst das Leben) nun gut! *Dieser Mensch hier,* hast du nicht den Eindruck, dass du ihn seiner Substanz beraubst?

Sie brauchen ja nur zu Hause zu bleiben!

Aha! Da beginnt das Drama: Sie brauchen nur zu Hause zu bleiben. Nur hat man ihnen gesagt, dass sie Franzosen seien. Das haben sie in der Schule gelernt. Auf der Straße. In den Kasernen. (Wo sie noch Schuhe an ihren Füßen hatten.) Auf den Schlachtfeldern

Man hat ihnen überall das Frankreich hineingestopft, wo immer in ihrem Körper und ihrer *Seele* ein bisschen Platz für etwas offensichtlich Großes war.

Jetzt wiederholt man ihnen in allen Tonarten, dass sie »zu Hause« sind. Und wenn sie nicht zufrieden sind, brauchen sie ja nur in ihre kasbah zurückzukehren. Aber auch da gibt es ein Problem. Welches Schicksal sie auch in Frankreich finden würden, behaupten manche, der Nordafrikaner würde sich zu Hause glücklicher fühlen …

Man hat in England festgestellt, dass Kinder, die prächtig genährt werden, die jedes zwei Ammen zu ihrer alleinigen Verfügung haben, aber außerhalb des familiären Milieus leben, eine Kränklichkeit zeigten, die doppelt so groß ist als bei schlechter genährten Kindern, die jedoch mit ihren Eltern lebten. Man braucht gar nicht so weit zu gehen und nur an jene zu denken, die in ihrem Land ein Leben ohne Zukunft führen, sich aber weigern, im Ausland ein schönes Leben zu führen. Wozu ist dieses schöne Leben gut, wenn es kein familiäres oder elterliches Milieu mit sich bringt, wenn es nicht ein Gedeihen des *Milieus* erlaubt? Die psychoanalytische Wissenschaft hält den Verlust der Heimat für ein Krankheitsphänomen. Worin sie vollkommen recht hat. Diese Betrachtungen erlauben uns, zu folgern:

1. Der Nordafrikaner wird in Europa niemals glücklicher sein als bei sich zu Hause, weil von ihm verlangt wird, ein Leben ohne den eigentlichen Gegenstand seines Gemütslebens zu führen. Von seinen Wurzeln und seinen Lebensinhalten abgeschnitten, wird er zu einem Ding, das in einen großen Strudel geworfen wurde, dem Trägheitsgesetz unterworfen.

2. Diesem Vorschlag liegt eine offenbare, verächtliche Unehrlichkeit zugrunde. Wenn der Lebensstandard (?), der dem Nordafrikaner in Frankreich geboten wird, höher ist als der, an den er bei sich gewöhnt ist, heißt das, dass in seinem Land noch sehr vieles zu tun ist, in diesem »anderen Teil Frankreichs«.

Dass Häuser gebaut werden müssen, Schulen eröffnet, Straßen gelegt, Slums abgerissen, Städte erbaut werden müssen, dass Männern, Frauen und Kindern ein Lächeln entlockt werden muss. Würde das heißen, dass es dort Arbeit gibt, menschliche Arbeit, das heißt Arbeit, die einer Heimat

Sinn verleiht. Nicht Kasernenarbeit oder Arbeit in einer Zelle. Das würde heißen, dass auf dem gesamten Territorium der französischen Nation (Metropole und Französische Union) Tränen getrocknet, unmenschliche Verhaltensweisen bekämpft werden müssen, dass das herablassende mon z'ami (Freundchen) nicht mehr vorkommt, dass Menschen menschlich gemacht werden, dass Straßen wie die Rue Moncey[6] menschenwürdig werden.

Ihr Vorschlag zur Lösung, mein Herr?

Treiben Sie mich nicht zum Äußersten. Zwingen Sie mich nicht zu sagen, was Sie wissen sollten, mein Herr. Wenn DU den Menschen nicht brauchst, der dir gegenüber steht, wie kannst du erwarten, dass ich annehme, dass du des Menschen bedarfst, der in dir steckt?

Wenn DU den Menschen nicht willst, der dir gegenübersteht, wie könnte ich an den Menschen glauben, der vielleicht in dir steckt?

Wenn DU nicht nach dem Menschen verlangst, wenn DU nicht den Menschen opferst, der in dir steckt, damit der Mensch auf dieser Erde mehr als nur ein Körper sei, mehr als nur ein Mohammed, durch welchen Taschenspielertrick könnte ich die Gewissheit erhalten, dass auch du meiner Liebe würdig bist?

2. Antillesen und Afrikaner[7]

Es ist zwei Jahre her, dass ich ein Werk[8] über Probleme der farbigen Menschen in einer weißen Welt vollendete. Ich wusste, dass auf keinen Fall die Realität zurechtgestutzt werden durfte. Ich war mir bewusst, dass es inmitten des *schwarzen Volkes*, dieser Wesenheit, Bewegungen zu unterscheiden gab, die unglücklicherweise wenig mit Ästhetik zu tun haben. Ich möchte zum Beispiel behaupten, dass der Feind des Negers häufig nicht der Weiße ist, sondern seinesgleichen. Deshalb deutete ich schon die Möglichkeit einer Studie an, die zur Auflösung affektiver Komplexe beitragen könnte, die geeignet sind, zwischen Antillesen und Afrikanern einen Gegensatz zu erzeugen.

Bevor wir in die Debatte einsteigen, möchten wir bemerken, dass diese Geschichte des Negers eine schmutzige Geschichte ist. Eine Geschichte, die euch den Magen umdrehen wird. Eine Geschichte, der man völlig entwaffnet gegenübersteht, wenn man von den Prämissen der Schmutzfinken ausgeht.

Und wenn ich den Ausdruck vom *schwarzen Volk* als einer Wesenheit gebrauche, so möchte ich damit andeuten, dass, schließt man die kulturellen Einflüsse aus, nichts mehr übrig bleibt. Zwischen einem Antillaner und einem Mann aus Dakar gibt es ebenso viele Unterschiede wie zwischen einem Brasilianer und einem Mann aus Madrid. Indem man alle Neger unter dem Terminus *schwarzes Volk* zusammenfasst, sucht man, ihnen jegliche Möglichkeit individueller Ausdrucksweise zu nehmen. Man versucht, sie dahin zu bringen, dass sie auf die Idee ansprechen, die man sich von ihnen macht. Was wäre denn das *weiße Volk*? Sieht man denn nicht, dass es nur eine weiße Rasse geben kann? Ist es notwendig, dass ich den Unterschied erkläre, den es zwischen Nation, Volk, Heimat, Gemeinschaft gibt? Wenn man vom *schwarzen Volk* spricht, setzt man systematisch voraus, dass alle Schwarzen in gewissen Dingen übereinstimmen; dass zwischen ihnen ein Prinzip der Übereinstimmung besteht. Die Wahrheit ist, dass es a priori nichts gibt, woraus man die Existenz eines schwarzen Volkes schließen könnte. Dass es ein afrikanisches Volk geben soll, glaube ich; dass es ein antillanisches Volk geben soll, glaube ich. Aber wenn man mir etwas von einem *schwarzen Volk* erzählt, dann versuche ich, zu verstehen[9]. Nun, verstehe ich, dass unglücklicherweise darin die Wurzel von Konflikten liegt. Also versuche ich, diese Wurzel zu zerstören.

Man wird mich Begriffe wie: metaphysische Schuld oder Reinheitswahnsinn gebrauchen sehen. Ich verlange vom Leser, darüber nicht in Erstaunen zu geraten. Das wird mir in dem Maß geschehen, wie man begreift, dass, wenn man das Wesentliche nicht erreichen kann, oder genauer, wenn man nicht auf das Wesentliche bedacht ist, wird man sich am Beiläufigen festklammern. Das ist eines der Gesetze der Anschuldigung und Unehrlichkeit. Das Wesentliche unter dem Beiläufigen ausfindig machen, das ist das dringende Erfordernis.

Was steht hier zur Debatte? Ich behaupte, dass sich in den letzten fünfzehn Jahren in den antillo-afrikanischen Beziehungen eine Revolution vollzogen hat. Ich will zeigen, worin dieses Ereignis besteht.

Auf Martinique sind nur selten hartnäckige rassistische Standpunkte anzutreffen. Das Rassenproblem bemäntelt eine ökonomische Diskriminierung und ist für die sozial herrschende Klasse hauptsächlich Quelle von Anekdoten. Die Beziehungen ändern sich auch nicht durch ein paar Glanzlichter an der Oberfläche. Trotz des mehr oder weniger großen Anteils an Mischlingen gibt es ein stillschweigendes Übereinkommen, das es den einen wie den anderen erlaubt, sich als Ärzte, Kaufleute, Arbeiter zu erkennen. Ein schwarzer Arbeiter und neben ihm der Mulattenarbeiter stehen dem schwarzen Bourgeois gegenüber. Hier liegt der Beweis dafür, dass die rassistischen Eindrücke nur ein Überbau sind, nur ein Mantel, nur eine dumpfe ideologische Ausdünstung, die eine ökonomische Realität verdecken.

Wenn man da unten die Bemerkung macht, dass ein bestimmtes Individuum immerhin recht schwarz ist, sagt man das ohne Verachtung, ohne Hass. Man muss den Geist und das Wesen von Martinique kennen, um zu begreifen, was vorgeht. Jankelevitsch hat nachgewiesen, dass die Ironie eine der Formen des guten Gewissens ist.

Es stimmt, dass auf den Antillen die Ironie ein Abwehrmechanismus gegen die Neurose ist. Antillesen, besonders Intellektuelle, wenn sie die Ebene der Ironie verlassen, entdecken ihre Negritude. Es ist also so, dass auf Martinique die Ironie Schutz vor der Bewusstwerdung der Negritude gibt, während in Europa die Ironie Schutz vor der Existenzangst gewährt. Ihre Aufgabe besteht darin, das eigentliche Problem beiseite zu schieben, das Nebensächliche in den Vordergrund zu rücken und den Menschen aus Martinique auf die höheren Werte zu lenken. Alles, was man dazu sagen könnte, wird klar, wenn man diese Situation von Kierkegaard'schen Positionen aus betrachtet. Es wird auch klar, dass eine Studie der Ironie auf den Antillen wichtig ist für eine Soziologie dieser Gegend. Die Aggressivität ist dort fast immer sorgfältig in Ironie gehüllt.[10]

Um unsere Darlegung verständlicher zu machen, scheint es uns wichtig, in der Geschichte der Antillen zwei Perioden zu unterscheiden: die vor und nach dem Kriege von 1939–1945.

Vor dem Kriege

Vor 1939 pries sich der Antillese glücklich[11], glaubte zumindest, es zu sein. Er wählte, ging zur Schule, wenn er konnte, ging auf den Prozessionen mit, trank Rum und tanzte den Beguine. Diejenigen, die das Privilegium hatten, nach Frankreich zu gehen, sprachen von Paris, kurzum von Frankreich. Und diejenigen, die das Privilegium Paris zu kennen nicht hatten, machten sich Hoffnungen.

Und es gab die Beamten, die in Afrika gearbeitet hatten. Durch sie erfuhr man von einem Land mit Wilden, mit Barbaren, Eingeborenen, Boys. Man muss gewisse Dinge aussprechen, wenn man am Problem nicht vorbeigehen will. Der Beamte der Metropole, wenn er aus Afrika zurückkehrte, machte uns mit den gängigen Klischees vertraut: Zauberer, Fetischanbeter, Tam-Tam, Einfalt, Gutgläubigkeit, Respekt vor dem Weißen, Zurückgebliebenheit.

Das Drama ist, dass der Beamte von den Antillen nicht anders von Afrika sprach und da er ja nicht nur Kolonialbeamter war, sondern Gendarm, Zöllner, Gerichtsschreiber, Soldat, bildet sich auf allen Ebenen der Gesellschaft der Antillen, systematisiert sich, verhärtet sich hartnäckig das Gefühl der Überlegenheit über den Afrikaner. Vor dem Krieg von 1939 war sich jeder Antillese nicht nur der Überlegenheit über den Afrikaner gewiss, sondern auch eines fundamentalen Unterschiedes. Der Afrikaner war Neger und der Antillese Europäer.

Alle Welt scheint dies zu wissen, aber in Wirklichkeit wird es nicht berücksichtigt.

Vor 1939 diente der Antillese, der sich freiwillig in den Kolonialdienst stellte, egal ob er Analphabet war oder lesen und schreiben konnte, in einer europäischen Einheit, während der Afrikaner in Eingeborenen-Regimentern diente. Das Resultat, auf das wir die Aufmerksamkeit lenken wollen, war, dass, in welchem Bereich auch immer, der Antillese dem Afrikaner überlegen war, etwas Besonderes war, mit der Metropole assimiliert war. Aber da er äußerlich ein klein wenig Afrikaner war, da er nun mal schwarz war, musste er – eine normale Reaktion in der psychologischen Ökonomie – sich gut abgrenzen, um vor jeder Verachtung sicher zu sein.

Sagen wir mal so: Nicht damit zufrieden, dem Afrikaner überlegen zu sein, verachtet ihn der Antillese auch noch, und wenn der Weiße sich mit dem Eingeborenen einige Freiheiten erlauben konnte, konnte er es, der Antillaner, auf keinen Fall. Über den Unterschied zwischen Weißen und Afrikanern braucht man kein Wort zu verlieren, der sprang in die Augen. Aber welch ein Drama, wenn der Antillese plötzlich für einen Afrikaner gehalten worden wäre …

Halten wir ruhig fest, dass diese Haltung des Antillesen von Europa hervorgerufen worden war. Der Antillese war kein Neger, er war eben Antillese, d. h. ein Beinaheeuropäer. Diese Einstellung berechtigte den Antillesen zu seiner Verachtung des Afrikaners. Und schließlich – der Neger wohnte in Afrika.

In Frankreich vor 1940, wenn ein Antillese in die Gesellschaft von Paris oder Bordeaux eingeführt wurde, fügte man immer hinzu: gebürtig in Martinique. Ich sage Martinique, denn – ist es schon aufgefallen? Guadeloupe, man weiß nicht, warum, galt als das Land der Wilden … Es kann heute, 1952, noch passieren, dass jemand von Martinique uns versichert, dass sie (die von Guadeloupe) wilder als wir sind.

Der Afrikaner dagegen in Afrika war ausschließlich Repräsentant der schwarzen Rasse. Übrigens, wenn ein Patron von jemandem aus Martinique zu viel verlangte, bekam er zur Antwort:

»Wenn sie einen Neger wollen, dann holen Sie sich einen in Afrika.« Man gab damit zu verstehen, dass Sklaven und Schwerarbeiter woanders zu finden waren. Dort unten, unter den Negern. Den Afrikaner dagegen, unterdrückt, verachtet, mit Ausnahme weniger *Auserwählter*, ließ seine Hautfarbe sich in einem Labyrinth verirren. Wie man sieht, die Positionen waren klar: Auf der einen Seite der Neger, der Afrikaner; auf der anderen der Europäer, der Antillese. Der Antillese war ein Schwarzer, aber der Neger wohnte in Afrika.

1939 machte sich kein Antillese zum Neger, noch berief er sich auf den Neger. Wenn er es tat, dann nur in seiner Beziehung zum Weißen. Nur der Weiße, der *schlechte Weiße* zwang ihn, seine Hautfarbe überhaupt wahrzunehmen, in Wahrheit vielmehr, sie zu verteidigen. Aber man kann festhalten, dass 1939 auf den Antillen noch nicht so etwas wie Negritude entstanden war.

Und dann gibt es nacheinander drei Ereignisse.

Zuerst das Erscheinen von Césaire.

Zum ersten Mal geschah es, dass ein Gymnasiallehrer, also offensichtlich ein ehrenwerter Mann, sich einfach an die Gesellschaft der Antillen wandte und sagte, »dass es schön und gut ist, Neger zu sein«. Das war auf jeden Fall ein Skandal. Man erzählte sich zu jener Zeit, dass er ein bisschen verrückt sei und seine Studienkameraden machten sich anheischig, Details über seine angebliche Krankheit zu liefern.

Was gab es in der Tat Groteskeres, als dass ein Gelehrter, ein Mann mit einem Titel, der doch einiges verstanden haben muss, unter anderem, »dass es ein Unglück sei, Neger zu sein«, behauptet, dass seine Haut schön sei und dass das »große schwarze Dunkel« eine Quelle der Wahrheit ist?

Weder Mulatten noch Neger verstanden diesen Wahn. Die Mulatten, weil sie der Nacht entkommen waren, die Neger, weil sie ersehnten, ihr zu entkommen. Zwei Jahrhunderte der weißen Wahrheit gaben diesem Manne Unrecht. Er musste verrückt sein, weil es keine Frage sein konnte, dass er recht hätte.

Nachdem sich die Aufregung gelegt hatte, schien wieder alles seinen gewohnten Gang zu gehen … Und Césaire erhielt vorerst Unrecht, als sich das zweite Ereignis zutrug: Ich meine die französische Niederlage.

Als Frankreich besiegt wurde, erlebte der Antillese in gewissem Sinn den Mord an seinem Vater. Diese nationale Niederlage wäre genauso wie in der Metropole überstanden worden, jedoch blieb ein großer Teil der französischen Flotte während der vier Jahre deutscher Besetzung auf den Antillen blockiert. Hierauf möchte ich die Aufmerksamkeit des Lesers lenken. Ich glaube, dass es notwendig ist, die historische Bedeutung dieser vier Jahre zu begreifen.

Vor 1939 gab es auf Martinique ungefähr zweitausend Europäer. Diese Europäer hatten fest umrissene Funktionen, waren in das soziale Leben integriert, an der Wirtschaft des Landes interessiert. Und dann, von einem Tag auf den anderen wurde die eine Stadt Fort-de-France von beinahe 10 000 Europäern überflutet, sicherlich mit rassistischer Mentalität, die bis dahin jedoch nur latent vorhanden war. Damit möchte ich sagen, dass früher die Seeleute von der *Bearn* und der *Emile-Bertin,* in Fort-de-France in acht Tagen keine Zeit hatten, ihre rassischen Vorurteile an den Mann zu bringen. Die vier Jahre, die sie gezwungen waren, mit sich selbst zu verbringen, untätig, eine Beute der Angst, wenn sie an ihre in Frankreich verbliebenen Eltern dachten, häufig ein Opfer der Verzweiflung, wenn sie an die Zukunft dachten, dies alles erlaubte ihnen, die Maske fallen zu lassen, die alles in allem sehr locker saß und sich als *authentische Rassisten* zu benehmen.

Dann muss hinzugefügt werden, dass die Wirtschaft der Antillen einen schweren Schlag erhielt, denn es musste etwas gefunden werden, ohne jeden Übergang, ohne die Möglichkeit von Importen, womit man zehntausend Menschen ernähren konnte. Außerdem konnten viele dieser Seeleute und Soldaten ihre Frauen und Kinder kommen lassen, die untergebracht werden mussten. Nach einer Wirtschaftskrise bekam Martinique seine Wohnungskrise. Der Martiniquese machte für all das die rassistischen Weißen verantwortlich. Der Mensch von den Antillen begann, angesichts dieser Menschen, die ihn verachteten, an seinen Werten zu zweifeln. Der Antillese machte seine metaphysische Erfahrung.

Und dann war da noch das Freie Frankreich. De Gaulle sprach in London vom Verrat gewisser Soldaten, die ihr Schwert übergeben hatten, bevor sie es gezogen hatten. All das trug dazu bei, dass die Antillesen überzeugt wurden, dass nicht Frankreich, ihr Frankreich, den Krieg verloren hatte, sondern dass es von Verrätern verkauft worden war. Und diese Verräter, wo steckten sie denn, wenn nicht auf den Antillen, im Sichern? Und man erlebte das nie Dagewesene: Die Antillesen weigerten sich, den Hut abzunehmen, wenn die *Marseillaise* gespielt wurde. Welcher Antillese erinnert sich nicht der Donnerstagabende, an denen auf der Esplanade de Savane Marinepatrouillen Ruhe und die Habachtstellung verlangten, wenn die Nationalhymne gespielt wurde? Was war nur geschehen?

Ein nur zu leicht verständlicher Vorgang ließ die Antillesen das Frankreich der Marineleute mit dem schlechten Frankreich in Verbindung bringen und die *Marseillaise*, die diese Leute respektierten, war nicht die ihre. Man darf nicht vergessen, dass diese Soldaten Rassisten waren. Und »es stand für jedermann ohne Zweifel fest, dass das wirkliche Frankreich nicht rassistisch ist, das heißt, das wirkliche Frankreich betrachtet die Antillesen nicht als *Neger*«. Wenn die es also taten, dann waren sie keine echten Franzosen. Wer weiß, vielleicht Deutsche? Und tatsächlich, man sah allmählich in jedem dieser Seeleute einen Deutschen. Aber die Konsequenz, die uns interessiert, ist die folgende: Angesichts von zehntausend Rassisten sah sich der Antillese gezwungen, sich zu verteidigen. Ohne Césaire wäre es schwierig für ihn gewesen. Jedoch, es gab Césaire, und mit ihm zusammen stimmte man den Gesang an, der einst verhasst war, dass es schön und gut und recht ist, Neger zu sein! …

In den nächsten zwei Jahren verteidigte der Antillese allmählich seine »tugendhafte Hautfarbe« und tanzte, ohne es zu merken, am Rande des Abgrundes. Denn wenn schließlich die schwarze Farbe tugendhaft ist, werde ich umso tugendhafter sein, je schwarzer ich bin! Und aus dem Schatten traten die ganz Schwarzen, die *Blauen*, die reinen. Und Césaire, getreuer Barde, wiederholte »dass man ruhig weiß den Stamm des Baumes streichen kann, darunter die Wurzeln bleiben schwarz«. Und es geschah, dass nicht nur die Farbe Schwarz neu gewertet wurde, sondern das fiktive Schwarz, das ideale Schwarz, das absolute Schwarz, das primitive Schwarz, der Neger. Das hieß nichts anderes, als beim Antillesen eine totale Umwertung seiner Welt zu provozieren, eine Metamorphose seines Körpers. Was hieß das anderes, als von ihm eine axiologisch umgekehrte Aktivität zu fordern, eine Bewertung des Verworfenen?

Aber die Geschichte ging weiter. 1943, der Willkür, die sie nicht gewohnt waren, überdrüssig, irritiert, ausgehungert, zerbrachen die Antillesen, zuvor getrennt in geschlossenen soziologischen Gruppen, alle Barrieren, verständigten sich über gewisse Dinge, unter anderem, dass diese Deutschen zu weit gegangen waren und entrissen, gestützt auf die lokale Armee, dem freien Frankreich seinen Stützpunkt. Admiral Robert, *auch so ein Deutscher* wich zurück. Und hierin bestand das dritte Ereignis.

Man kann sagen, dass die Manifestationen anlässlich der Liberation, wie sie im Juli und August 1943 auf den Antillen stattfanden, jedenfalls auf Martinique, die Konsequenz der

Geburt des Proletariats waren. Martinique systematisierte zum ersten Mal sein politisches Bewusstsein. Es ist logisch, dass bei den Wahlen, die der Liberation folgten, zwei von drei Abgeordneten Kommunisten waren.

Auf Martinique fällt die erste metaphysische Erfahrung, oder ontologische, wenn man so will, mit der ersten politischen Erfahrung zusammen. Comte machte aus dem Proletarier einen systematischen Philosophen, der Proletarier von Martinique dagegen ist ein systematisierter Neger.

Nach dem Krieg

Also veränderte der Antillese nach 1945 seine Wertmaßstäbe. Während vor 1939 seine Blicke auf das weiße Europa geheftet waren, für ihn also das einzig Richtige darin bestand, seiner Hautfarbe zu entfliehen, entdeckt er 1945 in sich nicht nur den Schwarzen, sondern den Neger und streckt von nun an seine Pseudopodien nach dem fernen Afrika aus. Der Antillese in Frankreich rief sich jeden Augenblick ins Gedächtnis, dass er kein Neger ist: Seit 1945 rief sich der Antillese in Frankreich jeden Augenblick ins Gedächtnis, dass er ein Neger ist.

In all der Zeit ging der Afrikaner seinen Weg. Er war nicht zerrissen, er brauchte sich weder gegenüber dem Antillesen noch gegenüber dem Europäer zu definieren. Die Letzteren konnte man alle in denselben Sack werfen, den Sack der Hungerleider, der Ausbeuter, der Schurken. Gewiss hatte es inzwischen Eboué von den Antillen gegeben, der auf der Konferenz von Brazzaville zu den Afrikanern gesprochen hatte und zu ihnen sagte: »Meine lieben Brüder.« Und diese Brüderlichkeit war keineswegs abstrakt, sondern basierte auf der Hautfarbe. Die Afrikaner hatten Eboué angenommen. Er war einer der ihren. Mochten die übrigen Antillesen ruhig kommen, ihre Prätentionen waren bekannt. Jedoch das Erstaunen war groß: Die Antillesen, die nach 1945 nach Afrika kamen, sie kamen mit flehenden Händen, gesenktem Kopf, völlig verwandelt. Sie kamen nach Afrika, das Herz voller Hoffnung, begierig, die Quelle wiederzuentdecken, drängten zu den wahren Brüsten der afrikanischen Erde. Die Antillesen, Beamte und Soldaten, Rechtsanwälte und Ärzte, die in Dakar an Land gingen, waren unglücklich, weil sie nicht schwarz genug waren. Vor fünfzehn Jahren noch sagten sie zu den Europäern: »Gebt nichts auf meine schwarze Hautfarbe, das ist die Sonne, die mich verbrannt hat, meine Seele ist weiß wie die eure.« Von 1945 an änderten sie ihre Rede. Sie sagten zu den Afrikanern: »Gebt nichts auf meine weiße Haut, meine Seele ist schwarz, wie die eure, und nur das zählt.«

Aber die Afrikaner zürnten ihnen zu sehr, als dass die Veränderung so einfach gegangen wäre. Sie waren anerkannt in ihrem Schwarzsein, ihrer Unwissenheit, all dem, was noch vor 15 Jahren ein Makel war und sie sprachen dem Antillesen jeden guten Willen in dieser Angelegenheit ab. Endlich hatten sie sich im Besitz der Wahrheit entdeckt, als weltliche Träger ewiger Reinheit. Sie schickten den Antillesen nach drüben zurück und erinnerten ihn daran, dass sie nicht desertiert waren, dass sie nicht Verrat geübt hatten, dass sie gelitten und geduldet hatten, auf afrikanischem Boden gekämpft hatten. Der Antillese hatte Nein zum Weißen gesagt, der Afrikaner sagte Nein zum Antillesen.

Dieser machte seine zweite metaphysische Erfahrung. Er lernte die Verzweiflung kennen. Verfolgt von seiner Unreinheit, niedergeschlagen durch sein Versagen, zerfressen von Schuldgefühlen, erlebte er das Drama, weder Weißer noch Neger zu sein.

Er schrie auf, verfasste Gedichte, besang Afrika, Afrika, gestrenges und schönes Land, Afrika, Vulkan des Zornes, tumultartige Geschäftigkeit, mit Kot beworfenes Afrika, Afrika du Land der Wahrheit. Im Institut für Orientalische

Sprachen in Pris erschien Bambara. Der Afrikaner, in seiner Herrlichkeit, verdammte jede Geste. Der Afrikaner übte seine Rache und der Antillese bezahlte …

Wenn wir jetzt versuchen, die Situation zu erklären und zusammenzufassen, können wir sagen, dass es auf Martinique vor 1939 nicht auf der einen Seite den Neger und auf der anderen den Weißen gab, sondern Abstufungen, wobei es einfach war, die Stufen zu überspringen. Es genügte, Kinder zu haben, von denen eines weniger schwarz als man selbst war. Es gab keine Rassenbarrieren, keine Diskriminierung. Es gab dieses ironische Element, das für die Mentalität auf Martinique so charakteristisch ist.

Aber in Afrika gab es eine wirkliche Diskriminierung. Dort unten war der Neger, der Afrikaner, der Eingeborene, der Schwarze, der dreckige Kerl restlos beiseitegeschoben, verachtet, verflucht. Dort unten gab es die Verstümmelung, das Leugnen der Humanität.

Der Antillese bis 1939 lebte, dachte, träumte (wir haben es in unserem Essay *Peau noire, masques blanches* gezeigt), verfasste Gedichte, schrieb Romane genauso, wie es ein Weißer getan hätte. Man versteht jetzt, warum es ihm unmöglich war, wie die afrikanischen Poeten die schwarze Nacht zu besingen, »Die schwarze Frau mit den rosafarbenen Fersen«. Vor Césaire ist die Literatur der Antillen eine Literatur der Europäer. Der Antillese identifizierte sich mit dem Weißen, nahm die Haltung des Weißen an, *war ein Weißer.*

Nachdem der Antillese unter dem Druck europäischer Rassisten gezwungen worden war, die Positionen aufzugeben, die alles in allem wacklig waren, weil absurd, weil ungenau, weil entfremdend, entstand eine neue Generation. Der Antillese von 1945 ist ein Neger … In den *Cahiers d'un retour au pays natal* gibt es einen afrikanischen Abschnitt.

Ich habe an den Kongo gedacht
und bin zu einem Kongo mit Urwäldern und Flüssen geworden.[12]

Der Antillese also, nach Afrika gewandt, grüßt es von Weitem. Er entdeckt sich als Sohn von verschleppten Sklaven, er verspürt die Vibrationen Afrikas im Innersten seines Körpers und ersehnt nur das eine: in das »große schwarze Dunkel« zu tauchen. Es scheint jedoch, dass der Antillese, nach dem großen weißen Irrtum, jetzt dabei ist, dem großen schwarzen Wahn zu verfallen.

II.

RASSISMUS UND KULTUR[13]

Die Überlegungen zum normativen Wert gewisser Kulturen, der einseitig dekretiert wird, verdient unsere Aufmerksamkeit. Sehr schnell stößt man auf ein Paradoxon, und zwar die Auswirkungen egozentrischer, soziozentrischer Definitionen.

Zuerst wird die Existenz von menschlichen Gruppen ohne Kultur behauptet; dann eine solche von rangmäßig gegliederten Kulturen, schließlich der Begriff der kulturellen Relativität.

Von globaler Negation bis zur besonderen und spezifischen Anerkennung. Genau diese auseinandergerissene und blutige Geschichte müssen wir auf der Ebene der kulturellen Anthropologie kurz skizzieren.

Man kann sagen, dass es gewisse Anordnungen von Institutionen gibt, in denen bestimmte Menschen leben, im Rahmen bestimmter geografischer Räume, die zu einem gegebenen Zeitpunkt den direkten und brutalen Ansturm kulturell andersgearteter Schemen über sich ergehen lassen mussten. Die im Allgemeinen höhere technische Entwicklung der sozialen Gruppe, die derart in Erscheinung tritt, erlaubt es ihr, eine organisierte Herrschaft zu errichten. Die Durchführung der Entkultivierung stellt sich dar als das Negativ einer viel gigantischeren Aufgabe ökonomischer, ja sogar biologischer Knechtung.

Die Doktrin der kulturellen Hierarchie ist also nur eine Modalität der systematisierten Hierarchisierung, die auf unerbittliche Art und Weise verfolgt wird.

Die moderne Theorie von dem Fehlen *der integration corticale* der Kolonialvölker ist ihre anatomisch-physiologische

Entsprechung. Die Erscheinung des Rassismus ist im Grunde nicht entscheidend. Der Rassismus ist nicht Ein und Alles, sondern das sichtbarste Element, das alltäglichste, sozusagen, in gewissen Momenten, das gröbste einer gegebenen Struktur.

Die Beziehungen zwischen Rassismus und Kultur zu untersuchen, heißt, sich die Frage ihrer Wechselwirkung zu stellen. Wenn die Kultur die Gesamtheit der geistigen und physischen Verhaltensweisen ist, die aus der Begegnung des Menschen mit der Natur und mit seinesgleichen entstehen, dann muss man sagen, dass der Rassismus gut und gerne ein kulturelles Element ist. Es gibt also Kulturen mit Rassismus und Kulturen ohne Rassismus.

Dieses bestimmte kulturelle Element ist unterdessen nicht abgekapselt. Der Rassismus konnte nicht verknöchern. Er bedürfte der Erneuerung, der Nuancierung, der Veränderung der Physionomie. Er musste das Schicksal der kulturellen Gesamtheit, die ihn hervorbrachte, teilen.

Der vulgäre, primitive, gewöhnliche Rassismus gab vor, in der Biologie die materielle Basis der Doktrin zu finden, als sich die Bibel als unzureichend erwiesen hatte. Es wäre langweilig, derlei Bemühungen in Erinnerung zu rufen: Vergleichung der Schädelformen, Größe und Stellung der Hirnrinde, Charakteristika der äußeren Zellenschichten, Länge der Wirbelsäule, das mikroskopische Aussehen der Überhaut etc. …

Als banale Konsequenz trat der intellektuelle und emotionale Primitivismus in Erscheinung, als Bestätigung des Existierenden.

Derartige brutale und massive Äußerungen weichen einer geschickteren Argumentation. Nichtsdestoweniger feiern die alten Äußerungen hier und dort Wiederauferstehung. So kann man »emotionale Labilität des Schwarzen«, die »Integration sous-corticale« des Arabers, »die quasi generische des Juden« als Grundgedanken bei zeitgenössischen Schriftstellern wiederfinden. Die Monographie von J. Carothers, zum Beispiel, gefördert von der OMS, baut mit »wissenschaftlichen Argumenten« auf einer physiologischen Lobotomie des afrikanischen Negers auf.

Auf jeden Fall haben diese epigonenhaften Standpunkte die Tendenz zu verschwinden. Der Rassismus, der sich rational, individuell, genotypisch und phänotypisch determiniert gibt, verwandelt sich in einen kulturellen Rassismus. Das Objekt des Rassismus ist nicht länger der einzelne Mensch, sondern eine bestimmte Existenzform. Äußerstenfalls spricht man von Sendung, von kulturellem Stil. Die »westlichen Werte« treffen sich seltsamerweise wieder mit dem so berühmten Aufruf zum Kampf des »Kreuzes gegen den Halbmond«.

Gewiss, die morphologische Gleichsetzung ist nicht völlig verschwunden, aber die Ereignisse der letzten dreißig Jahre haben die eingefleischten Überzeugungen ins Wanken gebracht, haben das Schachbrett durcheinandergebracht, haben eine ganze Anzahl von Beziehungen neu gestaltet.

Die Erinnerung an den Nazismus, das gemeinsame Elend verschiedenartiger Menschen, die gemeinsame Knechtung bedeutender sozialer Gruppen, die Erscheinung der »europäischen Kolonien«, das heißt die Institution eines Kolonialregimes selbst auf dem Boden Europas, die Bewusstwerdung der Arbeiter der kolonialistischen und rassistischen Länder, die Evolution der Technik, all das hat den Aspekt des Problems gründlich verändert.

Wir müssen die Konsequenzen dieses Rassismus auf kultureller Ebene herausfinden.

Der Rassismus ist, wie wir gesehen haben, nur ein Element eines viel umfassenderen Ganzen: das der systematischen Unterdrückung eines Volkes. Wie verhält sich ein Volk, das unterdrückt? Hier trifft man immer wieder auf Konstanten.

Man erlebt die Zerstörung der kulturellen Werte, der Modalitäten der Existenz. Die Sprache, die Kleidung, die Techniken werden herabgewürdigt. Wie ist diese Konstante einzuordnen? Die Psychologen, die die Tendenz haben, alles durch die Bewegungen der Seele zu erklären, behaupten, diese Verhaltensweise auf die Ebene von Kontakten zwischen Einzelpersonen zurückführen zu können: Kritik an einem seltsamen Hut, einer Art zu sprechen, zu gehen … Derartige Versuche ignorieren nur zu gerne den unvergleichbaren Charakter der kolonialen Situation. In Wirklichkeit geht es den Nationen, die einen Kolonialkrieg führen, nicht darum, Kulturen einander gegenüberzustellen. Der Krieg ist ein gigantisches Geschäft und jene Perspektive muss von dieser Gegebenheit ausgehen. Im strengsten Sinne ist die Unterdrückung der autochthonen Bevölkerung das oberste Gebot.

Deswegen muss man ihre Bezugssysteme zerbrechen. Die Enteignung, der Raub, die Razzien, der objektive Mord wiederholen sich in der Vandalisierung der kulturellen Muster oder bedingen diese zumindest. Das soziale Panorama wird zerstört, alle Werte werden verhöhnt, zerschmettert, sinnentleert.

Die gesellschaftlich tragenden Kräfte werden zugrunde gerichtet und funktionieren nicht mehr. Es entsteht eine neue Einheit, aufgezwungen, es blieb keine andere Wahl, mit ihrem ganzen Gewicht an Kanonen und Säbeln.

Die Installierung des Kolonialregimes bringt nicht den sofortigen Tod der einheimischen Kultur mit sich. Bei einer historischen Untersuchung fällt im Gegenteil auf, dass das beabsichtigte Ziel vielmehr eine kontinuierliche Agonie ist als das totale Verschwinden der zuvor existierenden Kultur. Diese Kultur, einst lebendig und offen für die Zukunft, kapselt sich ab, gerinnt im kolonialen Status, eingepresst in das Halseisen der Unterdrückung. Gegenwärtig und mumifiziert zugleich legt sie Zeugnis ab gegen ihre Träger. Sie legt sie unentrinnbar fest. Die kulturelle Mumifizierung bringt eine Mumifizierung des individuellen Denkens mit sich. Die so allgemein beobachtete Apathie der Kolonialvölker ist nur die logische Konsequenz dieser Operation. Der Vorwurf der Untätigkeit, der dem »Eingeborenen« ständig gemacht wird, ist der Gipfel der Niedertracht. Als ob es für einen Menschen möglich wäre, sich irgendwie zu entfalten, als im Rahmen einer Kultur, die ihn anerkennt und die er aus freien Stücken übernimmt.

Und so erlebt man, wie archaische, kraftlose Organismen eingerichtet werden, die nur unter Aufsicht des Unterdrückers funktionieren und eine karikierte Nachbildung der einst kraftvollen Institutionen sind …

Diese Organismen greifen scheinbar den Respekt vor der Tradition, vor kulturellen Besonderheiten, vor der Persönlichkeit des geknechteten Volkes auf. Dieser Pseudorespekt ist in der Tat gleichbedeutend mit der konsequentesten Verachtung, einem äußerst verfeinerten Sadismus. Das Charakteristikum einer Kultur ist es, aufnahmefähig zu sein, durchwoben von spontan entstehenden Kraftfeldern, freigiebig, fruchtbar zu sein. Die Einsetzung von »zuverlässigen Männern« mit dem Auftrag, gewisse Gesten auszuführen, ist eine Mystifikation, die niemanden täuscht. Daher werden die djemaas bei den Kabylen, die von den französischen Behörden eingesetzt wurden, nicht von den Einheimischen anerkannt. Neben ihnen gibt es einen anderen djemaa, der demokratisch gewählt wird. Und natürlich diktiert der zweite in den meisten Fällen dem ersten sein Verhalten.

Das beständig bekräftigte Bemühen, »die Kultur der einheimischen Bevölkerung zu respektieren«, bedeutet also nicht, dass auf die Werte, die eine Kultur ausmachen und die sich in den Menschen verwirklichen, Rücksicht genommen wird. Vielmehr errät man hinter dieser Maßnahme den Willen zu objektivieren, abzukapseln, einzusperren, einzuspinnen. Phrasen wie: »ich kenne sie«, »sie sind nun mal so« bringen diese Objektivation in ihrem maximalen Erfolg zum Ausdruck. Ebenso kenne ich die Gesten, die Gedanken, die diese Menschen beherrschen.

Der Exotismus ist eine der Formen dieser Simplifizierung. Von nun an wird es keinerlei Gegenüberstellung mehr geben. Auf der einen Seite gibt es eine Kultur, der man die Qualitäten der Dynamik, der Entfaltung, der Tiefe zuerkennt. Eine Kultur in Bewegung, in ständiger Erneuerung. Demgegenüber findet man Charakteristika, Kuriositäten, Dinge, aber niemals eine Struktur. In einer der ersten Phasen also errichtet der Okkupant seine Herrschaft, befestigt mit allen Mitteln seine Überlegenheit. Diejenige Gesellschaft, die militärisch und ökonomisch unterdrückt wird, wird entmenschlicht vermittels einer polydimensionalen Methode. Ausbeutung, Folterung, Razzien, Rassismus, kollektive Liquidierungen, rationelle Unterdrückung lösen auf verschiedenen Ebenen einander ab, um aus dem Einheimischen buchstäblich ein Objekt in den Händen der Besatzernation zu machen.

Dieser zum Objekt gewordene Mensch, ohne Existenzmöglichkeiten, ohne eine raison d'être, ist in der tiefsten Tiefe seiner Substanz zerbrochen. Der Wunsch zu leben, weiterzumachen, wird immer vager, immer gespenstischer. In diesem Stadium kommt der berühmte Schuldkomplex auf. Wright gibt in seinem ersten Roman eine sehr detaillierte Beschreibung.

Allmählich jedoch zwingen die Evolution der Technik, die allerdings begrenzte Industrialisierung der unterdrückten Länder, die immer notwendigere Heranziehung von Kollaborateuren, dem Okkupanten eine neue Haltung auf. Die Komplexität der Produktionsmittel, die Entwicklung der wirtschaftlichen Beziehungen, die wohl oder übel die der Ideologien mit sich bringen, werfen das System aus dem Gleichgewicht. Der Vulgärrassismus in seiner biologischen Form entspricht der Periode der brutalen Ausbeutung der Muskelkraft des Menschen. Die Perfektion der Produktionsmittel erzeugt fatalerweise die Verschleierung der Techniken zur Ausbeutung des Menschen, also der Formen des Rassismus.

Also nicht als Folge einer Evolution des Geistes verliert der Rassismus seine Virulenz. Keine innere Revolution erklärt diese Notwendigkeit für den Rassismus, sich zu nuancieren, sich zu entwickeln. Überall befreien sich die Menschen, schütteln die Lethargie ab, zu der Unterdrückung und Rassismus sie verurteilt hatten.

Inmitten der »zivilisatorischen Nationen« entdecken die Arbeiter schließlich, dass die Ausbeutung des Menschen, die Basis eines Systems, sich verschiedener Masken bedient. Zu diesem Zeitpunkt wagt der Rassismus nicht mehr, ohne Schminke aufzutreten. Er verleugnet sich. Immer häufiger versteckt sich der Rassist. Der, der vorgab, sie zu »riechen«, sie »zu erraten«, entdeckt, dass er selbst ins Auge gefasst, beobachtet, verurteilt wird. Die Absichten des Rassisten werden jetzt zu Absichten, die vom schlechten Gewissen geplagt werden. Es gibt nur eine Rettung für ihn, die des leidenschaftlichen Engagements, wie man ihm bei manchen Psychosen begegnet. Und es ist keineswegs eins der geringsten Verdienste von Professor Baruk, die Semiotik dieser leidenschaftlichen Delirien genau untersucht zu haben.

Der Rassismus ist niemals ein fremdes Element, das zufällig bei näherer Untersuchung unter den kulturellen Komponenten einer Gesellschaft gefunden wird. Die sozialen Gegebenheiten, das kulturelle Ganze werden zutiefst durch das Vorkommen des Rassismus berührt.

Man sagt häufig, der Rassismus sei eine Plage der Menschheit. Aber mit solch einer Phrase darf man sich nicht zufriedengeben. Man muss unermüdlich die Auswirkungen des Rassismus auf allen Ebenen des gesellschaftlichen Lebens aufspüren. Bezeichnend ist die Bedeutung des rassistischen Problems in der zeitgenössischen amerikanischen Literatur. Der Neger im Kino, der Neger und die Folklore, der Jude und die Kindergeschichten, der Jude in der Kneipe, das sind die unerschöpflichen Themen.

Der Rassismus, um auf Amerika zurückzukommen, zermürbt und verpestet die amerikanische Kultur. Und dieser dialektisch wirkende Krebsschaden wird durch die Bewusstwerdung und die Kampfbereitschaft von Millionen Schwarzen und Juden, die durch diesen Rassismus bedroht werden, nur noch verschlimmert. Diese mit Leidenschaften aufgeladene irrationale Phase, für die es keine Entschuldigung gibt, zeigt bei näherer Untersuchung ein erschreckendes Gesicht. Die Befreiung von Menschen in einigen Teilen der Welt, die früher als minderwertig angesehen wurden, ihre Möglichkeiten sich zu bewegen, machen das Gleichgewicht immer prekärer. Ziemlich unerwartet denunzieren die rassistischen Gruppen das Auftreten eines Rassismus bei den unterdrückten Menschen. Der *intellektuelle Primitivismus* aus der Periode der Ausbeutung macht in der Periode der Befreiung einem *mittelalterlichen, beinahe prähistorischen Fanatismus* Platz.

Zu einem gewissen Augenblick hatte man an das Verschwinden des Rassismus glauben können. Dieser euphorisierende, unwirkliche Eindruck war einfach die Konsequenz der Evolution der Ausbeutungsformen. Die Psychologen sprechen nun von einem unbewusst gewordenen Vorurteil. Die Wahrheit ist, dass die Unerbittlichkeit des Systems die tagtägliche Bestätigung der Überlegenheit überflüssig macht. Die Notwendigkeit, den Einheimischen zu verschiedenen

Formen der Zusammengehörigkeit, der Zusammenarbeit aufzufordern, gibt den Beziehungen einen anderen, weniger brutalen, nuancierten, »kultivierten« Inhalt. Im Übrigen ist es nicht selten, in diesem Stadium eine »demokratische und humane« Ideologie in Erscheinung treten zu sehen. Das geschäftsmäßig betriebene Unternehmen zur kulturellen Unterdrückung und Zerstörung macht allmählich einer verbalen Mystifikation Platz.

Interessant an dieser Evolution ist, dass der Rassismus zu einem Thema der Meditation wird, zuweilen sogar zu einer Publikationstechnik.

So wird der Blues, »die Klage der schwarzen Sklaven«, zur Erbauung der Unterdrücker präsentiert. Da kehrt für den Ausbeuter und den Rassisten ein wenig stilisierte Unterdrückung wieder. Ohne Unterdrückung und ohne Rassismus kein Blues. Das Ende des Rassismus wird auch der großen Musik ein Ende bereiten … Wie der so berühmte Toynbee sagen würde, der Blues ist eine Antwort des Sklaven, der Unterdrückung zum Trotz.

Heute noch hat die Musik von Armstrong für viele Menschen, selbst Farbige, nur unter dieser Perspektive einen wirklichen Sinn. Das Gesicht der Kultur, die Rassismus praktiziert, wird dadurch aufgeschwemmt und verunstaltet. In der Literatur, den bildenden Künsten, den Gassenhauern, den Sprichwörtern, den Gewohnheiten, den patterns, schlägt sich der Rassismus immer von Neuem nieder, entweder in der Absicht, ihn zu verdammen oder ihn zu banalisieren. Das heißt, eine soziale Gruppe, ein Land, eine Zivilisation kann nicht unbewusst rassistisch sein. Wir sagen es nochmals, der Rassismus ist keine zufällige Entdeckung. Er ist kein verborgenes, verstecktes Element. Es sind nicht übermenschliche Anstrengungen erforderlich, um ihn sichtbar zu machen.

Der Rassismus springt in die Augen und er findet gerade in Gesellschaften Eingang, die bezeichnend sind, die der schamlosen Ausbeutung einer Gruppe von Menschen durch eine andere, die in einem Stadium überlegener technischer Entwicklung zustande gekommen ist. Daher geht in den meisten Fällen die militärische und ökonomische Unterdrückung dem Rassismus voraus, macht ihn möglich, legitimiert ihn.

Die Angewohnheit, den Rassismus als eine Disposition des Geistes zu betrachten, als eine psychologische Größe, muss abgelegt werden. Aber der Mensch, den dieser Rassismus bedroht, die unterdrückte soziale Gruppe, der jede Substanz genommen wird, wie verhalten sie sich? Welches sind ihre Abwehrmechanismen?

Welche Verhaltensweisen entdecken wir hier?

Man hat gesehen, wie in einer ersten Phase der Okkupant seine Herrschaft mit wissenschaftlichen Argumenten legitimiert hat und die »minderwertige Rasse« als Rasse sich verleugnete. Weil ihr keine andere Möglichkeit gelassen worden war, versucht die rassisch verfolgte soziale Gruppe den Unterdrücker zu imitieren und dadurch ihre rassische Eigenart abzulegen. Die »minderwertige Rasse«, deren Überzeugungen, Doktrinen und andere sie betreffende Anschauungen.

Dem Einheimischen bleibt nur, nachdem er die Liquidierung seines Referenzsystems durch den Zusammenbruch seiner kulturellen Formen erlebt hat, gemeinsam mit dem Okkupanten anzuerkennen, dass »Gott nicht auf seiner Seite ist«. Der Unterdrücker bringt es durch den umfassenden und schrecklichen Charakter seiner Autorität so weit, dem Einheimischen neue Betrachtungsweisen aufzuzwingen, besonders eine geringschätzige Einschätzung seiner ursprünglichen Existenzformen.

Dieses Ereignis, das gemeinhin als Entfremdung bezeichnet wird, ist natürlich sehr bedeutsam. In den offiziellen Texten findet man es unter dem Namen Assimilation.

Allerdings ist diese Entfremdung niemals völlig erfolgreich. Sei es, dass der Unterdrücker diese Entwicklung quantitativ und qualitativ einschränkt, sei es, dass unvorhergesehene, heteroklitische Phänomene auftauchen.

Die zu Untermenschen degradierte Gruppe musste eingestehen, die Gewalt der Logik war unerbittlich, dass ihr Unglück eine direkte Folge ihrer rassischen und kulturellen Charakteristika war. Schuld und Minderwertigkeitsgefühle sind die normalen Konsequenzen dieser Dialektik. Um dem zu entgehen, neigt der Unterdrückte dann dazu, einerseits seine totale und bedingungslose Zugehörigkeit zu dem neuen kulturellen Modell zu proklamieren, andererseits ein unwiderrufliches Urteil über seine eigene Kultur zu sprechen.[14]

Obwohl sich in einem gegebenen Moment für den Unterdrücker die Notwendigkeit ergibt, die Formen der Ausbeutung zu verschleiern, bedeutet das nicht das Verschwinden der letzteren. Die verfeinerten, weniger groben Beziehungen erfordern täglich neue Masken, aber auch auf dieser Ebene bleibt die Entfremdung nach wie vor schrecklich.

Nachdem er seine Kulturformen, seine Sprache, seine Ernährung, sein sexuelles Betragen, seine Art sich zu setzen, auszuruhen, zu lachen, sich zu vergnügen verurteilt, verdammt und aufgegeben hat, *stürzt sich* der Unterdrückte mit der Energie und der Zähigkeit eines Ertrinkenden auf die auferzwungene Kultur.

Er entwickelt technische Kenntnisse im Umgang mit den mehr und mehr perfektionierten Maschinen, tritt in dynamischen Kreislauf der industriellen Produktion, begegnet an den Orten der Kapitalkonzentration, seiner Arbeitsstelle also, Menschen aus entlegenen Gegenden, erfährt das Fließband, die

Schichtarbeit, das Produktionstempo, das heißt, den Ausstoß in einer Stunde, und der Unterdrückte sieht in dem Fortbestand des Rassismus und der Geringschätzung einen Skandal.

Und da beginnt man, den Rassismus als zwischenmenschliche Angelegenheit zu betrachten. »Es gibt einige unverbesserliche Rassisten, aber man muss doch zugeben, die Bevölkerung im Großen und Ganzen liebt …«

»Mit der Zeit wird das alles verschwinden.«

Dieses Land ist am wenigsten rassistisch …

Bei der UNO gibt es eine Kommission, die mit dem Kampf gegen den Rassismus beauftragt ist.

Filme über den Rassismus, Gedichte über den Rassismus, Aussprachen über den Rassismus …

Die Realität ist die, dass ein Land mit Kolonien ein rassistisches Land ist. Wenn es in England, in Belgien oder in Frankreich, trotz der demokratischen Prinzipien, denen sich die jeweiligen Nationen verschrieben haben, noch Rassisten gibt, dann sind es die Rassisten, die gegen die Gesamtheit des Landes recht haben.

Es ist unmöglich, Menschen zu knechten, ohne sie durch und durch zu inferiorisieren. Und der Rassismus ist nur der emotionale affektive, zuweilen intellektuelle Ausdruck dieser Inferiorisierung. Der Rassist ist also normal in einer Kultur mit Rassismus. Bei ihm stimmen die ökonomischen Beziehungen mit der Ideologie vollkommen überein. Sicher ist die Idee, die man sich vom Menschen macht, niemals allein von ökonomischen Beziehungen abhängig, das heißt, vergessen wir das nicht, den Beziehungen, die historisch und geografisch zwischen Menschen und Gruppen bestehen. Immer zahlreicher beziehen Menschen, die einer rassistischen Gesellschaft angehören, Stellung. Sie stellen ihr Leben in den Dienst einer Welt, in der Rassismus unmöglich wäre. Aber nicht alle sind dieser Umkehr, dieser Abstraktion, dieses erhabenen Engagements fähig. Man kann nicht ungestraft verlangen, dass ein Mensch gegen die »Vorurteile seiner Gesellschaft« sei.

Denn, sagen wir es nochmals, jede kolonialistische Gesellschaft ist rassistisch.

Sowohl »kultiviert« als auch entkultiviert rennt der Unterdrückte weiterhin gegen den Rassismus an. Er findet dieses Überbleibsel unlogisch. Das, was ihm widerfuhr, unerklärlich, unmotiviert, unrecht. Seine Kenntnisse, die Aneignung präziser und komplizierter Techniken, seine intellektuelle Überlegenheit im Vergleich zu vielen Rassisten, das alles bringt ihn dazu, die Welt der Rassisten mit Leidenschaft zu beurteilen. Er wird gewahr, dass die rassistische Atmosphäre alle Elemente des gesellschaftlichen Lebens durchdringt. Das Gefühl von einer bodenlosen Ungerechtigkeit wird vorherrschend. Er vergisst den Rassismus-als-Konsequenz und stürzt sich wie wild auf den Rassismus-als-Ursache. Es werden ›Entgiftungskampagnen‹ in die Wege geleitet. Man appelliert an die menschliche Vernunft, an die Liebe, an den Respekt vor den höchsten Werten …

Der Rassismus gehorcht in der Tat einer zwingenden Logik. Ein Land, das leben will, muss seine Substanz aus der Ausbeutung verschiedener Länder ziehen, diese Völker inferiorisieren. Der Rassismus, unter dem diese Völker zu leiden haben, ist normal.

Der Rassismus ist also keine Konstante des menschlichen Geistes. Er ist, wie wir gesehen haben, eine Anlage, die einem bestimmten System innewohnt. Und der jüdische Rassismus unterscheidet sich nicht vom schwarzen Rassismus. Eine Gesellschaft ist rassistisch, oder sie ist es nicht. Es gibt keine verschiedenen Stufen von Rassismus. Es ist überflüssig zu sagen, dass jenes Land zwar rassistisch ist, dort aber niemand gelyncht wird und es auch keine Vernichtungslager gibt. Die

Wahrheit ist, dass dieses und vieles andere als Möglichkeit besteht. Diese Auswirkungen als Möglichkeit, diese Latenzen sind in dynamischer Bewegung, sind fest verankert im Leben der psychoaffektiven und ökonomischen Beziehungen …

Und wenn er die Sinnlosigkeit seiner Entfremdung entdeckt hat, die ganze Tiefe seiner Entäußerung, findet der Inferiorisierte, nach dieser Phase der Entkultivierung, der Verfremdung, zu seinen Ursprüngen zurück.

Diese seine Kultur, verworfen, verlassen, aufgegeben, verachtet, jetzt fühlt sich der Inferiorisierte ihr mit Leidenschaft verpflichtet. Er beginnt sich regelrecht zu überschlagen, was psychologisch aus dem Wunsch sich herleiten lässt, verziehen zu bekommen.

Aber hinter dieser vereinfachenden Analyse steht beim Inferiorisierten die intuitive Vorstellung einer spontan in Erscheinung getretenen Wahrheit. Seine psychologische Geschichte führt zu *der* Geschichte, zu *der* Wahrheit.

Weil der Inferiorisierte zu den früher verworfenen Formen zurückfindet, erlebt man jetzt die Kultur von einer Kultur. Ein solches Zerrbild einer kulturellen Existenz bedeutet nichts anderes, als dass eine Kultur gelebt werden muss, aber sich nicht zerstückeln lässt.

Unterdessen gerät der Unterdrückte bei jeder neuen Entdeckung in Ekstase. Er kommt aus dem Staunen nicht heraus. Einst seiner Kultur entflohen, erforscht sie der Einheimische jetzt mit Besessenheit. Es handelt sich um ein ständiges Hochgefühl. Der ehemals Inferiorisierte ist in einem Zustand der Gnade.

Nun, man erleidet nicht ungestraft eine Knechtung. Die Kultur des unterdrückten Volkes ist verknöchert, im Sterben begriffen. In ihr ist keinerlei Leben mehr. Genauer, das noch vorhandene Leben ist verschüttet. Der Teil der Bevölkerung, der noch normal hier und dort einige Lebenszeichen von sich gibt, der den Institutionen noch irgendwie dynamische Bedeutung verleiht, sie ist eine anonyme Bevölkerung. Unter den Bedingungen des Kolonialismus sind dies die Traditionalisten.

Der einstige *Emigrant* verursacht durch die plötzliche Ambiguität seines Verhaltens einen Skandal. Der Anonymität des Traditionalisten setzt er einen vehementen und aggressiven Exhibitionismus entgegen.

Zustand der Gnade und Aggressivität sind die beiden Konstanten, denen man in diesem Stadium begegnet. Die Aggressivität ist der leidenschaftliche Mechanismus, der es ermöglicht, der paradoxen Situation zu entrinnen.

Weil der einstige *Emigrant* bestimmte Techniken erworben hat, weil sein Aktionsniveau dem Rahmen viel komplexerer Beziehungen angehört, erhält seine Suche nach Vergangenem einen irrationalen Aspekt. Es besteht eine Kluft, ein Sprung zwischen der intellektuellen Entwicklung, den technischen Fähigkeiten, den äußerst differenzierten Formen des Denkens und der Logik und der emotionalen Basis von »Einfachheit und Reinheit« etc.

Indem er die Tradition wiederfindet, sie als einen Abwehrmechanismus erlebt, als ein Symbol der Reinheit, des Heils, macht der »Entkultivierte« den Eindruck, als ob die Mittlerrolle sich rächt, indem sie sich substantialisiert. Diese Rückkehr auf archaische Positionen ohne Beziehung zur technischen Entwicklung ist paradox. Die derart aufgewerteten Institutionen entsprechen nicht mehr den vollkommeneren Aktionsmethoden, die er erworben hat.

Die seit der ausländischen Beherrschung eingekapselte, vegetative Kultur erhält wieder einen Wert. Sie wird nicht überdacht, neu gefasst, von innen heraus dynamisiert. Man beruft sich einfach auf sie. Diese unvermittelte, unstrukturierte, verbale Neubewertung verschleiert eine paradoxe Situation.

In diesem Augenblick fällt das Stichwort vom hoffnungslosen Charakter des Inferiorisierten. Die arabischen Ärzte schlafen auf dem Boden, spucken überall hin, usw.

Die schwarzen Intellektuellen befragen den Medizinmann, bevor sie eine Entscheidung treffen, etc.

Die intellektuellen *Kollaborateure* versuchen, ihr neues Verhalten zu rechtfertigen. Die Gebräuche, die Traditionen, der Glaube, einst geleugnet und totgeschwiegen, werden gewaltsam aufgewertet und beschworen.

Die Tradition wird von der Gesellschaft nicht mehr mit Ironie betrachtet, sie entziehen sich ihr nicht mehr länger. Man entdeckt seinen Sinn für die Vergangenheit, den Ahnenkult …

Die Vergangenheit, von nun an eine Anhäufung von Werten, wird gleichbedeutend mit der *Wahrheit*.

Diese Wiederentdeckung, diese Absolutheit in der Bewertung quasi irrealer, objektiv nicht zu rechtfertigender Verhaltensweisen, ist subjektiv von außerordentlicher Bedeutung. Wenn dieses leidenschaftliche Hochgefühl abgeklungen ist, ist der Einheimische entschlossen, *mit Sachkenntnis* gegen alle Formen der Ausbeutung und Entfremdung des Menschen zu kämpfen. Dagegen wird der Okkupant in dieser Epoche seine Aufrufe zur Assimilation, dann zur Integration zur Gemeinschaft verstärken.

Aber dieses Verschmelzen des Eingeborenen mit seiner Kultur ist ein so feierlicher, so abrupter Vorgang, als dass irgendein Riss geduldet werden könnte. Kein Neologismus kann diese neue Gewissheit verbergen: das Sich-stürzen in den Schlund der Vergangenheit ist Bedingung und Quelle der Freiheit.

Das logische Ende dieser Kampfbereitschaft ist die totale Befreiung des nationalen Territoriums. Um diese Befreiung zu realisieren, schöpft der Inferiorisierte alle seine Möglichkeiten, seine Erfahrungen, die alten und die neuen, die seinigen und die des Okkupanten, aus.

Der Kampf ist von vornherein total und absolut. Aber kaum jemals kommt Rassismus ins Spiel.

Der Unterdrücker beruft sich, im Augenblick, wo er seine Herrschaft errichtet, auf wissenschaftliche Argumentationen, um seine Versklavung zu rechtfertigen. Hier nichts dergleichen.

Ein Volk, das mit dem Befreiungskampf beginnt, beruft sich selten auf den Rassismus. Selbst im Laufe verschärfter Situationen des bewaffneten Aufstandes wird man niemals ein allgemeines Umsichgreifen von biologischen Rechtfertigungen erleben.

Der Kampf des Inferiorisierten wird auf einem Niveau geführt, das einwandfrei menschlicher ist. Die Perspektiven sind radikal neu. Es ist der von nun an klassische Gegensatz von Eroberungskriegen und Befreiungskriegen.

Im Verlauf des Kampfes versucht die herrschende Nation die rassistischen Argumente neu aufzulegen, aber das Machwerk des Rassismus erweist sich als immer ineffektiver. Man spricht von Fanatismus, von primitiven Verhaltensweisen dem Tod gegenüber, aber nochmals, der schon ausgeleierte Mechanismus funktioniert nicht mehr. Die einst unbeweglichen, die von Natur aus Feigen, die Ängstlichen, die ewig Inferiorisierten spannen ihre Kräfte an und errichten sich zu ihrer vollen Größe. Der Okkupant versteht nichts mehr.

Das Ende des Rassismus beginnt mit einem plötzlichen Unverständnis.

Die verkrampfte und rigide Kultur des Okkupanten, befreit, öffnet sich schließlich der Kultur des Volkes, das wirklich zum Bruder wurde. Jetzt können die beiden Kulturen sich einander nähern, sich bereichern.

Daraus folgt, die Universalität liegt in der Entscheidung, sich der gegenseitigen Bedingtheit verschiedener Kulturen bewusst zu werden, vorausgesetzt, dass der koloniale Status endgültig aufgehoben worden ist.

III.

FÜR ALGERIEN

1. Brief an einen Franzosen

Als du mir deinen Wunsch mitteiltest, Algerien zu verlassen, wurde meine Freundschaft plötzlich schweigsam. Gewiss, es tauchten Bilder auf, hielten sich hartnäckig und entschieden in Reichweite meiner Erinnerung.

Ich betrachte dich und deine Frau an deiner Seite.

Du sahst dich schon in Frankreich … Neue Gesichter um dich herum, sehr weit weg von dem Land, in dem seit einiger Zeit die Dinge ganz entschieden nicht mehr gut gehen.

Du sagtest mir, die Atmosphäre verschlimmert sich, es wird Zeit, dass ich gehe. Dein Entschluss, ohne deshalb, weil du ihn ausgesprochen hattest, unwiderruflich zu sein, nahm allmählich Gestalt an.

Dieses Land, das unerklärlicherweise störrisch wird! Die Straßen, die nicht mehr sicher sind. Die Kornfelder, die sich in Gluten verwandeln.

Die Araber, die bösartig werden.

Man erzählt, man erzählt.

Frauen werden vergewaltigt. Die Testikel werden abgeschnitten und einem zwischen die Zähne gesteckt.

Denken Sie Sétif! Wollen Sie noch ein Sétif?

Sie wohl, aber wir nicht.

All das sagtest du mir lachend.

Aber deine Frau lachte nicht.

Und ich sah hinter dein Lachen.

Ich sah deine völlige Unwissenheit von den Dingen dieses Landes. Der Dinge, ich will es dir erklären.

Vielleicht gehst du, aber sag mir, wenn man dich fragen wird: »Was ist los in Algerien?«

Was wirst du antworten?

Wenn deine Brüder dich fragen werden: »Was passiert in Algerien?«

Was wirst du ihnen antworten?

Noch genauer, wenn man verstehen möchte, warum du dieses Land verlassen hast, was wirst du machen, um diese Scham loszuwerden, die du bereits mit dir schleppst?

Diese Scham, nicht verstanden zu haben, es gar nicht gewollt zu haben, das, was alle Tage um dich herum geschehen war?

Während der acht Jahre, die du in diesem Land warst.

Und nichts an diesem ungeheuren Elend, was dich gestört hätte!

Und nichts an diesem ungeheuren Elend, was dich verpflichtet hätte!

Dich plötzlich so zu sehen.

Besorgt um *den* Menschen, aber seltsamerweise nicht um den Araber. Bekümmert, verängstigt, gequält.

Und ohne Zwang tauchst du in denselben Schlamm, in denselben Aussatz.

Kein Europäer, der sich nicht auflehnt, sich nicht empört, der sich nicht um alles Sorgen macht, außer um das Schicksal des Arabers. Araber wird man nicht gewahr.

Araber ignoriert man.

Araber werden mit Schweigen übergangen.

Araber werden in Nichts aufgelöst, sind Luft.

Araber, die tagtäglich geleugnet werden, in ein Sahara-Dekor verwandelt werden. Und du unter denen:

Die niemals einem Araber die Hand gedrückt haben.

Einen Kaffee getrunken haben.

Niemals mit einem Araber vom Wetter gesprochen haben.

Um dich herum Araber.

Die Araber beiseiteschieben.

Mühelos die Araber verurteilen.

Die Araber einsperren.

Eine ausgelöschte Eingeborenenstadt.

Eine verschlafene Eingeborenenstadt.

Die Araber bringen nie etwas zustande.

Dein Körper übersät mit diesem Aussatz.

Du wirst gehen. Aber all diese Fragen, diese unbeantworteten Fragen. Das verschworene Schweigen von 800 000 Franzosen, dieses unwissende Schweigen, dieses unschuldige Schweigen.

Und 9 000 000 Menschen unter dem Leichentuch des Schweigens. Ich mache diese Liste auf, damit niemand sterben möge, nicht die Toten von gestern, noch die Auferstandenen von heute.

Ich will, dass meine Stimme brutal sei, nicht angenehm, ich will nicht, dass sie rein sei, will sie auch nicht nuanciert.

Ich will, dass sie schmerzt, sie darf keine Freude empfinden, denn schließlich spreche ich von dem Menschen und seiner Weigerung, von der täglichen Fäulnis des Menschen, seiner feigen Abdankung. Ich will, dass du berichtest.

Dass ich zum Beispiel sagen würde: »Es gibt in Algerien ein mangelhaftes Schulwesen«, und du denken würdest: Das ist ein Jammer, dem muss abgeholfen werden.

Dass ich sagen würde: »Von dreihundert Arabern kann nur einer seinen Namen schreiben«, und du denken würdest: Das ist traurig, das muss ein Ende nehmen.

Höre weiter:

Eine Schuldirektion beklagt sich vor mir, beklagt sich bei mir, jedes Jahr einige kleine Araber einschulen zu müssen.

Der Analphabetismus dieser kleinen bicots, der im selben Maße zunimmt wie unser Schweigen.

Die Araber zu unterrichten, daran denkt man nicht.

Ihr wollt uns also das Leben schwer machen.

Sie sind recht so, wie sie sind.

Je weniger sie verstehen, umso besser.

Und woher das Geld nehmen.

Das wird einen das letzte Hemd kosten.

Im Übrigen sind sie gar nicht so anspruchsvoll.

Eine Befragung der Kaids ergab, dass der Araber gar keine Schulen will.

Millionen kleiner Schuhputzer. Millionen von »boys«.

Millionen von »Gib-mir-ein-Stück-Brot«. Millionen von Ungebildeten, die nicht schreiben, nicht unterschreiben können.

Millionen von Fingerabdrücken auf Protokollen, die ins Gefängnis führen.

Auf den Akten des Herrn Kadi.

Auf den Einschreibungslisten der algerischen Schützenregimenter.

Millionen ausgebeuteter, betrogener, bestohlener Fellachen.

Fellachen, die um vier Uhr morgens herausgerissen werden, um acht Uhr abends sich selbst überlassen werden. Vor Sonnenaufgang bis Sonnenuntergang.

Fellachen, die mit Wasser vollgepumpt werden, mit Laub genudelt werden, die an einem alten Brotkuchen nagen, der für einen Monat reichen muss.

Unbewegliche Fellachen und deine Arme bewegen sich und dein Rücken beugt sich, aber kein Leben ist mehr in dir.

Autos fahren vorbei und ihr bewegt euch nicht. Man könnte euch über den Haufen fahren und ihr würdet euch nicht bewegen.

Araber auf den Straßen.

Stöcke, an denen Körbe hängen.

Leerer Korb, keine Hoffnung, ein einziger Tod des Fellachen.

Zweihundertfünfzig Francs am Tag.

Fellachen ohne Boden,

Fellachen ohne Vernunft.

Wenn ihr nicht zufrieden seid, braucht ihr bloß abhauen. Die Hütte voller Kinder.

Schwangere Frauen in den Hütten.

Ausgetrocknete Fellachen.

Traumlos.

Sechsmal zweihundertfünfzig Franken am Tag.

Und nichts, was euch hier gehört.

Man ist doch nett zu euch, weswegen beklagt ihr euch?

Was würdet ihr ohne uns machen? Ha, das würde schön aussehen, dieses Land, wenn wir es verlassen würden, nicht?

In kürzester Zeit in einen Morast verwandelt, jawoll!

Achtzigmal zweihundertfünfzig Franken am Tag.

Arbeite, Fellache. In deinen Adern das demütige Niederwerfen eines ganzen Lebens.

Sechstausend Franken im Monat.

Die Verzweiflung auf deinem Gesicht.

Resignation im Magen …

Was bedeutet schon der Fellache, wenn dieses Land schön ist.

2. Brief an den Ministerpräsidenten (1956)

Doktor Frantz FANON
Psychiater
Chefarzt der Psychiatrischen Abteilung
der Klinik von BLIDA-JOINVILLE

An den Ministerpräsidenten Generalgouverneur
von Algerien
ALGIER

Herr Minister,

auf mein Verlangen und durch Beschluss vom 22. Oktober 1953 geruhte der Herr Minister für *Gesundheit und Bevölkerung* mich zur Verfügung des Herrn Generalgouverneurs in Algerien zu halten, um einer psychiatrischen Klinik in Algerien zugewiesen zu werden.

Am 23. November 1953 wurde ich der psychiatrischen Abteilung der Klinik von Blida-Joinville zugeteilt und übte dort seit jenem Datum das Amt des Chefarztes aus.

Obgleich die objektiven Bedingungen der psychiatrischen Praxis in Algerien schon jeder Vernunft Hohn sprachen, war ich der Meinung, dass alle Anstrengungen unternommen werden mussten, um das System, dessen ideologische Grundlagen tagtäglich einer wirklich humanen Perspektive widersprachen, fehlerfrei zu gestalten.

Fast drei Jahre lang habe ich mich bedingungslos in den Dienst dieses Landes und seiner Menschen, die es bewohnen, gestellt. Ich habe weder mit meinen Kräften noch mit meinem Enthusiasmus gespart. Nicht die geringste meiner

Handlungen, die nicht als Ziel das allseitig gewünschte Entstehen einer annehmbaren Welt gehabt hätte.

Aber was bedeuten Enthusiasmus und die Sorge um den Menschen, wenn die Realität täglich von Lügen, Feigheit und Menschenverachtung durchwoben wird?

Was bedeuten die Absichten, wenn ihre Verwirklichung durch die Armut des Herzens, die Sterilität des Geistes, den Hass auf die Eingeborenen dieses Landes unmöglich gemacht wird?

Der *Wahnsinn* ist eines der Mittel, das dem Menschen zur Verfügung steht, um seine Freiheit zu verlieren. Und ich kann sagen, dass ich an diesem Schnittpunkt stand, dass ich mit Schrecken die Tiefe der Entfremdung der Bewohner dieses Landes ausgelotet habe.

Wenn die Psychiatrie eine medizinische Methode ist und sie sich die Aufgabe stellt, dem Menschen zu ermöglichen, kein Fremder mehr in seiner Umgebung zu sein, halte ich es für meine Pflicht, laut auszusprechen, dass der Araber, ständig seinem Land entfremdet, in einem Zustand der absoluten Entpersönlichung lebt. Der Status Algeriens? Eine systematische Entmenschlichung.

Absurderweise galt es nun, koste es, was es wolle, einigen Werten wieder Geltung zu verschaffen, obgleich das Nicht-Recht, die Ungleichheit, der tägliche multifache Mord des Menschen zu legislativen Prinzipien erhoben worden waren.

Die in Algerien bestehende soziale Struktur widersetzte sich jedem Versuch, das Individuum wieder in seine Rechte einzusetzen.

Herr Minister, es kommt ein Augenblick, wo Ausdauer zu krankhafter Starrköpfigkeit wird. Keine Hoffnung mehr, der Zukunft eine Bresche zu schlagen, sondern das unlogische Aufrechterhalten eines subjektiven Verhaltens, das sich in gewolltem Widerspruch zur Wirklichkeit befindet.

Herr Minister, die gegenwärtigen Ereignisse, die Algerien mit Blut überziehen, sind in den Augen des aufmerksamen Beobachters kein Skandal. Sie sind weder ein Unfall noch eine Panne des Mechanismus.

Die Ereignisse in Algerien sind die logische Konsequenz eines gescheiterten Versuchs, einem Volk die geistige Substanz zu nehmen. Es ist keineswegs erforderlich, Psychologe zu sein, um hinter der offensichtlichen Bonhomie des Algeriers, hinter seiner schamlosen Erniedrigung die grundlegende Forderung nach Würde zu erraten. Und es nutzt nichts, wenn sie nur im Geringsten manifest wird, an irgendeinen Bürgersinn zu appellieren.

Die Funktion einer sozialen Struktur ist es, Institutionen zu schaffen, die von der Sorge um den Menschen durchdrungen sind. Eine Gesellschaft, die ihre Mitglieder zu Verzweiflungstaten drängt, ist keine lebensfähige Gesellschaft, ist eine Gesellschaft, die durch eine andere ersetzt werden muss.

Es ist die Pflicht des Bürgers, das zu sagen. Hier zählt keine professionelle Moral, keine Klassensolidarität, auch nicht der Wunsch, die schmutzige Wäsche in der Familie zu waschen. Keine pseudonationale Mystifikation findet vor der Forderung des Denkens Gnade.

Herr Minister, die Entscheidung, den Streik vom 5. Juli 1956 zu sanktionieren, dünkt mich wahrhaft irrational.

Entweder wurden die Streikenden und ihre Familien bis auf das Blut gepeinigt, dann musste man ihre Haltung verstehen, sie für normal halten, unter Berücksichtigung der Umstände.

Oder ihr Ausstand brachte ihre einhellig gefasste Meinung zum Ausdruck, ihre unerschütterliche Überzeugung, dann wäre jede Haltung des Sanktionierens überflüssig, bedeutungslos, unwirksam. Ich muss der Wahrheit halber sagen, dass die Furcht mir nicht als der beherrschende Zug bei den Streikenden erschienen ist. Vielmehr der unerschütterliche Wunsch, ruhig und schweigend eine neue Ära voll Frieden und Würde einzuleiten.

Der Arbeiter in der Stadt muss am sozialen Leben teilhaben. Aber es ist notwendig, dass er von der Vortrefflichkeit der bestehenden Gesellschaft überzeugt sei. Es kommt ein Augenblick, wo das Schweigen zur Lüge wird.

Die Hauptintentionen der persönlichen Existenz lassen sich schlecht mit den ständigen Verletzungen der minimalsten Rechte in Einklang bringen.

Seit Monaten ist mein Gewissen der Schauplatz unverzeihlicher Debatten. Und das Ergebnis ist der Wille, nicht am Menschen, das heißt nicht an mir selber zu verzweifeln.

Es ist mein Entschluss, nicht auf Biegen und Brechen eine Verantwortung zu übernehmen unter dem trügerischen Vorwand, dass einem nichts anderes übrig bleibt.

Aus allen diesen Gründen habe ich die Ehre, Herr Minister, Sie zu bitten, meiner Entlassung und der Beendigung meiner Tätigkeit in Algerien stattgeben zu wollen, unter Versicherung meiner vorzüglichen Hochachtung.

IV.

DER BEFREIUNG AFRIKAS ENTGEGEN

1. Täuschungen und Illusionen des französischen Kolonialismus[15]

Seit zwanzig Jahren bringen die Kolonialvölker die ausländische Herrschaft aus dem Gleichgewicht und betreten nach und nach die internationale Arena. Die alten Metropolen ziehen sich eine nach der anderen aus ihren Besitzungen zurück unter Anwendung verschiedener Methoden. Wenn auch die Kolonialexpeditionen einem gegebenen und bekannten Schema gehorchten – der Notwendigkeit, bei den Barbaren Ordnung herrschen zu lassen, Schutz der Konzessionen und der Interessen der europäischen Länder, die großzügige Überbringung der westlichen Zivilisation –, hat man doch nicht genügend stereotype der durch die Metropolen angewandten Mittel, um sich in ihren Kolonien festzusetzen, aufgezeigt.

Der französisch-algerische Krieg, durch sein Ausmaß und seine Härte erlaubt es, im Groben die Versuche zu überschauen, auch wenn sie nacheinander scheiterten, die von Frankreich unternommen wurden, um seine Herrschaft aufrechtzuerhalten.

Die unmögliche Kollaboration

Die erste Taktik der kolonialistischen Länder besteht darin, sich auf die offiziellen Kollaborateure und die Feudalherren zu stützen. Die Algerier, die sich hinreichend kompromittiert haben und daher besonders gut geeignet sind, werden umgruppiert und gebeten, öffentlich »diese aufrührerische Bewegung, die den Frieden des Gemeinwesens stört« zu verurteilen. 1954 und im Verlauf der ersten Monate von 1955 ging Frankreich an die Zählung und die Mobilisierung seiner Getreuen und ergebenen Diener. Deklarationen, Verurteilungen, Appelle an die Vernunft werden redigiert, veröffentlicht oder im Radio verlesen.

Die kolonialistischen Behörden erwarten mit Zuversicht, dann mit Angst, schließlich mit Hoffnung die Ergebnisse dieser Botschaften. Die Diener werden erneut um den Gefallen gebeten, nehmen aber eine bisher unbekannte Haltung ein, indem sie Einladungen absagen, die offiziellen Schaustellungen meiden und häufig ein neuartiges Vokabular gebrauchen.

Und zwar deshalb, weil sich das revolutionäre Engagement als immer totaler erweist und die Kollaborateure sich des gigantischen Erwachens eines Volkes unter Waffen bewusst werden.

Das ökonomische Argument

Angesichts des Abfalls der Männer, die gleichwohl in den Augen des algerischen Volkes gezeichnet und entehrt wurden und angesichts der aktiven Feindseligkeit der Elite, starten die französischen Behörden die zweite Operation.

Sie besteht im Grunde darin, die sogenannte »gesunde« Bevölkerung von der revolutionären Bevölkerung zu trennen.

Unfähig, die wirkliche Bedeutung des Befreiungskampfes zu begreifen, erkennt Frankreich anfangs nur die Existenz eines Problemes an, dessen Wesen als ökonomisch und sozial bezeichnet wird. In der Hoffnung, die Stimme der nationalen Würde zum Schweigen zu bringen, »macht es sich feierlich daran, das Elend zu bekämpfen und das Wohnungsproblem zu lösen«. Die Löhne werden symbolisch erhöht und Investitionsprogramme werden verkündet. Diese Gleichsetzung einer nationalen politischen Forderung mit einem Pöbelaufstand und sozialer Unzufriedenheit ist Ergebnis einer doppelten Mystifikation: Es gibt kein nationales algerisches Bewusstsein und die Versprechen zur Verbesserung des Lebensstandards der Bevölkerung müssen hinreichen, um Ordnung und Frieden wiederherzustellen.

Aber die französischen Behörden und ihre Spitzel, die immer seltener und kostspieliger werden, stellen mit einer gewissen Verwirrung fest, dass die Bewegung solide ist, in den Massen verwurzelt und von ihnen getragen wird.

Unmenschliche und zynische Methoden gegen die vereinigte Front

In einer zweiten Stufe organisiert die französische Administration die Operationen Mozabites, die Operation Kabylen, die Operation Juden, die Operation Harkas, die sich immer gleichen. Das, was konkret erreicht werden soll, ist innere widersprüchliche, also konterrevolutionäre Strömungen inmitten der Bevölkerung zu erzeugen. Das Ausschlachten gewisser lokaler Feindseligkeiten, die vom Kolonialismus geschaffen wurden, das Am-Leben-erhalten und bewusste Schüren von kulturellen Differenzen, die zu Kämpfen zwischen Klans und zuweilen zwischen *Rassen* ausarten, charakterisieren diese Operationen.

Melouza und Wagram treiben die Grausamkeit der Methoden auf das Äußerste, wo Notzucht, Massaker, die sichtbar mit FLN gezeichnet werden, das Einäschern ganzer douars, all dies nur das eine zum Ziel hat, bei der Bevölkerung eine Revolte zu provozieren sowie die Verurteilung der revolutionären Bewegung durch die Bevölkerung. Der alle diesen verschiedenen Manövern gemeinsame Irrtum liegt in der Tatsache, dass die französischen Behörden eigenartigerweise vergessen, dass die FLN mit dem algerischen Volk identisch ist. Die Männer der vergewaltigten Frauen befanden sich in der lokalen Gruppe der FLN. Abends kamen sie von ihren Operationsabschnitten herab, um ihre Kinder zu umarmen. Und die Häuser des zerstörten douars waren von den Moudjahidins erbaut worden, die das umliegende Gebirge halten.

Der Generalstab, Opfer einer überholten Politik und einer Unkenntnis der Struktur der FLN, hat die Vorstellung, dass in den Bergen alles möglich ist.

Nun, es geschieht nichts, was nicht geplant und beschlossen wurde. Die Verlegungen der Gruppen geschehen nach einem strategischen Plan, der vom Generalstab der ALN festgelegt wird. Jede Einheit hat einen bestimmten Abschnitt und ein PC, der sie koordiniert.

Es gibt nicht eine Einheit der FLN, die etwa hier und dort morden könnte. Wenn eine Kompanie oder ein Bataillon den Sektor oder die Region verlassen, dann nur auf Befehl des Generalstabes des Wilaya. Die Verbindung wird zuvor über die verschiedenen regionalen und lokalen PC hergestellt und die Bewegung wird durch örtliche Einheiten gedeckt.

Weil die französischen Behörden dies nicht wissen, lassen sie ihre Soldaten und ihre Harkas auf die algerische Bevölkerung los.

Aber jedes Mal wird der Wille zur Unabhängigkeit unwiderruflicher.

Die Operation Mozabites dauerte nur wenige Tage. Diese Algerier, zum größten Teil Händler, erhielten wiederholt Drohbriefe. Auf ihre Läden wurden Überfälle unternommen. Es wurde eine ausgesprochen rassistische Atmosphäre geschaffen. Dieser schmähliche Versuch wurde schnell durch eine Stellungnahme der FLN zum Scheitern verurteilt.

Die Operation *Juden* hatte gleichfalls eine rassistische Perspektive. Sie wurde in einem berühmten Brief der FLN an die jüdische Gemeinde Algeriens entlarvt.

Die Trumpfkarte jedoch des Kolonialismus stellte die MNA dar. Die Messalisten existierten nicht auf nationalem Territorium, sondern genossen in Frankreich die bedingungslose Unterstützung des Feindes. Die Franzosen haben zu wiederholten Malen den Transport von Hunderten von

Messalisten begünstigt und haben sie mit Waffen versehen. Bei ihrer Ankunft auf nationalem Territorium wurden sie schnell vom Geheimdienst der FLN identifiziert, traten entweder in unsere Reihen ein oder wurden zum Tode verurteilt wegen Verrat an der nationalen Sache und Kollaboration mit dem Feind und wurden hingerichtet.

Eine klassische Erklärung

Frankreich blieb nur noch eine dritte und letzte Operation durchzuführen übrig. Diese barg zwei Momente, die ziemlich nahe beieinander liegen: die Entdeckung, dass die nationale Befreiungsbewegung vom Ausland gelenkt wird und besonders von den Kommunisten.

Die erste, spektakuläre Phase illustriert zur Genüge den Grad der Bewusstlosigkeit, den die französische Regierung erreicht hat. Die Suez-Expedition hatte zum Ziel, die algerische Revolution auf ihrem Höhepunkt zu zerschlagen. Ägypten, das beschuldigt wurde, den Kampf des algerischen Volkes zu führen, wurde auf kriminelle Weise bombardiert. Der internationale Friede, der auf dem Spiel stand, konnte durch die nachdrückliche und unzweideutige Haltung der UNO gerettet werden.

Und zur gleichen Zeit verstärkten sich die militärischen Operationen in Algerien. Die FLN ergreift an allen Ecken und Enden des Territoriums die Initiative. Der große achttägige Streik bekräftigt die nationale Einheit im Kampf und das Festhalten an den Zielen.

Die zweite Phase, begonnen, eingestellt und wiederaufgenommen, wurde niemals bis zum Ende geführt. Das kommunistische Schreckgespenst wurde wenig ausgeschlachtet. Die französischen Kolonialisten, in Konfusion, ahnten die Zusammenhanglosigkeit. Sie waren von dieser These nicht überzeugt.

Drei politische Operationen zerbrachen, ebenso wie die gleichzeitigen militärischen Operationen, an den nationalen algerischen Streitkräften. Alle bekannten Methoden, alle gewöhnlichen Manöver erwiesen sich als unwirksam, unzureichend, nutzlos. Gewiss wird die eine oder andere dieser Operationen wiederholt werden. Aber die Schwungkraft ist gebrochen.

Sinnlose Träume

Angesichts des algerischen Volkes verstehen die französischen Strategen nichts mehr. Ihre klassischen und altbewährten Schemen sind von nun an unbrauchbar. Auch kann man beobachten, wie Frankreich immer häufiger zu Spekulationen greift. Die Erklärungen von Politikern nehmen häufig prophetischen Charakter an.

Die Differenzen in der Führung der FLN würden von einem Augenblick auf den anderen aufbrechen. Die Militärs versuchten, die Führung der Bewegung zu übernehmen. Ein sehr harter interner Kampf würde zwischen Extremisten und Gemäßigten vor sich gehen. Die Kabylen würden in absehbarer Zeit einen Coup durchführen. Kurz und gut, ein Kampf der Obersten um die Macht steht unmittelbar bevor.

Nachdem Frankreich aufgehört hat zu handeln und realistischen Entscheidungen aus dem Wege geht, bleibt ihm in Algerien nur noch zu hoffen, zu wünschen und zu prophezeien.

Auf dem nationalen Territorium isoliert, ohne jeden Kontakt mit dem algerischen Volk, nimmt Frankreich immer vagere und illusorischere Positionen ein.

Normalerweise, meinen die französischen Regierungen, müssten die Algerier anfangen müde zu werden.

Wünsche werden formuliert, Hypothesen werden aufgestellt und in wohlbekannter Weise werden sie in Elemente der

Wirklichkeit verwandelt: Die Mitglieder des Nationalrates der algerischen Revolution sind uneinig und die bösartigen Militärs terrorisieren die Parteigänger von Verhandlungen. Und manchmal, wenn die Franzosen von der Wirkungslosigkeit ihrer Wünsche enttäuscht sind, schmollen sie.

Der FLN wirft man ihren monolithischen Charakter vor, das Fehlen von Zerwürfnissen, und dem algerischen Volk wirft man vor, sich für einen Toten zu schlagen.

Nun, an die Wirklichkeit muss ganz anders herangegangen werden. Die französischen Behörden müssen sich ein für alle Mal darüber im Klaren werden, dass man den Tatsachen nicht ausweichen kann. Die Flucht in die Welt der Wünsche, in nutzlose Zornesausbrüche stellt keine Lösung des französisch-algerischen Krieges dar.

Ja, seit drei Jahren ist das algerische Volk monolithisch. Und das, weil die Losungen von ungewohnter Klarheit und Einfachheit sind. Nationale Unabhängigkeit durch den bewaffneten Kampf, Ziele, Grenzen, Methoden und Mittel des Kampfes sind ein für alle Mal festgelegt.

Das Trugbild von möglichen Zerwürfnissen offenbart den völligen Mangel eines kritischen Sinnes, zumal die Wirklichkeit sich diesen Visionen oder Wünschen nicht angleichen zu wollen scheint.

Die FLN ist keine Bewegung von standespolitischem Charakter und jeder Kuhhandel ist undenkbar.

Die CNRA stellt nicht eine Interessengruppe dar, sondern den politisch-militärischen Generalstab einer Nation im Kampf um ihre Unabhängigkeit.

Ohne Bezug auf die Wirklichkeit, unfähig oder nicht willens, den algerischen nationalen Willen anzuerkennen und die sich aufzwingenden logischen Schlussfolgerungen zu ziehen, ergehen sich die französischen Behörden heute in Wünschen oder Prophezeiungen.

2. Algerien und die französischen Folterknechte[16]

Die algerische Revolution, beseelt von zutiefst menschlichen Beweggründen und dem leidenschaftlichen Glauben an die Freiheit, macht sich seit drei Jahren methodisch an die Zerstörung einer ganzen Reihe von Mystifikationen.

Gewiss, die algerische Revolution verleiht der nationalen Existenz wieder einen Sinn. Gewiss, sie zeugt vom Willen des Volkes. Aber die eigentliche Bedeutung unserer Revolution liegt in der Botschaft, die sie vermittelt.

Die wahrhaft monströsen Praktiken, die seit dem 1. November 1954 in Erscheinung traten, erstaunen vor allem durch ihr Allgemeinwerden … In Wahrheit ist das Verhalten der französischen Truppen in Algerien in der Struktur der Polizeiherrschaft begründet, in einem systematischen Rassismus, in einer Entmenschlichung, die mit rationellen Methoden verfolgt wird. Das Foltern ist der kolonialistischen Gesamtheit inhärent.

Die algerische Revolution, indem sie die Befreiung des nationalen Territoriums sich zum Ziel setzt, zielt sowohl auf das Absterben dieser Gesamtheit als auch auf die Errichtung einer neuen Gesellschaft. Die Unabhängigkeit Algeriens bedeutet nicht nur das Ende des Kolonialismus, sondern das Verschwinden, in diesem Teil der Welt, eines Krebsherdes und einer Quelle der Epidemie.

Die Befreiung des algerischen nationalen Territoriums ist eine Niederlage für den Rassismus und die Ausbeutung des Menschen; sie eröffnet die bedingungslose Herrschaft der *Gerechtigkeit.*

Der eigentliche Widerspruch

Die nationalen Befreiungskriege werden häufig als Ausdruck der inneren Widersprüche der kolonialistischen Länder dargestellt. Der französisch-algerische Krieg, obwohl er in einem historischen Zusammenhang steht, der durch das simultane und sukzessive Ausbrechen von nationalen Befreiungsbewegungen charakterisiert wird, weist einige Besonderheiten auf.

Als besiedelte Kolonie, die zum mutterstaatlichen Territorium erklärt wurde, hat Algerien unter einer Militär- und Polizeiherrschaft gelitten, die ihresgleichen in irgendeinem Kolonialland sucht. Dies erklärt sich erstens aus der Tatsache, dass Algerien praktisch seit 1830 niemals die Waffen gestreckt hat. Aber vor allem ist sich Frankreich des Stellenwertes Algeriens in seinem Kolonialbesitz bewusst und nichts kann seine Hartnäckigkeit und seine zahllosen Anstrengungen besser erklären, wenn nicht die Gewissheit, dass die Unabhängigkeit Algeriens in kurzer Folge den Zusammenbruch seines Imperiums mit sich zieht.

Algerien, an den Toren Frankreichs gelegen, erlaubt der westlichen Welt, die Widersprüche in einer kolonialen Situation im Detail und quasi in Zeitlupe zu betrachten.

Der Aufruf an das französische Kontingent, die Mobilisierung mehrerer Jahrgänge, die Wiedereinberufung von Offizieren und Unteroffizieren, die Ermahnungen zur Opferbereitschaft, die periodisch an das Volk gerichtet werden, die Steuern und der Lohnstopp haben die Gesamtheit der französischen Nation in diesen Krieg kolonialer Wiedereroberung verwickelt.

Der allgemeine und zuweilen wahrhaft blutdürstige Enthusiasmus, mit dem die französischen Arbeiter und Bauern am Krieg gegen das algerische Volk teilnahmen, hat die These von dem Volk, das im Widerspruch zu seiner Regierung steht, in ihren Grundfesten erschüttert.

Der Ausspruch eines französischen Ministerpräsidenten, dass sich die Nation mit ihrer Armee, die in Algerien kämpft, identifiziert hat, ist bedeutungsvoll.

Der Krieg in Algerien wird von allen Franzosen bewusst geführt und die bisher nur schwach zum Ausdruck gebrachte Kritik, ohnehin nur von einigen Individualisten, verurteilt lediglich einige Methoden, die »den Verlust Algeriens nur beschleunigen«. Aber das Wesen der kolonialen Wiedereroberung, die Expeditionsarmee, der Versuch, die Freiheit eines Volkes zu ersticken, wird nicht verurteilt.

Foltern ist eine fundamentale Notwendigkeit in einer kolonialen Welt

Seit einiger Zeit wird viel von Folterungen gesprochen, die von französischen Soldaten an algerischen Patrioten verübt werden. Zahlreiche präzise, schreckliche Texte sind veröffentlicht worden. Historische Vergleiche wurden angestellt. Persönlichkeiten aus dem Ausland und auch Franzosen haben diese Praktiken verurteilt.

Die Franzosen, die sich gegen Folterungen auflehnen oder deren Ausmaße beklagen, lassen einen unfehlbar an jene schönen Seelen denken, von denen ein gewisser Philosoph sprach und an den Namen »gequälte Intellektuelle«, der ihnen von ihren Landsleuten Lacoste und Lejeune gegeben wurde und der sehr passend ist. Man kann nicht gleichzeitig die Aufrechterhaltung der französischen Herrschaft in Algerien wollen und die Mittel zu dieser Aufrechterhaltung verurteilen.

Die Folterungen in Algerien sind weder ein Unfall, ein Irrtum, noch ein Fehler. Einen Kolonialismus, ohne die Möglichkeit zu foltern, zu vergewaltigen oder zu massakrieren, kann es nicht geben.

Die Folterung ist eine der Formen der Beziehungen zwischen Okkupant und Okkupiertem.

Die französischen Polizisten, die lange Zeit die einzigen waren, die Folterungen ausgeübt haben, wissen das sehr wohl. Die Notwendigkeit, die Folterungen zu legitimieren, wurde von ihnen immer als ein Skandal, als ein Paradoxon angesehen.

Foltern, ein »way of life«

Natürlich gibt es Unfälle, Pannen in dem System. Ihre Analyse ist von außerordentlicher Bedeutung.

Anfang des Jahres 1956 wurden viele Fälle von Polizisten bekannt, die an der Grenze des Wahnsinns standen.

Die Unruhe, die sie im familiären Milieu anrichten (Todesdrohungen, die an ihre Frauen gerichtet wurden; schwere Misshandlungen ihrer Kinder; Schlaflosigkeit; Albträume; ständige Selbstmorddrohungen)[17] und die berufsmäßigen Verfehlungen, die sie sich zuschulden kommen ließen (Raufereien mit Kollegen; Schludrigkeit im Dienst; Mangel an Energie; ungebührliches Verhalten gegenüber ihren Vorgesetzten) machte zu wiederholten Malen ärztliche Behandlung erforderlich oder auch Versetzung auf einen anderen Posten und am häufigsten die Rückversetzung nach Frankreich.

Das Auftreten zahlreicher revolutionärer, dynamischer Organisationen, die heftigen Reaktionen unserer Fedayins, die Verankerung der FLN auf dem gesamten nationalen Territorium stellten den französischen Polizisten unüberwindliche Probleme. Die ständige Angst und Sorge, zu der sie die FLN verurteilte, schien die Reizbarkeit der Polizisten erklären zu können.

Nun, die Polizisten erklären sich sehr schnell.

Sie schlagen ihre Kinder zusammen, weil sie glauben, dass die auch auf Seiten der Algerier sind.

Sie bedrohen ihre Frauen, weil »ich den ganzen Tag über drohen und hinrichten muss«.

Sie schlafen nicht, weil sie die Schreie und das Jammern ihrer Opfer hören.

Derartige Tatsachen werfen natürlich eine Reihe von Problemen auf. Haben wir es hier mit Menschen zu tun, die von Gewissensbissen geplagt werden?

Handelt es sich um eine Revolte des moralischen Bewusstseins? Die Folterungen, die von diesen Polizisten zugegeben werden, stellen sie Ausnahmen dar?

Die Existenz von Polizisten, die an der Grenze des Pathologischen stehen, deutet das den ungewöhnlichen, ungewohnten, alles in allem illegalen Charakter der Folterung an?

Mit anderen Worten, der Polizist, der foltert, steht er im Widerspruch zu den »Werten« seiner Gesellschaft und des Systems, das er verteidigt?

Nachdem sie zuerst die Existenz von Folterungen in Algerien geleugnet haben, haben die Franzosen ein zweifaches Argument benutzt.

Zuerst wurde behauptet, dass es sich um Ausnahmefälle handelt. Das größte Versagen der französischen Intellektuellen ist es, diese Lüge toleriert zu haben. Es werden Maßnahmen getroffen werden, hat die französische Regierung gesagt, aber wir dürfen sie nicht veröffentlichen. Als ob nicht die Folterung eines Menschen oder das organisierte Massaker beide unter das Strafrecht fallen. Die Liebe zur Wahrheit und Gerechtigkeit kann nicht, ohne sich infrage zu stellen, zu derartigen Listen greifen.

Die Flucht vor der Verantwortung

Aber die Beweise wurden immer zahlreicher, die Folterungen erwiesen sich immer weniger als Ausnahmen und die ganze Verantwortung wurde auf die ausländischen Elemente, die in der französischen Armee dienten, geschoben. Das zweite Argument ist von Bedeutung. Es zeigt zu gleicher Zeit den Zynismus der französischen Behörden und die niederschmetternde Unmöglichkeit, Listen zu gebrauchen, sich zu verstellen und zu lügen. Seit einem Jahr wiederholen die Franzosen endlos, dass nur alte SS-Leute, die in der Legion dienen, für die Folterungen verantwortlich sind. Nun, die Mehrheit der Deserteure aus der französischen Armee sind ausländische Legionäre. Und zwar nur deshalb, weil sie sich gegen die französischen Polizeimethoden sträuben, verlassen diese Deutschen und diese Italiener die feindlichen Reihen und treten den Einheiten der ALN bei. Vor ihrer Rückführung in ihre Heimatländer haben wir sie zu Dutzenden befragt. Die alten Legionäre stimmen alle überein: Die Grausamkeit und der Sadismus der französischen Streitkräfte sind ungeheuerlich.

Unter allen Umständen ist es wichtig, nicht zu vergessen, dass das Auftreten von Folterungen seitens der Soldaten auf den Winter 1955 zurückgeht. Fast ein Jahr lang waren es nur Polizisten, die in Algerien gefoltert haben.

Man ist heute im Besitz von genauen Angaben über die Methoden, die von den Franzosen angewandt werden. Zahlreiche Beweise sind veröffentlicht worden und Verzeichnisse der wichtigsten Skalen dieser Techniken sind angelegt worden. Jedenfalls ist noch kein Indiz für eine Doktrin, eine Philosophie der Folter entdeckt worden. Die der FLN zugegangenen Auskünfte erhellen jedoch eindeutig diesen Tatbestand.

Lofrédo und Podevin, Theoretiker der Folter

Die französischen Polizisten Lofrédo (Kommissar in Algier) und Podevin (Chef der Gerichtspolizei von Blida) haben gewisse Charakteristika ihrer Methoden präzisiert, zum Besten ihrer Freunde und im Verlauf von technischen Anweisungen für ihre Mitarbeiter.

1. Mehrere Zeugenaussagen und übereinstimmende Berichte von Spitzeln bezeichnen einen Algerier als eine Person, die eine wichtige Rolle in der lokalen Organisation der FLN spielt. Der Patriot wird verhaftet und in die Räume der PJ (Gerichtspolizei) geführt. Man stellt ihm keine Fragen, denn zu diesem Zeitpunkt der Untersuchung »kennen wir nicht die Richtung, die das Verhör nehmen soll und der Verdächtige soll sich nicht unserer Ahnungslosigkeit bewusst werden«. Das beste Mittel, um seinen Widerstand zu brechen, besteht darin, dass die Methode, genannt *mise en train par l'exemple* (Zermürbung durch das Beispiel) angewandt wird.

Einige Jeeps verlassen das PJ und bringen ein Dutzend Algerier zurück, die per Zufall auf der Straße oder häufiger noch in einem benachbarten Douar aufgelesen werden. Diese Menschen werden einer nach dem anderen in Gegenwart des Verdächtigen, der allein für die Polizei interessant ist, zu Tode gefoltert. Man schätzt, dass nach fünf oder sechs Morden das eigentliche Verhör beginnen kann.

2. Die zweite Methode besteht darin, zuerst den Betreffenden zu foltern. Es sind mehrere Sitzungen notwendig, um seine Energie zu brechen. Dem Verdächtigen wird keine Frage gestellt. Inspektor Podevin, der diese Methode ausgiebig in Blida und später in Algier angewandt hat, gesteht, dass es schwierig ist, nichts zu sagen, da der Gefolterte Erklärungen verlangt. Man muss sich beeilen, seinen Widerstand zu brechen.

Bei der sechsten oder siebten Sitzung begnügt man sich zu sagen: »Wir hören.«

Hierbei hat das Verhör überhaupt keine bestimmte Richtung. Im Prinzip muss der Verdächtige alles sagen, was er weiß.

In beiden Fällen taucht ein und dasselbe Phänomen auf: Das Verhör wird verschoben.

Unter dieser Perspektive, wo die Rechtfertigung des Zieles zunehmend die Tendenz zeigt, sich von den Mitteln zu lösen, ist es normal, dass die Folterung ihre eigene Rechtfertigung ist. Und das kolonialistische System, seiner Logik gehorchend, muss akzeptieren, auf der Folterung als eines seiner wichtigsten bestehen.

Die französischen Intellektuellen und die französische Presse

Herr Martin-Chauffier entgeht in einem vorsichtigen Artikel, dem unschwer eine halbe Zustimmung zu entnehmen ist, nicht diesem Dilemma. Das Argument von der Folterung als Ausnahme wird hier mit eigenartiger Heftigkeit wiederaufgenommen. Jedenfalls gelangt der Autor zur Feststellung, dass »diese Verbrechen« auf unterer Ebene begangen werden und in gewisser Weise durch die Nachlässigkeit der übergeordneten Stellen sich hinreichend darum zu kümmern, gedeckt werden und durch die Beinahe-Straflosigkeit werden sie gefördert und drohen, zu einem richtigen System ausgebaut zu werden. Der Widerspruch kann kaum geleugnet werden und im folgenden Satz kommt ein IGAME, die höchste französische Autorität in Algerien, das diese Verbrechen billigt, dazu rät und sie legitimiert. Die angebliche Ahnungslosigkeit der höheren Stellen ist offensichtlich eine Lüge und eine Doppelzüngigkeit.

Herr Martin-Chauffier würde sehr erstaunt sein, zu erfahren, dass eine Haltung hier als unverständlich angesehen wird. In Wirklichkeit ist die Folter kein Mittel, Auskünfte zu erhalten. In Algerien wird aus sadistischer Perversion gefoltert und der einzig gültige Satz in dem Bericht des Herrn Martin-Chauffier ist der: »Dieses System bewirkt, dass diejenigen, die sich zu seinen Instrumenten machen, pervertiert werden.«

Herr G. M. Mattei, der an den französischen Expeditionen in Algerien teilgenommen hat, hat gerade einige Seiten in der Juli/August-Nummer der *Temps Modernes* veröffentlicht. »Ich erinnere mich«, schreibt er, »dass von Zeit zu Zeit, wenn das ambulante Kino des Bataillons uns einen Film vorführte, der nicht gefiel, Soldaten und Offiziere aufstanden und ungestört den Rest des Abends bei den Gefangenen verbrachten … Teilweise wurden die Schreie von der Filmmusik übertönt«.

Mattei empört sich über diese Anschläge auf die französische Würde und Ehre. Und natürlich schließt er seine Darlegung mit dem bereits klassischen Argument der französischen Demokraten: »Was für eine Generation wird auf einem derartigen Nährboden, wie er Algerien heute ist, herangezogen?« Denn »das Schlimmste« ist natürlich offenbar, »dass nach zwölf Monaten AFN aus diesen jungen Wehrpflichtigen, mit denen ich sechs Monate verbracht habe, richtige Söldner geworden waren.«

Es gibt kein besseres Beispiel für eine derartige Perversion der Moral. Wenn die französischen Intellektuellen, mit Herrn Mattei, im Chor wiederholen, »dass gegenwärtig in Algerien eine umfassende Enthumanisierung der französischen Jugend vor sich geht« oder beklagen, dass die französischen Wehrpflichtigen »dort den Faschismus erlernen«, so weiß man, dass sich diese Humanisten nur für die moralischen Auswirkungen dieser Verbrechen auf die Seele der Franzosen interessieren. Das Ausmaß der Folterungen und des Terrors, die Schrecken der Vergewaltigungen kleiner algerischer Mädchen werden nur insoweit wahrgenommen, als ihre Existenz eine gewisse Idee von der französischen Ehre bedrohen.

Es lohnt die Mühe, über diese Haltung nachzudenken. Ein solches Übergehen des Algeriers, eine derartige Unwissenheit vom gefolterten Menschen oder der massakrierten

Familie, stellen ein sehr eigentümliches Phänomen dar. Es ist verschwistert mit jener Form egozentrischen, soziozentrischen Denkens, das so charakteristisch für die Franzosen geworden ist.

In der Wirklichkeit scheint es, als ob die Furcht vor einer moralischen Ansteckung völlig unbegründet ist. Die kranken Polizisten wurden keineswegs von ihren Gewissen geplagt. Wenn sie ihren berufsmäßigen Rhythmus außerhalb ihres Büros und ihrer Arbeitsplätze, die gelegentlich in den Folterkammern waren, beibehalten, dann deshalb, weil sie Opfer von Überanstrengung sind. Was diese Polizisten brauchten, war nicht so sehr moralischer Zuspruch, als vielmehr die Möglichkeit, die Folterungen weiterführen zu können.

Das infrage stehende System

Der Polizist, der in Algerien foltert, verstößt nicht gegen das Gesetz. Seine Handlungen befinden sich im Rahmen des kolonialistischen Systems. Indem er foltert, beweist er nur wahrhafte Treue zum System. Auch die französischen Soldaten können sich kaum anders verhalten, ohne die französische Herrschaft zu verurteilen. Jeder Franzose muss in Algerien zum Folterknecht werden. Wenn Frankreich in Algerien bleiben will, gibt es keine andere Lösung als die Beibehaltung einer permanenten militärischen Besatzung und eines mächtigen Polizeiapparates.

Die feindlichen Streitkräfte können sich nicht vorstellen, bis zu welchem Punkt es bereits unmöglich ist, anders zu handeln, als das nationale Territorium zu verlassen.

Das algerische Volk kämpft nicht gegen die Folterungen, die Vergewaltigung von jungen Mädchen oder den kollektiven Mord. Die Geschichte der französischen Besatzung ist voller solcher Verbrechen und bis vor Kurzem machte man noch in Kabylien den Kindern Angst, indem man ihnen drohte, »Bourgeaud zu rufen«. Das algerische Volk weiß sehr wohl, dass das kolonialistische System auf der Notwendigkeit des Folterns, der Vergewaltigung und des Massakers beruht.

Daher auch ist unsere politische Forderung total und absolut. Die sadistischen Polizisten, die um ihren Schlaf kommen und die folternden Soldaten, die »riskieren, sich in Faschisten zu verwandeln«, stellen uns Algeriern das Problem eindeutig. Wie muss unsere Strategie aussehen und wie kann unser Kampf noch intensiver geführt werden, damit das nationale Territorium so schnell wie möglich befreit wird?

Jede andere Betrachtungsweise ist uns durch und durch fremd.

3. Aus Anlass eines Plädoyers[18]

Durch das Bekanntwerden von kollektiven Exekutionen oder Folterkammern wenden sich die französischen Demokraten zuweilen an das algerische Volk und verlangen, dass nicht die verschiedenen Elemente des französischen Volkes gleichermaßen mit Verachtung und Hass gestraft werden.

Herr Georges Arnaud erinnert daran, nicht ohne Bitterkeit, dass alles in Algerien, und vor allem die Verurteilung zum Tode einer Unschuldigen und einer von ihren Henkern vergifteten seelisch Kranken, im Namen des französischen Volkes geschieht.

Georges Arnaud, seit drei Jahren wird das algerische Volk im Namen des französischen Volkes massakriert.

Ihr Plädoyer für Djamila Bouhired ehrt Sie, aber befürchten Sie nicht, dass es nicht das Wesentlichste außer Acht lässt? Die Ermordung Djamila Bouhired wirft für das algerische Volk kein besonderes Problem auf.

Das Lachen Djamila Bouhireds bei Verkündung ihres Todesurteils, damit sich niemand täusche, bedeutet weder dummen Trotz noch Bewusstlosigkeit.

Dieses Lächeln ist vielmehr die ruhige Manifestation einer inneren Gewissheit, die unerschütterlich wurde. Das algerische Volk war keineswegs überrascht, als es das *Todesurteil Djamila Bouhireds* erfuhr. Denn es gibt keine algerische Familie, die nicht betroffen wäre, in Trauer wäre, nicht dezimiert wäre im Namen des französischen Volkes.

Mit der Botschaft Djamila Bouhireds wird die Tradition derjenigen Algerier fortgesetzt, die für ein unabhängiges Algerien gefallen sind. Die Soldaten der nationalen Armee, die Männer und Frauen Algeriens sind, ebenso wie Djamila

Bouhireds, in einen unversöhnlichen Kampf gegen die französische Herrschaft verwickelt.

Georges Arnaud, auf algerischem Territorium gab es schon viele Djamila Bouhireds, die gefoltert, vergewaltigt und massakriert wurden. Es wird noch mehr geben, und das algerische Volk weiß das. Es weiß, dass es die Hoffnung des französischen Kolonialismus ist, durch diese Exekutionen den nationalen Willen ins Wanken zu bringen.

Das entscheidende Kennzeichen der französischen Demokraten ist gerade, dass sie nur durch individuelle Fälle beunruhigt werden, die gerade ausreichen, um eine Träne zu vergießen oder kleinere Gewissensbisse zu verursachen.

Daran lässt sich ablesen, wie sehr das französische Gewissen historisch gesehen hinterherhinkt. Es gelingt ihm nicht, den Kampf für die Achtung der individuellen Freiheiten und die Rechte des *Menschen*, der vor zwei Jahrhunderten so erfolgreich war, als einen Kampf für die Rechte der Völker weiterzuführen. Daher die Aufregung über die Einzelfälle und die vergebliche Hoffnung, man könne das ganze französische Volk durch solche Grenzsituationen aufrütteln.

Die Grenzsituation, das ist weder Bouhired noch Zeddour und nicht einmal das Stadion von Philippeville.

Die Grenzsituation, das ist der Wille von zwölf Millionen Menschen. Das ist die einzige Realität. Und die lässt sich nicht reduzieren. Glauben Sie wirklich, Georges Arnaud, dem französischen Volk einen Dienst zu erweisen, wenn sie ihm von Djamila Bouhired sprechen? Selbst wenn Djamila Bouhired freigesprochen worden wäre oder begnadigt worden wäre, würden dann der Kampf des algerischen Volkes und die Repression, die im Namen des französischen Volkes begangen wird, ihre Form ändern?

Es stimmt, dass ihr Buch für ein französisches Publikum geschrieben worden ist. Es stimmt auch, dass es seit einiger Zeit in Frankreich faschistische Methoden gibt, was die anständigen Schriftsteller zu büßen haben. Aus all diesen Gründen ist Ihre Initiative mutig. Verstehen Sie, Georges Arnaud, es ist wichtig, keine Verwirrung zu stiften. Djamila nicht als armes Mädchen, als Opfer der Bosheit darzustellen.

Djamila Bouhired ist eine bewusste algerische Patriotin, die in der FLN organisiert ist. Sie verlangt weder Mitleid noch Gnade. Die Würde von Djamila Bouhired, ihre außerordentliche Zähigkeit, ihr hartnäckiger Wille, aufrecht zu bleiben, nicht zu sprechen, ihr Lächeln angesichts des Todes, das sind die wesentlichsten Charakteristika der nationalen Einstellung des algerischen Volkes.

Der Tod von Djamila Bouhired, da haben Sie recht, Georges Arnaud, wirft für das französische Volk ein Problem auf.

Wir müssen jedenfalls erkennen, dass es seit drei Jahren nicht den Anschein hat, als ob dieses Volk sich der furchtbaren Verantwortung bewusst geworden wäre, die es vor der Welt und vor der Geschichte auf sich genommen hat, indem es sich für diesen Krieg in Algerien verbürgte und an ihm teilnahm, ein Krieg, von dem man sagen kann, dass er die größte Schande unserer Epoche ist. Rechtsanwalt Jacques Vergés konnte Djamila Bouhired nicht verteidigen. Sie sagen, Georges Arnaud, dass nicht viel gefehlt hätte und er wäre von denselben Franzosen, die in Algier die Macht haben, gelyncht worden.

Also ein neuer Vorwand zur Aufregung: Recht auf Verteidigung, Verteidigungsschutz.

Wie weit weg von diesem Krieg, der unsere beiden Völker angeht, wie wir eines Tages erkennen werden.

Was Jacques Vergés angeht, der aus Réunion stammt, einer französischen Kolonie, genügt es daran zu erinnern, wie mehrere von uns in Lyon vor zehn Jahren mit Füßen getreten wurden, weil wir uns mit ihm solidarisch erklärten.

Vor zehn Jahren wurden Hunderte algerischer Arbeiter und Studenten, als sie in Réunion ihre Solidarität mit einem Verwandten von Vergés, der zu einem Opfer eines kolonialistischen Komplotts geworden war, demonstrierten, von der französischen Polizei und Gendarmerie verprügelt.

Réunion liegt nicht weit von Algier.

4. Die Haltung der französischen Intellektuellen und Demokraten zur algerischen Revolution[19]

1.

Eine der ersten Pflichten der Intellektuellen, die gelegentlich unter dem Begriff *intelligenzia* zusammengefasst werden, sowie der demokratischen Elemente der kolonialistischen Länder ist es, rückhaltlos die nationalen Forderungen der kolonisierten Völker zu unterstützen. Diese Haltung gründet sich auf sehr bedeutende theoretische Grundgedanken: Verteidigung einer Idee vom Menschen, die in westlichen Ländern in Abrede gestellt wird; die Weigerung, institutionell an der Herabwürdigung und Negation gewisser Werte teilzunehmen; die Gemeinsamkeit der Interessen zwischen den werktätigen Klassen des erobernden Landes und der Gesamtheit der Bevölkerung des eroberten und beherrschten Landes; schließlich der eigenen Regierung die Respektierung des Selbstbestimmungsrechtes der Völker abzuringen.

Diese Unterstützung und diese Solidarität beschränkte sich, vor der Periode des bewaffneten Kampfes, auf einige jährliche Meetings und Unterschriftensammlungen. Zuweilen, im Gefolge einer unerwarteten sehr grausamen Unterdrückungstat, die nur Vorläufer einer systematischen umfassenderen ist (im Falle Algeriens die Wahl von Herrn Naegelen und das Komplott von 1950–1951), erblicken Pressekampagnen, Erklärungen, Warnungen und Appelle das Licht des Tages.

Man muss beachten, dass kein Aufklärungsversuch so angelegt ist, dass er die Gesamtheit der Bevölkerung des Koloniallandes fesseln könnte. Weil die demokratische Linke keinen Einfluss auf das Volk und auf das Land hat, gibt sie sich im Kreise drehend mit ausführlichen Artikeln und Studien zufrieden, u. a., dass mit Bandung die Stunde des Kolonialismus geschlagen hat. Aber es ist das wirkliche Volk, die Bauern und die Arbeiter, die informiert werden müssen. Unfähig, die Realitäten des beginnenden Dramas für die Millionen Arbeiter und Bauern des kolonialistischen Volkes zu erklären und zu kommentieren, findet sich die Linke in die Rolle Kassandras gedrängt. Sie kündigt die Kataklysmen an, aber sie versäumt es, die öffentliche Meinung vorzubereiten, sodass diese Voraussagen unerklärlich in der Periode, die dem Aufstand vorausgeht, im Augenblick der Explosion einer Mitschuld gleichkommen.

Eine schmerzvolle Unwirksamkeit

Als dann im besonderen Fall Algeriens, nach der kritischen Phase, die dem Aufstand vorausging (1952–1953), die Periode des bewaffneten Kampfes begann (Sabotage, Attentate), sieht man sich einer ratlosen Linken gegenüber, die paradoxerweise unvorbereitet getroffen wird.

Die demokratischen Elemente und die französischen Intellektuellen kennen die Gegebenheiten des Problemes. Sie haben es aus unmittelbarer Nähe gesehen, haben es lange *Zeit studiert* und kennen seine Komplexität, seine ganze Tiefe und seine inneren Spannungen.

Aber das ganze Wissen enthüllt sich als zwecklos, weil in keiner Beziehung zu den einfachen Ideen, die unter dem Volke kursierten.

Vollgestopft mit diesem nutzlosen Wissen genießt die Linke den Status von Auguren. Auf lange Zeit wird sie den Regierenden wieder und wieder sagen: »Ihr seid gewarnt worden, ihr seid an allem, was geschieht, Schuld.«

In dieser fieberhaften Phase der Zusammenfassung der Kräfte und der Organisation des bewaffneten Kampfes des kolonisierten Volkes kann man eine Scheinkommunikation zwischen dem revoltierenden Volk und den demokratischen Kräften beobachten. Oft deshalb, weil die Intellektuellen und die Demokraten persönlich die aktuellen Chefs des bewaffneten Kampfes gekannt haben.

Es findet zwischen ihnen also ein offenbares Zusammenwirken statt. Sehr schnell aber wird diese aktive Pseudosolidarität durch Ereignisse hinweggefegt. Und in der Tat, im Verlauf der zweiten Periode, die durch Zusammenstöße, Hinterhalte und Attentate charakterisiert wird, neigt die Verantwortung, die man so großzügig den offiziellen Verantwortlichen zugeschoben hat, dazu, den Platz zu wechseln. Die Repression vertieft sich, organisiert sich, nuanciert sich. Es tauchen Folterkammern auf. Auf dem gesamten nationalen Territorium Algeriens werden Dutzende und Hunderte Patrioten ermordet.

Das wirkliche Volk, die Männer und Frauen, die Kinder und die Greise des kolonisierten Landes werden sich mühelos bewusst, dass Existieren im biologischen Sinne des Wortes und Existieren als souveränes Volk zusammenfallen. Der einzig mögliche Ausweg, der einzige Weg der Rettung für dieses Volk ist es, auf den an ihm begangenen Versuch des Völkermordes so energisch zu antworten, wie es geht.

Und die Antwort wird immer entschiedener.

Der Nationalismus und die »Barbarei«

An diesem Punkt taucht ein doppeltes Phänomen auf. Zuerst führt eine ultrachauvinistische Propaganda, national, patriotisch, die rassistischen Elemente, die dem kollektiven Bewusstsein des Kolonialvolkes innewohnen, mobilisierend, ein neues Element ein.

Von da an wird es offensichtlich, dass es unmöglich ist, den Kolonisierten zu unterstützen, ohne sich gleichzeitig der nationalen Stimme zu widersetzen. Der Kampf gegen den Kolonialismus wird zu einem Kampf gegen die Nation. Der Wiedereroberungskrieg wird von der Gesamtheit des kolonialistischen Volkes verfochten und die antikolonialistischen Argumente verlieren ihre Wirksamkeit, werden zu abstrakten Theorien und, im äußersten Fall, verschwinden aus der demokratischen Literatur.

Im Fall Algeriens nahm die französische Nation seit März 1956, mit der Wiedereinberufung der Truppenkontingente, den Krieg der kolonialen Wiedereroberung in ihre Hand. Die Manifestationen der Wiedereinberufenen waren zu dem Zeitpunkt die letzten Symptome einer Haltung, die doktrinär diesen Krieg als unpopulär betrachtete.

Seit 1956 wird der algerische Krieg von der Nation akzeptiert. Frankreich will den Krieg, sagen die Herren Guy Mollet und Bourgès-Maunoury ganz explizit; und das Volk von Paris bringt am 14. Juli 1957 den folternden Fallschirmjägern von Massu den großen Dank des Vaterlandes zum Ausdruck. Zu diesem Zeitpunkt geben die Liberalen den Kampf auf. Die Anklage des Hochverrats, die die Gegner des algerischen Krieges trifft, wird zu einer zweifelhaften Waffe in den Händen der französischen Regierung. So konnte man zu Anfang des Jahres 1957 feststellen, wie eine ganze Reihe von Demokraten schwieg oder von der revanchistischen Woge hinweggespült wurde und einen schlecht strukturierten Patriotismus entwickelte, dem der Rassismus in den Knochen saß, gewalttätig, totalitär, kurzum faschistisch.

Die französische Regierung findet ihr zweites Argument in dem, was man den Terrorismus nennt. Die Bomben in Algier werden vom Propagandadienst ausgeschlachtet. Verwundete Kinder, Unschuldige, die nicht Borgeaud heißen und nicht der klassischen Definition des *grausamen Kolonialisten* entsprechen, werfen für die französischen Demokraten unerwartete Probleme auf. Die Linke ist erschüttert; Sakamody verstärkt noch dieses Zurückweichen. Zehn französische Zivilisten werden in einem Hinterhalt getötet und die gesamte französische Linke beginnt in einem einzigen Aufschrei zu rufen: Da können wir euch nicht mehr folgen. Die Propaganda wird abgestimmt, durchdringt alle Geister und reißt die bereits weitgehend zerschlissenen Überzeugungen nieder. Das Konzept von der Barbarei nimmt seine Form an und es ist entschieden, dass Frankreich in Algerien die Barbarei bekämpft.

Ein großer Teil der Intellektuellen, beinahe die Gesamtheit dieser demokratischen Linken, fällt um und stellt dem algerischen Volk seine Bedingungen: Verurteilt Sakamody und die Bomben und wir werden euch unsere freundschaftliche Unterstützung bewahren.

Zu Beginn des vierten Jahres des nationalen Befreiungskrieges ist die französische Linke für die französische Nation und angesichts der Bomben in der Rue Michelet in zunehmendem Maße einfach nicht da.

Einige wenige haben sich in das Schweigen geflüchtet, andere haben einige Themen gewählt, die episodenhaft wiederkehren. Der Krieg in Algerien soll aufhören, weil er teuer ist (der Krieg in Algerien wird wieder unpopulär, weil er ganz einfach 1,2 Milliarden Franc kostet), er Frankreich isoliert oder den Engländern oder den Russen oder Nasser usw. erlaubt, an Frankreichs Stelle zu treten. In Frankreich weiß man immer weniger, warum der Krieg in Algerien sein Ende nehmen muss. Man vergisst immer mehr, dass Frankreich in Algerien die Souveränität des Volkes mit Füßen tritt, dem Recht der Völker auf ihre Selbstbestimmung Hohn spricht, Tausende Männer und Frauen ermordet.

Der Krieg in Algerien hat die Tendenz, für Frankreich, auch unter den Linken, zu einer Krankheit des französischen

Systems zu werden, genauso wie die Instabilität der Ministerien; die Kolonialkriege sind Frankreichs Tick, ein Teil des nationalen Panoramas, ein gewohntes Detail.

2.

Seit 1956 wenden sich die französischen Intellektuellen und Demokraten von Zeit zu Zeit an die FLN. In den meisten Fällen handelt es sich entweder um politische Ratschläge oder um eine Kritik an diesem oder jenem Charakterzug des Befreiungskampfes. Diese Haltung der französischen Intelligentia darf nicht als Konsequenz einer innigen Verbundenheit mit dem algerischen Volk interpretiert werden. Diese Ratschläge und Kritik erklären sich aus dem schlecht verhohlenen Wunsch, auch die Befreiungsbewegung der Unterdrückten zu führen und ihr die Richtung zu weisen.

Von daher versteht man das beständige Schwanken der französischen Demokraten zwischen offener oder latenter Feindseligkeit und der völlig unrealistischen Aspiration, am Kampf »aktiv bis zum Ende« teilzunehmen. Eine derartige Konfusion zeigt, wie mangelhaft sich die französischen Demokraten mit den konkreten Problemen befasst haben und ihr Nicht-verschmolzen-sein mit dem französischen innenpolitischen Leben.

Während die französischen Demokraten hin- und herschwanken, stehen sie außerhalb des Kampfes oder tun ihren Willen kund, ihn von innen heraus zu beobachten, sogar in der Eigenschaft von Zensoren oder Ratgebern an ihm teilzunehmen, sind aber unfähig oder weigern sich, ein bestimmtes Aufgabengebiet zu wählen oder sich hinter den französischen Linien zu schlagen, drohen jedoch mit Erpressungen oder praktizieren sie.

Die Pseudorechtfertigung dieser Haltung ist die, dass man, um einen Einfluss auf die französische Meinung zu haben, gewisse Taten verurteilen, unerwartete Auswüchse verwerfen, gegenüber den »Exzessen« Abstand wahren muss. In den Momenten der Krise, der Zusammenstöße verlangt man von der FLN, dass sie der Gewalt eine bestimmte Richtung gebe, sie selektiv anwende.

Der Mythos vom französischen Algerien

Hier angelangt, gestattet uns die Überlegung eine wichtige Besonderheit an dem kolonialen Tatbestand Algeriens zu entdecken. Es ist geradezu klassisch und banal, zwei antagonistische Kräfte innerhalb einer Nation zu identifizieren: die Arbeiterklasse und der bürgerliche Kapitalismus. In einem Kolonialland erweist sich diese Unterscheidung als völlig inadäquat. Was eine koloniale Situation ausmacht, ist vielmehr der undifferenzierende Charakter, den die ausländische Herrschaft darstellt. Die koloniale Situation ist in erster Linie eine militärische Eroberung, die durch eine zivile und polizeiliche Administration aufrechterhalten und verstärkt wird. In Algerien wie in jeder Kolonie stellt sich der ausländische Unterdrücker dem Eingeborenen als Grenze seiner Würde dar und definiert sich als unabweichliche Negation der nationalen Existenz. Der Status des Ausländers, des Eroberers, des Franzosen in Algerien, ist der Status des Unterdrückers. Jeder Franzose in Algerien unterdrückt, verachtet, beherrscht. Die französische Linke, die nicht gegenüber ihren eigenen Fantasien indifferent und abweisend sein kann, nimmt bezüglich Algeriens, in der Periode, die dem Befreiungskrieg vorausgeht, paradoxe Positionen ein.

Was ist der Kolonialismus?

Die französischen Demokraten, indem sie sich entschieden haben, Kolonialismus als das zu bezeichnen, was niemals aufgehört hat, Eroberung und militärische Besetzung zu sein, haben nur zu gerne die Tatsachen vereinfacht. Der Ausdruck des Kolonialismus, vom Unterdrücker hervorgebracht, ist zu affektiv, zu emotional. Er bedeutet, ein nationales Problem auf die psychologische Ebene zu schieben. Auf diese Weise ist in den Köpfen der Demokraten das Gegenteil des Kolonialismus keineswegs die Anerkennung des Rechtes der Völker auf Selbstbestimmung, sondern die Notwendigkeit, auf individueller Ebene sich weniger rassistisch, offener, liberaler zu verhalten.

Der Kolonialismus ist nicht ein Typus von individuellen Beziehungen, sondern Eroberung eines nationalen Territoriums und Unterdrückung eines Volkes; das ist alles. Er ist nicht eine gewisse menschliche Verhaltensweise oder eine Modalität von Beziehungen zwischen Individuen. Jeder Franzose in Algerien ist tatsächlich ein feindlicher Soldat. Solange Algerien nicht unabhängig ist, muss man diese logische Konsequenz akzeptieren. Herr Lacoste hat sie verstanden; es ist die Konsequenz, die Franzosen und Französinnen, die in Algerien wohnen, »oberflächlich mobilisiert« hat. Entsprechend dieser Analyse wird man gewahr, dass man, weit entfernt, der Nationalen Befreiungsfront gewisse ihrer städtischen Aktionen vorzuwerfen, im Gegenteil die Disziplin, die sie dem Volk auferlegt, schätzen sollte.

Dank dieses falschen Verständnisses, dass der Kolonialismus nur eine militärische Domination sei, befinden sich die französischen Demokraten heute an der Grenze des Paradoxen.

Opfer des Mythos von einem französischen Algerien, schaffen die Linksparteien auf algerischem Territorium algerische Sektionen der französischen politischen Parteien. Die Losungen, die Programme, die Kampfformen sind mit denen der *Metropole* identisch. Eine doktrinäre Position, die bis in die jüngste Zeit unbestritten war, hat diese Haltung gerechtfertigt. In einem Kolonialland, sagte man, gibt es zwischen dem kolonisierten Volk und der Arbeiterklasse des kolonialistischen Landes eine Gemeinsamkeit der Interessen. Die Geschichte der Befreiungskämpfe, die von den kolonisierten Völkern geführt werden, ist die Geschichte der Negation dieser These.

Der Kolonialismus ist nicht Herr Bourgeaud

Das algerische Volk widersetzt sich der simplifizierenden Vorstellung, der zufolge der Kolonialherr ein besonderer Menschenschlag ist, der leicht zu erkennen ist. Daraus folgerte man, dass nicht alle Franzosen in Algerien Kolonialherren sind oder dass es Abstufungen des Kolonialismus gibt. Jedoch, weder Herr Bourgeaud noch Herr de Serigny charakterisieren den französischen Kolonialismus in Algerien in seinem ganzen Umfang. Der französische Kolonialismus, die französische Unterdrückung in Algerien, bilden ein zusammenhängendes Ganzes, das nicht unbedingt die Existenz eines Herrn Bourgeaud erfordert. Die französische Herrschaft, das ist die Totalität der Kräfte, die sich der Existenz der algerischen Nation widersetzen, und konkret für den Algerier ist der Herr Blachette nicht mehr *Kolonialherr* als ein Polizist, ein Flurwächter oder ein Lehrer.

Der Algerier grollt dem französischen Kolonialismus insgesamt, nicht aus Einfalt oder Fremdenhass, sondern weil in der Tat jeder Franzose in Algerien zu dem Algerier Beziehungen unterhält, die sich auf die Gewalt gründen. Die Berufung auf besondere Fälle von Franzosen, die zu Algeriern anormal freundlich sind, ändert nichts an der Natur der Beziehungen zwischen einer Gruppe von Fremden, die die Attribute der nationalen Souveränität an sich gerissen hat, und dem Volk, das sich der Ausübung der Macht beraubt findet. Keinerlei persönliche Beziehung kann an dieser fundamentalen Gegebenheit etwas ändern: dass sich die französische Nation vermittels seiner Gerichtsbarkeit der Existenz der algerischen Nation widersetzt.

In dem normalen Rahmen einer Kolonie wird das Volk der Kolonialherren durch Soldaten, Polizisten und Techniker repräsentiert. Unter diesen Bedingungen kann sich das kolonisierende Volk in die Ignorierung der Tatsachen flüchten und sich für unschuldig an der Kolonisation erklären. Bei der Besiedelung einer Kolonie wird diese Flucht vor sich selbst unmöglich. Weil, entsprechend der Formel eines berühmten französischen Staatschefs, »es gibt keinen Franzosen, der nicht einen Cousin in Algerien hätte«, die gesamte französische Nation in das Verbrechen an einem Volk hineingezogen worden ist und heute Komplize der Morde und Folterungen geworden ist, die den Krieg in Algerien charakterisieren.

Der wirkliche französische Demokrat darf nicht gegen Herrn Bourgeaud oder gegen Herrn Blachette sein, er muss es vermeiden, nach Gutdünken ein paar Sündenböcke ausfindig zu machen, die nicht 130 Jahre der kolonialen Unterdrückung darstellen können. Der französische Demokrat muss die Gesamtheit der Kolonisation, als eine Kategorie der militärischen und polizeilichen Unterdrückung, beurteilen und verurteilen. Man muss zur Überzeugung gelangen, dass in Algerien jeder Franzose wie Herr Bourgeaud reagiert. Das heißt, es gibt in Algerien keinen Franzosen, dessen bloße Anwesenheit nicht durch diese Domination gerechtfertigt wäre.

Weil er diese Haltung nicht einnehmen kann, mangels Mut oder mangels einer Analyse, flüchtet sich der französische Demokrat ständig in Abstraktionen: Der Kolonialismus im Allgemeinen ist am Absterben, der Kolonialismus ist unmenschlich, Frankreich muss seiner Geschichte treu bleiben; und vergisst dabei eigenartigerweise, dass der Kolonialismus ein wichtiger Teil der französischen Geschichte ist.

Der Kolonialismus ist die Organisation der Herrschaft einer Nation nach der militärischen Eroberung. Der Befreiungskampf ist nicht eine Reihe von Reformen, sondern die grandiose Anstrengung eines Volkes, das mumifiziert worden war, um sein Genie wiederzufinden, um seine Geschichte wieder in die Hand zu nehmen, um seine Souveränität wiederherzustellen.

Im Rahmen der NATO weigern sich Franzosen, unter dem Befehl des deutschen Generals Speidel zu dienen, akzeptieren aber gleichzeitig, gegen das algerische Volk zu kämpfen. Jedoch, getreu dem Geist der französischen Resistance, wäre es streng genommen erforderlich, dass die Franzosen, die nicht geneigt sind, unter Speidel zu dienen, ihrer Logik entsprechend sich weigern, unter Massu oder Salan zu kämpfen.

3.

Offensichtlich haben die französischen Herrschenden recht, wenn sie behaupten, dass das algerische Problem die eigentlichen Fundamente der Republik erschüttert. Seit einigen Jahren wird der Mythos von einem französischen Algerien einer harten Belastungsprobe unterworfen und in das französische Bewusstsein hat sich eine Dosis Unsicherheit eingeschlichen, was die Wahrheit dieser These anbetrifft.

Auch auf internationaler Ebene konnte man die Erschütterungen dieser Zerstörung registrieren. Jedenfalls haben derartige Fortschritte noch nicht vollständig das Problem der Mystifikation gelöst, die in Jahrzehnten verlogenen Unterrichts und systematischer Geschichtsfälschung erzeugt wurde.

Der Preis der Mystifikation

Wenn man die kolonialen Beziehungen, die zwischen Algerien und Frankreich herrschten, genau analysiert, stellt man fest, dass das algerische Territorium schon bei seiner Eroberung als eine mehr oder weniger reale Verlängerung Frankreichs angesehen wurde. Zu keinem Zeitpunkt hat Frankreich sein Eigentumsrecht auf das Schwarze Afrika oder einen anderen Teil des »Französischen Imperiums« in der gleichen Weise zum Ausdruck gebracht. Man konnte zwar das Schwarze Afrika zu französischem Boden erklären, aber es wurde niemals festgelegt, dass das Schwarze Afrika Frankreich wäre.

Die Rechte Frankreichs in Afrika beschränkten sich vielmehr auf das Eigentumsrecht, während in Algerien von allem Anfang an Gewicht auf seine Identität mit Frankreich gelegt wurde. Wir haben gesehen, dass die französischen Demokraten, mit wenigen Ausnahmen, ihre Haltung dieser Auffassung angepasst haben. Die französischen politischen Parteien haben keinen Hehl daraus gemacht, dass für sie die Notwendigkeit besteht, dieser Mystifikation zu gehorchen. Herr Laurent Casanova rechtfertigte sich in einem Vortrag vor kommunistischen Studenten am 17. März 1957 in Paris, als er auf die Kritik einging, die ihm die kommunistische Jugend zur Haltung der Kommunistischen Partei Frankreichs in der algerischen Frage vorgetragen hatte, indem er sie bat, »der spontanen Haltung der französischen Volksmassen in dieser Frage« Rechnung zu tragen.

In 130 Jahren hat sich ein französisches Nationalbewusstsein entwickelt, das von dem einfachen Prinzip ausging: Algerien ist Frankreich. Deswegen trifft man heute noch, in dem Augenblick, wo ein großer Teil des französischen Volkes sich rational klarmacht, dass seine Interessen in Richtung einer Beendigung des Krieges und Anerkennung eines unabhängigen Staates gehen, auf instinktive, leidenschaftliche, antihistorische Reaktionen.

Das Prinzip, das besagt, dass niemand ungestraft jemanden in Knechtschaft bringt, bewahrheitete sich niemals vollständiger. Nachdem Frankreich das algerische Volk mehr als ein Jahrhundert lang in knechtischer Unterwürfigkeit gehalten hat, ist es heute Gefangener seiner Eroberung und unfähig, sich freizumachen, neue Beziehungen herzustellen, neue Wege zu beschreiten.

Ein widerwärtiges Feilschen

Ein großer Irrtum wäre es zu glauben, dass das Problem mit diesen psychologischen Erwägungen erschöpft wäre. Die Auseinandersetzungen mit den Vertretern der französischen Linken bringen weit umfassendere Vorurteile zum Vorschein. So ist zu verstehen, dass wir uns bezüglich des präzisen Punktes der Zukunft eines unabhängigen Algeriens zwei widersprechenden Forderungen gegenübersehen, die sich übrigens auf einer höheren Ebene mit der manichäistischen Auffassung von Gut und Böse decken, die seit einigen Jahren die Welt in zwei Lager spaltet. Die nichtkommunistische Linke versichert uns ihrer Unterstützung, verspricht uns ihre Vermittlung, verlangt aber von uns, ihr zu garantieren, dass sich Algerien niemals dem kommunistischen Block oder dem sogenannten neutralistischen Block zuwendet. Der Antikolonialismus dieser Demokraten ist also nicht ohne Einschränkungen und bedingungslos, sondern setzt eine präzise politische Stellungnahme voraus. Gewiss, es mangelt ihnen nicht an Argumenten. Den französischen Kolonialismus gegen den roten oder nasseristischen »Kolonialismus« zu vertauschen, erscheint ihnen als negative Handlung, denn, wie sie betonen, die großen Blöcke und eine Entscheidung zwischen ihnen sind zum gegenwärtigen Zeitpunkt eine Notwendigkeit und ihre Ratschläge sind nicht verschleiert: Man muss den westlichen Block wählen.

Diese nicht-kommunistische Linke schweigt sich im Allgemeinen aus, wenn wir ihr erklären, dass es sich für das algerische Volk im Augenblick darum handelt, sich erst einmal vom französischen Kolonialjoch zu befreien. Sie weigert sich, strikt auf der Ebene der Dekolonisation und nationalen Befreiung zu bleiben. Die nichtkommunistische Linke beschwört uns, zwei Dinge miteinander zu verbinden: Zurückweisung des französischen Kolonialismus und des sowjetisch-neutralistischen Kommunismus.

Dasselbe Problem, entsprechend einer umgekehrten Dynamik, stellt sich für die kommunistische französische Linke. Die Französische Kommunistische Partei kann, wie sie sagt, nur gewisse nationale Befreiungsbewegungen unterstützen. Denn was für ein Interesse könnten wir französischen Kommunisten an einem Einfall des amerikanischen Imperialismus in Algerien haben? Auch hier verlangt man von uns Garantien, will man uns Versprechungen entlocken. Verlangt man Sicherheiten.

Es ist klar, dass derartige Schwierigkeiten die antikolonialistischen Aktionen der französischen Linken lähmen. Es ist so, dass das noch nicht unabhängige Algerien in internationalem Maßstab bereits Gegenstand von Kämpfen um den Einfluss ist. Für wen soll sich Algerien befreien? Seit drei Jahren wird das algerische Volk nicht müde zu wiederholen, dass es sich vorgenommen hat, sich zu seinem eigenen Wohle zu befreien; dass es in erster Linie wichtig ist, seine Souveränität zurückzuerobern, seine Autorität herzustellen, sein Menschsein sowie seine ökonomische und politische Freiheit zu realisieren; aber es hat nicht den Anschein, als ob diese eindeutigen Forderungen akzeptiert würden.

Das algerische Volk erleidet auf eine erschreckende Weise die Geburt seiner Unabhängigkeit und schon stellt man ihm, mit ungewöhnlicher Aggressivität, die geringste Unterstützung in Rechnung. So hört man nicht selten gewisse französische Demokraten zu uns sagen: Helft uns, damit wir euch helfen. Das heißt im Klartext: Sagt uns doch in etwa, wohin ihr danach zu gehen gedenkt.

Diese ständige Mahnung, die sich auf individueller Ebene zwischen Franzosen und Algerier schiebt, stellt gewiss einen der schmerzlichsten Aspekte des Unabhängigkeitskampfes dar. Gewisse französische Demokraten sind zuweilen durch die Aufrichtigkeit des algerischen Kombattanten verletzt. Es ist so, dass der totale Charakter des Krieges, den wir führen, sich nicht weniger radikal in der Art und Weise niederschlägt, wie wir unsere individuellen Beziehungen gestalten müssen.

Und wir müssen gestehen, dass es uns unerträglich ist, zu sehen, wie einige Franzosen, von denen wir glaubten, sie seien unsere Freunde, sich uns gegenüber wie Krämer verhalten und mit der Solidarität, verbunden mit fundamentalen Abstrichen an unseren Zielsetzungen, ein widerwärtiges Feilschen praktizieren.

Ein grundlegender Streit

Wenn man die Haltung der französischen Linken mit den Zielen unseres Kampfes in Beziehung setzt, stellt man fest, dass keine Fraktion die Möglichkeit einer wirklichen nationalen Befreiung in Betracht zieht.

Die nicht-kommunistische Linke stimmt mit uns darin überein, dass der koloniale Status beendet werden muss. Aber zwischen Liquidierung des Kolonialregimes und die Anerkennung einer algerischen von Frankreich unabhängigen Nation hat diese französische Linke eine Menge Etappen, Unter-Etappen, originelle Lösungen und Kompromisse gestellt.

Es ist klar, dass das Ende des Krieges für diesen Teil der Linken eine Art interne Föderation und erneuerte Französische Union mit sich bringen muss. Unsere Ablehnung dieser französischen Auffassung ist weder psychologischer noch taktischer Art, wie einige behaupten. Die Linksradikalen, die Minderheitssozialisten und der linke Flügel der MRP haben die Idee von der algerischen Unabhängigkeit nicht akzeptiert. Ihre Haltung ist etwa so: Wir stimmen im Grunde mit euch überein, aber nicht mit den Methoden, die sind völlig falsch.

Die Kommunistische Linke ihrerseits, während sie zwar die Notwendigkeit einer Evolution der Kolonialländer zur Unabhängigkeit proklamiert, fordert die Aufrechterhaltung besonderer Beziehungen zu Frankreich. Solche Positionen zeigen deutlich, dass selbst die sogenannten extremistischen Parteien der Meinung sind, dass Frankreich in Algerien Rechte besitzt und dass die Beseitigung der Herrschaft nicht unbedingt von einer Beseitigung jeder Beziehung begleitet sein muss. Diese Geisteshaltung präsentiert sich in Form eines technokratischen Paternalismus, unter der Drohung der Regression.

Ohne Verbindungen mit Frankreich prophezeit man, was werdet ihr machen?

Es fehlen euch Techniker, Devisen, Maschinen …

Kein Katastrophenbild wird ausgelassen, angefangen von einem Algerien, das von der Wüste geschluckt wird, das von Sümpfen verpestet wird, bis hin zu einem Algerien, das von Krankheiten dahingerafft wird, um uns zum Umdenken zu bringen.

Die Kolonialisten sagen in ihrer Propaganda zu dem französischen Volk: Frankreich kann ohne Algerien nicht leben.

Die französischen Antikolonialisten sagen zu den Algeriern: Algerien kann nicht ohne Frankreich leben.

Die französischen Demokraten werden sich nicht immer des kolonialistischen oder, um einen neuen Terminus zu gebrauchen, neokolonialistischen Charakters ihrer Haltung bewusst. Die Forderung nach besonderen Beziehungen zu Frankreich entspricht dem Wunsch, die kolonialen Strukturen aufrechtzuerhalten. Es handelt sich hier um eine Art Terrorismus der Notwendigkeit, von dem aus es abgemacht ist, dass in Algerien ohne Frankreich nichts von Bedeutung konzipiert oder realisiert werden könnte. In der Tat, die Forderung nach besonderen Beziehungen zu Frankreich lässt sich auf den Wunsch zurückführen, Algerien ewig im Status eines minderwertigen und beschützten Staates zu halten. Das bedeutet auch, gewisse Formen der Ausbeutung des algerischen Volkes aufrechtzuerhalten. Damit wird unleugbar der Beweis erbracht für das tiefe Unverständnis für die revolutionären Perspektiven des nationalen Kampfes.

Ist es zu spät?

Es ist notwendig, dass die französischen Demokraten die Widersprüche überwinden, die ihre Positionen so unergiebig machen, wenn sie eine wirkliche Demokratisierung der Kolonialisten erreichen wollen. In dem Maße, wie die französische demokratische Meinung ihr Schweigen brechen wird, wird ihre Aktion wirksam und entscheidend werden können.

Weil die Linke unbewusst dem Mythos vom französischen Algerien erlegen ist, beschränkt sich ihre Aktion darauf, ein Algerien in Betracht zu ziehen, in dem mehr Gerechtigkeit und Freiheit herrscht oder äußerstenfalls ein Algerien, das weniger direkt von Frankreich beherrscht wird. Der leidenschaftliche Chauvinismus der französischen Meinung in der algerischen Frage übt auf diese Linke Druck aus, verleitet sie zu einer übermäßigen Vorsichtigkeit, erschüttert ihre Prinzipien und bringt sie in eine paradoxe und sterile Situation.

Das algerische Volk ist der Meinung, dass die französische Linke nicht alles getan hat, was angesichts des Krieges in Algerien notwendig war. Uns dreht es sich nicht darum, die französischen Demokraten anzuklagen, sondern darum, ihre Aufmerksamkeit auf bestimmte Verhaltensweisen zu lenken, die uns mit den Prinzipien des Antikolonialismus nicht vereinbar erscheinen.

Es ist vielleicht nicht unnütz, die Haltung der Sozialistischen Internationale in dieser Frage in Erinnerung zu bringen. Jeder weiß, dass 1956 die französische Delegation unter Führung von Pineau von ihr verurteilt wurde und dass Bevan 1957, zur Zeit des sozialistischen Kongresses in Toulouse, öffentlich seine Enttäuschung und seinen Zorn angesichts des Rassismus und des Kolonialismus der SFIO zum Ausdruck brachte.

Das algerische Volk kämpft seit 1954 für seine nationale Unabhängigkeit. Es handelt sich um ein Territorium, das vor mehr als einem Jahrhundert erobert wurde und das seinen Willen zum Ausdruck bringt, sich als souveräne Nation zu konstituieren. Die französische Linke muss rückhaltlos diese Anstrengungen unterstützen. Weder die Anwesenheit einer europäischen Minderheit noch Sakamody können und dürfen die Entschlossenheit einer wirklichen Linken ins Wanken bringen. Wir haben gesehen, wie die Propaganda von Herrn Lacoste nicht müde wird zu behaupten, dass Frankreich in Algerien die Barbarei bekämpft. Die Linke muss sich dieser Kampagne gegenüber unerweichlich erweisen und das Ende des Krieges und die Anerkennung der Unabhängigkeit Algeriens fordern.

Es ist vorgekommen, wie wir gesehen haben, dass manche Demokraten folgende Argumentation gebrauchen: Wenn ihr wollt, dass wir weiter Hilfe leisten, dann verurteilt diese und jene Taten. Der Kampf eines Volkes für seine Unabhängigkeit muss also völlig durchsichtig sein, wenn es in den Genuss der Unterstützung der Demokraten kommen will. Paradoxerweise entspricht dies der Haltung von Guy-Mollet, der, um seinen Krieg fortzusetzen, eine Schutzkommission einsetzt mit der Aufgabe, »Exzesse« zu signalisieren und dadurch auf spektakuläre Weise die bösen Soldaten von der guten, gerechten und nützlichen französischen Armee trennen will.

Die Aufgaben der französischen Linken

Die FLN wendet sich an die Gesamtheit der französischen Linken und fordert sie in diesem vierten Jahr auf, sich konkret im Kampf für den Frieden in Algerien zu engagieren.

Die Frage für die französischen Demokraten ist es nie und nimmer, sich in unsere Reihen einzugliedern und ihr Land zu verraten. Ohne sich von ihrer Nation loszusagen, muss die französische Linke darum kämpfen, dass die Regierung ihres Landes die folgenden Punkte respektiert: das Recht der Völker auf Selbstbestimmung, Liquidierung des Kolonialismus, wechselseitige und fruchtbare Beziehungen zwischen zwei freien Völkern.

Die FLN wendet sich an die französische Linke, an die französischen Demokraten und fordert sie auf, jeden Streik, den das französische Volk gegen die Erhöhung der Lebenskosten, gegen neue Steuern, gegen die Einschränkung der demokratischen Freiheiten in Frankreich unternimmt, alles direkte Folgen des Krieges in Algerien, zu unterstützen.

Die FLN fordert die französische Linke auf, ihre Informationskampagnen zu verstärken und fortzufahren, den französischen Massen die Charakteristika des Kampfes des algerischen Volkes zu erklären, die Prinzipien, von denen es beseelt wird, und die Ziele der Revolution.

Die FLN grüßt die Franzosen, die den Mut gehabt haben, sich zu weigern, die Waffen gegen das algerische Volk zu ergreifen und die sich jetzt im Gefängnis befinden.

Diese Beispiele müssen sich vervielfältigen, sodass schließlich aller Welt klar wird und zuallererst der französischen Regierung, dass das französische Volk diesen Krieg, der in seinem Namen gegen das Völkerrecht, für die Aufrechterhaltung der Unterdrückung gegen die Herrschaft der Freiheit geführt wird, nicht will.

5. Entsteht auf den Antillen eine Nation?[20]

Am 3. Januar 1958 sind die *Britischen Antillen* verschwunden, um einer *Föderation der Westindischen Inseln* Platz zu machen, die – wie Ghana zum Beispiel – ein Dominion innerhalb des Commonwealth werden soll.

Eine Kolonie im Archipel der Antillen steht also im Begriff, ihre innere Autonomie zu erhalten mit dem Versprechen auf Unabhängigkeit.

Was bedeutet dieses Ereignis für die Völker desjenigen Erdteils, der am frühesten durch den Kolonialismus gezeichnet wurde?

König Zucker

Der *Karibische* Archipel, wie die Antillen auch genannt werden (nach dem Namen ihrer ersten Bewohner, den karibischen Indianern, die völlig verschwunden sind und die ersten Opfer der weißen Ausbeutung in dieser Gegend waren), setzt sich aus einer Anhäufung von Inseln zusammen, die einen groß, die anderen winzig, die zwischen Nord- und Südamerika liegen; sie beherrschen die Durchfahrt zum Panamakanal, einer der wichtigsten Verkehrsknotenpunkte Amerikas.

Seine ganze Geschichte wurde durch seine Lage in tropischem Klima bestimmt und den Reichtum seines Bodens, der sich besonders für die Zuckerrohrproduktion eignet.

Als die Europäer Amerika entdeckten, war der Rübenzucker noch nicht bekannt: Der Besitz dieser Zuckerländer wurde zu einer Quelle des Reichtums und jede Macht wollte *ihre* Antillen haben. Die Spanier, Engländer, Franzosen, Holländer organisierten in ihren jeweiligen Besitzungen die

Produktion und Nutzung des Zuckerrohrs zum ausschließlichen Profit der *Metropole*.

Aber es entstand ein Problem, das der Arbeitskräfte; die karibischen Indianer widerstanden nicht der außerordentlich harten Arbeit, die auf den Plantagen erforderlich war. Und bald wurde der *Sklavenhandel* zu dem Mittel, um sie zu ersetzen: ganze Schiffsladungen mit Sklaven, unter schrecklichen Bedingungen aus Afrika »importiert«, ergossen sich über die Antillen.

Jahrhundertelang wurde die schwarze Arbeitskraft auf diese Weise abtransportiert, verkauft, gekauft, gelagert und zur Arbeit gezwungen wie richtiges Vieh, einer Arbeit, aus der die europäischen Staaten durch die Dazwischenkunft der Großgrundbesitzer, der weißen Pflanzer, der Händler, der Importeure in den europäischen Häfen allen Nutzen zogen.

Und als im XIX. Jahrhundert die Sklaverei abgeschafft wurde, erwies sich dies angesichts der außerordentlichen Macht der weißen Pflanzer als unwirksam, um eine wirkliche Verbesserung der Situation der schwarzen Arbeiter hervorzurufen. Diese mussten Landarbeiter auf den Plantagen bleiben, und noch heute stehen ihre miserablen Hütten neben dem luxuriösen Haus des Pflanzers.

»Die Aufhebung der Sklaverei hat den eben Befreiten vom König Zucker ebenso abhängig und in seiner Gnade oder Ungnade gelassen, wie er es als Sklave gewesen war« (Eric Williams).

Das *Königreich des Zuckers*, die Form des Kolonialismus auf den Antillen, hat aus den ehemals blühenden Inseln eine der unterentwickelten Regionen der Welt gemacht.

Der ausschließliche Anbau eines zum Export bestimmten Produktes, statt Anbau lebenswichtiger Nahrungsmittel, Fehlen einer Industrialisierung; hohe Lebenskosten (weil alles aus der *Metropole*, die 7000 km entfernt liegt, importiert werden muss oder zumindest aus Amerika); Konzentrierung der Ländereien in den Händen weniger Großgrundbesitzer, die den Arbeitern und der Administration ihren Willen diktieren; Elend der besitzlosen Bauern, die keine Arbeit finden, die immer zahlreicher werden wegen der außerordentlichen Bevölkerungszunahme; teilweise Emigration (die Puerto Ricaner nach Amerika, die Jamaikaner nach Großbritannien) oder sich drängen in den Wellblechhütten der Vorstädte, Analphabetismus, Unterernährung, Krankheit.

Das Elend aller Kolonisierten, das durch einen üblen Rassismus noch außerordentlich verschärft wird, der vielleicht grausamsten Folge der Sklaverei, der das Leben der Weißen, Schwarzen und Mulatten unerträglich macht. Ein Elend, gegen das zu kämpfen besonders schwierig ist, wegen der besonderen Bedingungen, die in vier Jahrhunderten Kolonisation geschaffen wurden.

Die unterschiedlichen Merkmale

Diese Inseln, die im Großen und Ganzen dasselbe Klima, dieselbe Bevölkerung, dieselben ökonomischen und sozialen Probleme haben, wurden nach dem Bild verschiedener Herren geformt: Die Jamaikaner sprechen Englisch beziehungsweise einen Dialekt, der auf dem Englischen basiert, lesen englische Bücher, konsumieren englische Produkte, gehen (wenn sie können) auf englische Universitäten oder in englische Fabriken und kämpfen gegen die englische Herrschaft.

Die Puerto Ricaner, in ihrer Mehrzahl weißen Ursprungs, sind noch sehr der Sprache ihrer früheren Metropole, Spanien, verbunden, selbst wenn sie nach Nordamerika auswandern.

Die Antillesen aus Martinique und Guadeloupe, der *Überseeischen Provinz*, unterliegen seit Jahrhunderten der

Frankreich so teuren Politik der Assimilierung, die darauf abzielt, sie systematisch ihrer Persönlichkeit zu berauben, die so weit geht, dass sich einige als Funktionäre Frankreichs in anderen Kolonien wiederfinden. Wenn Aimé Césaire von den Inseln als verschiedenen *Ghettos* sprechen konnte, so heißt das, dass die Solidarität der Antillen, die sich zwar in bestimmten Handlungen ausdrückt und von den bewusstesten Antillesen lebhaft empfunden wird, noch weit davon entfernt ist, sich im täglichen Leben und nicht einmal im Kampf um die Emanzipation niederzuschlagen: Jede Kolonie muss zuerst ihre Anstrengungen dem besonderen Feind anpassen, den es zu besiegen gilt.

Auf den ganzen Antillen begann die ökonomische und politische Befreiungsbewegung des XIX. Jahrhunderts im Anschluss an eine vielfältige kulturelle Renaissance; Bewusstwerdung der Geschichte der Antillen, die Rehabilitation der Volkstradition sowie die Wiederentdeckung afrikanischer Kulte als Form des Widerstandes gegen die westliche, die christliche Unterdrückung (gegen das *aufgezwungene Christentum*), das Abfinden mit der Sklavenvergangenheit, Stolz, der schwarzen Rasse anzugehören.

Diese Renaissance zeigt sich gegenwärtig mit großer Lebhaftigkeit in Haiti, den französischen und englischen Antillen auf intellektueller Ebene, wo sich gerade jetzt eine gemeinsame Sprache (Mischung aus Französisch, Englisch, Spanisch und afrikanischen Dialekten) als Bindeglied und besseres Verständigungsmittel für das antillesische Bewusstsein formt.

Was die politischen Forderungen betrifft, sind sie umso energischer, als die koloniale und rassistische Unterdrückung die soziale Unterdrückung auf den meisten Inseln noch verschärfen.

Die »Föderation der westindischen Inseln«, künftiges Dominion Jamaika

Seit 1920 organisieren sich die Arbeiter der Zuckerindustrie unter ihrem Führer Bustamante. Eine Revolte, 1938, wird von der Armee niedergeschlagen. Zu jener Zeit tritt eine politische Partei auf, die *People's National Party* (PNP), auf Initiative des Rechtsanwaltes Norman Manley. Die PNP ist die mächtigste politische Partei auf nationaler Ebene; während Bustamante, ein Demagoge, seine Gewerkschaft (in der er *Präsident auf Lebenszeit* ist!) diktatorisch beherrscht, wird von der PNP eine neue Gewerkschaft aufgebaut. 1954 erhält die Partei von Manley die Mehrheit im Land und in der Nationalversammlung: Eine Säuberung innerhalb der Partei führt zur Abtrennung des linken Flügels, der sich aus einigen Marxisten und hauptsächlich Gewerkschaftlern zusammensetzte.

Von nun an entwickelt sich Norman Manley, Regierungschef von Jamaika, zum Reformismus hin; er ruft eine dritte Gewerkschaftszentrale ins Leben und beabsichtigt einige oberflächliche ökonomische Reformen mit der äußeren Hilfe der USA und der inneren Hilfe der *nationalen* Pflanzer. Aber die PNP bleibt geschlossen und in der Mehrheit. Manley ist einer der Politiker der Karibischen Inseln, der *antillesisch denkt.* Für ihn ist eine antillesische Nation im Entstehen, wobei die englische Föderation nur eine Etappe darstellt. Der Status eines Dominions wird die zweite Etappe sein, die erlauben wird, eine dreisprachige Konföderation der gesamten Antillen ins Auge zu fassen. Manley behält auf Jamaika deshalb die Majorität, weil er dem nationalen antillesischen Bewusstsein Ausdruck verleiht: Die Idee einer antillesischen Nation gewinnt im Bewusstsein des Volkes immer größeren Raum.

Trinidad: Die Erdölvorkommen haben die einzige Industrie auf den Antillen entstehen lassen.

1919 gibt es erste Streiks der Hafenarbeiter und das ist der Beginn einer starken Bewegung mit politischen Inhalten, die von einem weißen Siedler ins Leben gerufen wurde: *Kapitän* Cipriani, der Bürgermeister der Hauptstadt Port of Spain wurde. Neue Unruhen im Februar 1935. 1937 ein Hungermarsch auf Port of Spain verwandelt sich in einen regelrechten Aufstand, der von der englischen Armee unter Kontrolle gebracht wird. Aber auf Betreiben eines aktiven Führers wird eine Gewerkschaft organisiert: Butler und die heutige *Oil Workers Trade Union* nehmen einen sehr bedeutenden Platz in der ökonomischen Organisation der Insel ein.

1955 organisiert Eric Williams nach dem Muster der PNP von Jamaika ein *People's National Movement* (PNM), die bei den Wahlen von 1956 die absolute Mehrheit erhält; trotzdem wird Eric Williams des Landes verwiesen und die PNM gelangte nicht an die Macht; ihre wichtigste politische Forderung ist innere Autonomie und allgemeines Wahlrecht.

Barbados: Das Beispiel des Aufstandes von 1937 auf Trinidad wirkt ansteckend: Clément Payne organisiert die ersten Gewerkschaften. 1945 erneute Unruhen, die Zuckerrohrernte wird in Brand gesteckt. Seit dem Krieg gibt es zwei Bewegungen, eine sehr mächtige Gewerkschaft, *Arbeiter der Zuckerplantagen*, und eine politische sozialistische Partei, die gegenwärtig an der Macht ist dank der Aufhebung des Zweikammersystems seit 1950 (die eine Kammer war für die Weißen reserviert). Die allgemeine Wahl machte Grandey H. Adams, Rechtsanwalt und Gewerkschaftsführer, zum Präsidenten, aber die relative Autonomie der Insel wird durch die politischen Befugenheiten, die der englische Gouverneur hat, eingeengt sowie durch die wirtschaftliche Vormachtstellung, die die weißen Pflanzer innehaben.

Heute bilden Jamaika, Trinidad, Barbados und die anderen kleinen Inseln eine Föderation, jede mit einem eigenen

Status. England hat unter dem Druck der lokalen emanzipatorischen Kräfte und aus Furcht vor einer marxistischen Ansteckung aus Englisch-Guyana (wo seit 1957 Doktor Jagan Präsident ist), die Existenz einer antillesischen Nation anerkannt. Der Weg zur Unabhängigkeit ist offen und die Konföderation bleibt die Perspektive des sehr gemäßigten Sozialdemokraten Manley und des sehr jungen Eric Williams.

Am nächsten 25. März werden die allgemeinen Wahlen für das Bundesparlament die neue Realität zum Ausdruck bringen.

Der übrige Archipel

Haiti: Haiti entstand bei der Trennung der ehemaligen französischen Kolonie St. Dominique in zwei Teile: die Dominikanische Republik im Osten, wo sich die Weißen befinden, und Haiti im Westen mit den farbigen Menschen.

Die französischen Antillen, die »überseeische Provinz«: die rapide politische Entwicklung von Martinique und Guadeloupe datiert seit 1944. Im Kampf gegen die politisch-ökonomische Allmacht der *Zuckerplantokratie* vertraute man auf das *Frankreich der Liberation*. Die Bevölkerung, die sozialistisch oder kommunistisch wählte, stellte als erste politische Forderung die soziale Gleichheit auf; die Führer trieben jedoch eine Politik der »allmählichen Lostrennung von Frankreich«.

Die Pflanzer sind nach wie vor mächtig, die Arbeiter nach wie vor schlecht bezahlt, die Sozialgesetzgebung und die Familienunterstützung sind nicht so weit fortgeschritten wie in Frankreich; das Leben ist sehr teuer wegen der Zollunion, die dazu zwingt, alles aus Frankreich zu importieren; das Land ist nicht industrialisiert, die Jugend ist nicht vollständig eingeschult. Der Wahlschwindel auf der einen Seite, die Machtlosigkeit von sechs antillesischen Abgeordneten, die in der französischen Nationalversammlung untergehen, auf der anderen Seite machen die politischen Rechte, die im Prinzip mit der Bezeichnung französischer Bürgere verbunden sind, illusorisch.

»Wir sind zu einer französischen Provinz geworden und dennoch stecken wir nach wie vor im tiefsten Elend. Folglich sind unsere juristischen Rechte bedeutungslos«, folgern A. Césaire und mit ihm die *Französischen Antillen.*

Die Holländischen Antillen: Inseln von geringerer Bedeutung, auf denen nach einem Wort der Königin Wilhelmine 1954 »der Kolonialismus verschwunden ist«. In Wirklichkeit ist der Kolonialismus für die sehr heterogene Bevölkerung von 180 000 Einwohnern lediglich *annehmbarer* geworden, aber nicht verschwunden; die Inseln erfreuen sich einer *Autonomie*, das Parlament wird nach allgemeinem Wahlrecht gewählt; aber die Inseln verbleiben Eigentum der Krone und der *Gouverneur des Königreiches* ernennt hohe Polizei- und Verwaltungsbeamte.

Das Ziel ist eine karibische Konföderation

Das ist, in kurzen Zügen, der gegenwärtige politische Stand der Antillen auf ihrem Weg zur Unabhängigkeit.

Ein nationales Bewusstsein ist auf den Antillen entstanden: Hier und dort beginnt es in dem alten Gebälk zu krachen, aber eine vollständige und umfassende Revolution scheint unmittelbar weder möglich noch notwendig zu sein.

In dieser Situation scheint es den politischen Führern klüger, dass jedes Volk damit beginnt, seine Unabhängigkeit in dem vorgegebenen Rahmen zu erlangen. Die Föderation soll nicht eine überstürzte, zerbrechliche und künstliche Konstruktion sein, sondern zu einer Föderation größerer Staaten heranwachsen, die entschlossen sind, sich gegenseitig zu helfen und ihre Freiheit zu verteidigen.

Einige Zahlen

Unabhängige Staaten

– Kuba	6 000 000	Einwohner
– Haiti	3 500 000	Einwohner
– Dominikanische Republik	2 300 000	Einwohner

Kolonien oder »Besitzungen«

– Französische Antillen (vor allem Martinique und Guadeloupe) …	600 000	Einwohner
– Holländische Antillen (Curaçao)	180 000	Einwohner
– Puerto Rico (USA)	2 500 000	Einwohner
– Englische Antillen	3 000 000	Einwohner
Jamaika	1 700 000	Einwohner
Trinidad	800 000	Einwohner
Barbados	300 000	Einwohner
Inseln über dem Winde, Inseln unter dem Winde	200 000	Einwohner

Jacques Roumain, Dichter aus Haiti, gestorben 1945

Nun denn
Wir andere
Die Neger
Die Nigger
Die dreckigen Neger
Wir machen jetzt Schluss
Ganz einfach Schluss
In Afrika
In Amerika immer nur
Ihr Neger
Ihr Nigger
Ihr dreckigen Neger
Zu sein …
… Wir machen jetzt Schluss
Das erstaunt euch
Immer nur zu sagen: Ja Mister
Und euch die Stiefel zu putzen
Ja Vater
Zu den weißen Missionaren
Ja Herr
Und für euch zu ernten
Das Zuckerrohr
Den Kaffee
Die Baumwolle
Die Erdnüsse
In Afrika
In Amerika
Als brave Neger
Als arme Neger
Die wir waren
Die wir nicht mehr sein werden …

6. Das maghrebinische Blut wird nicht vergeblich fließen[21]

Es ist etwas mehr als ein Jahr her, dass man auf die Nachricht hin vom Abfangen des Flugzeuges, in dem die Repräsentanten der FLN saßen, die an der maghrebinischen Konferenz in Tunis teilnehmen sollten, in den Straßen von Algier und Paris Franzosen sehen konnte, die sich vor Freude und Begeisterung umarmten.

Am 8. Februar 1958, am Vorabend der Ankunft von Seiner Majestät Mohamed V. in Tunis auf Einladung von Präsident Bourguiba, um die gegenseitigen Standpunkte in der Algerienfrage festzulegen, hat eine Luftflotte von 25 Flugzeugen über dem Dorf Sakiet Sidi Youssef eine Ladung Bomben, Raketen und Maschinengewehrgarben niedergehen lassen, wobei fast 100 Zivilisten getötet wurden, mehr als 200 verwundet wurden und fast das ganze Dorf zerstört wurde.

Die verschiedenen Überfälle französischer Streitkräfte auf tunesisches Territorium, bei denen Dutzende Tunesier den Tod fanden, haben den Unwillen des Volkes erweckt. Bei jedem dieser Überfälle wurden sich die Tunesier und die Tunesierinnen mehr der prekären Lage ihrer Unabhängigkeit bewusst. Diese prekäre Situation nahm ihren Anfang zuerst im französisch-algerischen Konflikt, dann bei der Stationierung französischer Truppen auf nationalem Territorium. Zu mehreren Malen hat Präsident Bourguiba die Eröffnung von Verhandlungen mit der französischen Regierung verlangt hinsichtlich der Evakuierung der Truppen, und jedes Mal provozierten die französischen Verantwortlichen Zwischenfälle, schufen Spannungen und verschoben die wichtige Diskussion über den Abzug der französischen Armee. Durch

Sakiet Sidi Joussef ist das tunesische Volk überzeugt worden, dass die Franzosen es nicht nur darauf anlegen, es wegen seiner Solidarität mit dem algerischen Volk zu *bestrafen*, sondern darüber hinaus hoffen, diese Solidarität zum Vorwand nehmen zu können, um Tunesien wiederzuerobern, um auf diesem Wege ein für alle Mal zu beweisen, dass der Maghreb unteilbar ist und vom französischen Imperialismus beherrscht werden muss.

Gerade deshalb hatten es die Tunesier und Tunesierinnen nicht nötig, ihren Zorn öffentlich zu zeigen und ihre Entschlossenheit lauthals zu verkünden. Innerhalb von vier Tagen hat das Volk in beeindruckender Ruhe angesichts seines Schicksals und unter Berücksichtigung aller Risiken, die ein Volk auf sich nimmt, wenn es die Absicht hat, frei zu bleiben, beschlossen, dass Sakiet Sidi Youssef der letzte Akt des französischen Kolonialismus auf tunesischem Boden sein solle. Das heißt nichts anderes, als dass in diesen vier Tagen des Nachdenkens die Tunesier und Tunesierinnen, die wieder einmal vor eine entscheidende Wahl gestellt werden, von Neuem ihren Schwur bekräftigt haben, den sie vor mehreren Jahren ablegten, in diesem Land die letzten Spuren des französischen Kolonialismus zu tilgen. Was auch heißen will, dass das tunesische Volk geschlossen hinter Präsident Bourguiba steht, der den Ausnahmezustand beschlossen hat. Für das tunesische Volk lautet heute die Losung, die grundlegende Forderung: Die totale Evakuierung der französischen kolonialistischen Besatzungstruppen vom nationalen Territorium.

Man hat nicht genügend die Worte bedacht, die man seit dem 8. Februar immer wieder zu hören bekam: *Evakuierung* und *Waffen*. Das tunesische Volk weiß sehr wohl, dass die Franzosen nicht daran denken, ihre Kasernen *liebenswürdigerweise* zu räumen. Die Tunesier wissen, dass es noch einmal nötig sein wird, die französischen Soldaten ins Meer zu werfen.

Man konnte hören, dass die Straßenabsperrungen notdürftig und schwach seien und nur symbolischen Charakter hätten. Man hat sich über Jagdgewehre lustig gemacht, über unbewaffnete junge Neo-Destourianer; in Tunis akkreditierte französische Journalisten werden nicht müde, den unwirksamen und alles in allem illusorischen Charakter der vom tunesischen Volk ergriffenen Maßnahmen zu schildern. Nun gibt es jedoch ein Denken, das sich in den Kolonialländern als nichtig erwiesen hat. Das Denken: Flinten oder Tanks. Seit geraumer Zeit ist das Argument der militärischen Überlegenheit in den Kolonialländern hinfällig geworden.

Das tunesische Volk hat seinem Land und seiner Fahne geschworen, nicht eher die Straße zu verlassen, nicht eher zu ruhen, bevor nicht der letzte Soldat das nationale Territorium geräumt hat. Und das sollte sich jeder Franzose merken. Es ist nicht länger denkbar, dass ausländische Truppen, Feinde, die die innere Ordnung und die Fundamente der Nation in Gefahr bringen, gegen den Willen des Volkes im Lande bleiben.

In Frankreich haben sich sehr viele Leute umarmt. Die französischen Zeitungen mit mehr als einer Million Auflage waren der Meinung, dass die Tunesier nur bekommen haben, was sie verdienten, umso schlimmer für Bourguiba und, wenn man es recht bedenkt, dies nur der Anfang wäre. Man muss zugeben, dass in den ersten Reaktionen offizieller Kreise eine gewisse Verlegenheit zum Ausdruck kam. Herr Pineau gab ein berühmtes und vieldeutiges Interview, während Herr Gaillard plötzlich an Grippe erkrankte.

Aber dieses Zögern sollte rasch der ungewöhnlichsten Zurschaustellung von Aggressivität und Kriegslüsternheit Platz machen, die man seit Langem gesehen hat. Im Parlament schob Herr Gaillard die Verantwortung auf Herrn Bourguiba und Herr Pineau zögerte nicht, Tunesien mit dem in Toulon liegenden Geschwader zu drohen, falls die Truppen weiterhin bei ihren Bewegungen behindert würden.

In Algier fordern die Franzosen die Regierung dazu auf, mit den Vergeltungsraids fortzufahren und sind jedenfalls der Meinung, dass die französische Luftwaffe nicht mehr die ehrenrührigen Beleidigungen hinnehmen sollte.

Gewiss, es gab in Frankreich Leute, die Sakiet Sidi Youssef bedauerten, aber dieses Bedauern war bedingt. Das war ein Irrtum, hat man hören können, oder ein Fehler. Gewisse Leute haben darauf hingewiesen, dass die Angelegenheit inopportun gewesen sei. Wieder andere darauf, dass man auf das Rote Kreuz Rücksicht nehmen müsse etc. Und dann gab es noch ein Bedauern, das aufrichtig gemeinte, dessen Aufrichtigkeit leider unwirksam ist. Jedenfalls braucht das tunesische Volk kein Bedauern. Die Tunesier und Tunesierinnen verlangen auch keinen Schadenersatz für die Opfer von Sakiet Sidi Youssef; unter den Schlägen des Kolonialismus sind Männer, Frauen und Kinder gefallen, damit die Unabhängigkeit und Freiheit des vereinigten Maghreb lebe.

Die Entscheidung der tunesischen Regierung, das Verbrechen von Sakiet vor den Sicherheitsrat zu bringen, drückt nur die angemessene tiefe Entschlossenheit Tunesiens aus.

Da es jetzt in den Augen der internationalen Öffentlichkeit bewiesen ist, dass die französische Armee, die sich nur durch Plünderungen und Massaker an Zivilisten auszeichnet, auf die tunesische Regierung Druck auszuüben beabsichtigt, indem sie ständig die nationale Unabhängigkeit bedroht, liegt es beim Sicherheitsrat, zu entscheiden, ob es zulässig ist, dass eine fremde Armee ein Land gegen seinen Willen besetzt.

Die Weltmeinung in ihrer überwältigenden Mehrheit hat nicht gezögert, die französische Aggression zu verurteilen.

Die Amerikaner, Sklaven ihres manichäischen Wahnes, zittern seit acht Tagen, dass Tunesien »dem Nasserismus verfallen könnte«. Und man sieht amerikanische Journalisten alle Welt über die Risiken eines solchen Umschwunges befragen.

Die Amerikaner müssen wissen, dass, wenn sie den Kommunismus bekämpfen wollen, sie in gewisser Hinsicht eine kommunistische Haltung einnehmen müssen. Für die von den westlichen Nationen geknechteten Kolonialvölker sind die kommunistischen Länder die einzigen, die bei jeder Gelegenheit ihre Fürsprecher gewesen sind. Die Kolonialländer braucht es nicht zu kümmern, herauszufinden, ob diese Haltung vom Interesse der kommunistischen Strategie diktiert wird; sie merken sich vor allem, dass diese generelle Verhaltensweise in der Richtung ihrer Interessen liegt. Die Kolonialvölker sind nicht ausgesprochen kommunistisch, aber sie sind unbedingt antikolonialistisch.

Man wird sich nicht für die Vereinigten Staaten entscheiden, weil diese Angst vor dem Kommunismus haben, sondern wenn ihre Haltung in den großen Problemen, die die Welt gegenwärtig bewegen, besonders den Problemen der Entkolonialisierung, dem Geist der Solidarität, Gleichheit und einer wirklichen Gerechtigkeit entspricht.

Das algerische Volk, ungeachtet gewisser Leute, die an Geist und Seele krank sind, kann sich nicht freuen, dass Sakiet Sidi Youssef bombardiert wurde. Wir wollen dieses Ereignis nicht ausschlachten. Wir sind grundsätzlich gegen eine Politik, die vom schlimmsten ausgeht. Mit Bewegung und Schmerz haben wir die Nachricht von der abscheulichen Schlächterei in Sakiet Sidi Youssef erhalten.

Für den Triumph der Freiheit ist es unentbehrlich, dass Menschen sterben. Es kommt vor, dass man das Risiko des Todes eingehen muss, dass die Freiheit lebe, aber deswegen kann man keineswegs mit Freude all diese Massaker und Schändlichkeiten mitansehen. Obwohl das algerische Volk täglich seine Erfahrungen mit den französischen B 26 macht, wurde es von der Tragödie in Sakiet Sidi Youssef zutiefst ergriffen. Das Komitee für Koordination und Exekution der FLN hat dem tunesischen Volk angeboten, alle verfügbaren Truppen einzusetzen, um ihm zu helfen, die französischen Besatzungstruppen aus Tunesien hinauszuwerfen. Wir halten dieses Angebot aufrecht und sagen zu dem tunesischen Volk, dass wir im Guten und Schlechten zusammengehören und dass das maghrebinische Volk hingebungsvoll zu allen Opfern bereit sein wird, damit von Algerien bis Sfax alle französischen Truppen verschwinden, die bedrohen, foltern und massakrieren.

7. Eine Farce, die die Stellung wechselt[22]

Seit mehr als zwei Monaten erleben wir den wahrhaft wütenden Versuch der Angloamerikaner, die Tragödie von Sakiet Sidi Youssef, eine Verlängerung der größeren algerischen Tragödie, in eine Farce zu verwandeln, in der sich Unanständigkeit mit Absurdem mischt.

Auf Sakiet hin hat Tunesien beim Sicherheitsrat gegen Frankreich Klage erhoben. Und gleichzeitig unterbreitet die tunesische Republik zum zweiten Mal, in einer Note, diesem internationalen Gremium das algerische Problem. Sakiet erforderte vom tunesischen Volk präzise Entscheidungen: Evakuierung der französischen Truppen, einschließlich Bizertas, Rückgabe der Flughäfen und auf internationaler Ebene diplomatische Intervention im algerischen Konflikt.

Die Angloamerikaner, indem sie die westliche Solidarität als Erpressungsmittel benutzen, versprechen der tunesischen Regierung, von Frankreich die Erfüllung aller dieser Punkte zu erzwingen unter der Bedingung, dass die kommunistischen Nationen nicht durch den Sicherheitsrat in die *Inneren Probleme* der atlantischen Gemeinschaft eingeschaltet werden.

Seit einem Monat treffen sich die Herren Murphy und Beeley und diskutieren. »Wir wollen die französischen und tunesischen Standpunkte einander näherbringen«, geben sie vor und unterdessen nimmt die französische Regierung, die einen Moment lang schwankte, wieder ihre kriegerische Haltung ein. In Algerien gehen die Massaker weiter und das algerische Volk wurde mit 87 Toten konfrontiert, einem ausgelöschten Dorf und Straßenabsperrungen, die immer weniger der Wirklichkeit seines Dramas und seines Zornes entsprachen.

Der Präsident der tunesischen Republik hat die Forderungen des tunesischen Volkes etwas modifiziert. Aber in dem Moment, wo der tunesische Regierungschef diese Konzessionen bekannt gab und die äußersten Grenzen festlegte, stellte der französische Ministerpräsident Herr Gaillard neue Forderungen auf, forderte strikte Garantien, stellte das tunesische Volk mit dem Rücken an die Wand, begann alles in allem von Neuem die Politik der Aggressivität, der Drohung, der Einschüchterung.

Es mag nicht unwichtig sein, auf folgenden Punkt die Aufmerksamkeit zu lenken. Und zwar die Tatsache, dass Herr Dulles erklären konnte: »Nach diesen Zugeständnissen der tunesischen Regierung ist Frankreich an der Reihe!«

Wir haben mehr als einmal gesagt, dass es vergeblich wäre, vom Kolonialismus ein irgendwie geartetes Nachgeben zu erhoffen. Der französische Kolonialismus ist eine kriegerische Gewalt, die durch Gewalt beseitigt werden muss. Keine Diplomatie, kein politisches Genie, keine Geschicklichkeit wird sie bezwingen. Sie kann sich nicht verleugnen, deshalb müssen sich die demokratischen Kräfte vereinigen, um sie zu zerschlagen.

Was uns Algerier anbetrifft, so wurden im Verlauf der Jahre des Kampfes einige Wahrheiten bestätigt, die die historisch entstandenen Lügen hinweggefegt haben. Für uns Algerier hängt der Triumph der Demokratie nicht ausschließlich von der westlichen Welt ab, zumal gerade diese westliche Welt deren Inhalte in Abrede stellt.

Die Herren Murphy und Beeley versuchen, durch eine subtile Taktik aus hinhaltendem Schweigen und paradoxem Optimismus in der antikolonialistischen Welt Verwirrung zu stiften. Sie sollten wissen, dass sie vielleicht sehr viele täuschen mögen, aber keineswegs das algerische Volk.

Die Herren Murphy und Beeley werden den Kampf des maghrebinischen Volkes für seine Unabhängigkeit nicht in eine Farce verwandeln können. Die allmächtigen Angloamerikaner sollten jede Hoffnung aufgeben, mit dem maghrebinischen Volk nach Gutdünken verfahren zu können.

Es ist Aufgabe des marokkanischen und tunesischen Volkes, sich beharrlich den Manövern derjenigen Leute zu widersetzen, die von der atlantischen Welt zu Fürsprechern der französischen Regierung ernannt wurden.

Die Tragödie von Sakiet, die Tragödie des Völkermordes, der in Algerien vom westlichen, christlichen französischen Volk geübt wird, können nicht in eine burleske Komödie verwandelt werden, in der egal wer egal was sagt und wo es ausgemacht ist, dass das letzte Wort dem *Stärksten* gehört.

Selbst die Theorie der traditionellen Gewalt der Söldnerländer ist der Lächerlichkeit preisgegeben.

Wenn diese Farce jedoch gespielt werden soll, dann wird sie von Frankreich gespielt.

Und Frankreich, sein Regime und sein Volk werden die Kosten tragen müssen.

8. Entkolonisierung und Unabhängigkeit[23]

Schon mehr als drei Jahre wird Algerien von Frankreich »gehalten«. Und zwar auf derart halsstarrige, unverantwortliche Weise, dass nicht einmal in den verhängnisvollen Tagen von 1940 der Geist Clemenceau's so oft beschworen wurde.

Frankreich hat Tunesien und Marokko aus dem Griff verloren, aber auf algerischem Territorium beißt es sich fest. Aus verschiedenen Gründen hat die gesamte französische öffentliche Meinung, mit wenigen Ausnahmen, die französische Armee in Schutz genommen und den Krieg in Algerien gefordert.

Trotz der Überdrüssigkeit, die zuweilen in der französischen politischen Sphäre um sich greift, wenn Lacoste wieder einmal von dem Sieg gesprochen hat, der unmittelbar bevorsteht, trotz einer immer alarmierenden Budgetkrise, trotz Spaltung, die wegen des Krieges in Algerien in fast allen politischen Parteien hervorgerufen wurde, ist man erstaunt, dass es nach drei Jahren immer noch keine geschlossene und wirksame Kraft gibt, die den französischen Kolonialisten den Frieden aufzwingen könnte.

Man wurde nicht müde, uns unsere unnachgiebige Diplomatie vorzuwerfen. Man erinnert uns an Ho Chi Minh, der selbst in den tragischsten Stunden des Indochinakrieges niemals aufhörte, zwischen Kolonialismus und dem französischen Volk einen Unterschied zu machen. Man zieht sogar die Beispiele von Präsident Bourguiba und den Genossen der Istiqlal heran, um uns zum Nachgeben zu bringen.

Nun, man darf nicht vergessen, wenn schon von Indochina gesprochen wird, dass es die Entscheidung Truppen zu entsenden war, die zum Sturz der Regierung Laniel, einer Linkskoalition, und dem Treffen in Genf führte.

Es ist wahr, dass es ein Dien Bien Phu gab. Aber das letzte Buch von Herrn Laniel und die niederschmetternden Erklärungen alter Indochinagenerale betonen, dass Indochina hätte gerettet werden können, trotz Dien Bien Phu, wenn die *Liquidatoren* nicht die Nation verraten hätten – wohl gemerkt: wenn sie sich nicht der Entsendung von Truppen widersetzt hätten.

Es muss festgehalten werden, dass mit dem Algerienkrieg drei Phänomene in Erscheinung traten, die in den nationalen Befreiungskämpfen absolut neu sind.

Politische Forderung und kein Bitten

Zuerst einmal hat die FLN zu keinem Zeitpunkt an die Großzügigkeit, die Weitherzigkeit, die Freundlichkeit der Kolonisatoren appelliert. Der Kolonisierte entwickelt in einer schwindelerregenden Mutation eine neue Qualität, die im und durch den Kampf entsteht. Die Sprache der FLN ist von den ersten Tagen der Revolution an die Sprache eines Verantwortlichen. Die Appelle an die französischen demokratischen Kräfte werden nicht in vieldeutigen Phrasen verfasst, mit mehr oder weniger infantilem Charakter. Wir sagen zur französischen Linken: Gehorcht eurer eigenen Logik – helft uns, unterstützt die Sache der algerischen Revolution. Die ständige Sorge der FLN, die Beziehungen Kolonisierter – Kolonisator, algerisches Volk – französisches Volk von der traditionellen Konfusion zu befreien, brachte die französischen demokratischen Elemente in eine ungewohnte Situation. Sie wurden aufgefordert, ihr Handeln weniger in einer Atmosphäre diffuser Sympathie zum Ausdruck zu bringen, als vielmehr durch die prinzipientreue Kraft eines wirklichen Antikolonialismus.

Diese festumrissenen Grundsätze konnten nach oberflächlicher Prüfung mit einer rigiden Haltung verwechselt werden. Und deshalb ist es nicht selten, französische Demokraten sagen zu hören: »Wenn ihr so weitermacht, lassen wir euch fallen«. Eine solche Haltung bringt zum Ausdruck, dass das Handeln der Demokraten nicht von revolutionären und prinzipientreuen Beweggründen bestimmt wird, ihr Handeln entspringt vielmehr so ambivalenten Quellen wie dem Wohlwollen für den Unterdrückten oder dem Verlangen, behilflich zu sein, nützlich zu sein etc. …

Man hat der FLN vorgeworfen, dass sie nicht verstehe, zu den Franzosen zu sprechen, dass sie nicht genügend ihren kleinen Schwächen und ihrem Narzissmus Beachtung schenke. Das ist sicherlich wahr. Aber diese Vorwürfe zeigen, dass das Ziel der FLN kaum bekannt ist. Die FLN beabsichtigt nicht, eine *Entkolonisierung* Algeriens oder eine Aufweichung der repressiven Strukturen zu erreichen.

Die FLN fordert die Unabhängigkeit Algeriens. Eine Unabhängigkeit, die es dem algerischen Volk erlaubt, sein Schicksal völlig in eigene Hände zu nehmen. Dieses Ziel, diese Strategie bestimmen unsere Taktik, unsere Methode und auch unsere Art zu kämpfen.

Der Kolonialismus ist grundsätzlich unentschuldbar

Die algerische Revolution hat im Ablauf der nationalen Befreiungskämpfe für einen Skandal gesorgt. Im Allgemeinen beginnt der Kolonialismus in dem Moment, wo er von der Geschichte und dem nationalen Willen abgelehnt wird, sich als die Wahrheit und wertvoll darzustellen. Es ist nicht wahr, dass es gut war, dass Frankreich aus Algerien das gemacht hat, was es heute ist.

Der Hafen von Mers El Kebir und der Flugplatz für Jets von Boufarik werden uns niemals über das große intellektuelle, moralische und materielle Elend unseres Volkes hinwegtrösten können.

Der französische Kolonialismus wird vom algerischen Volk nicht legitimiert werden. Kein noch so spektakuläres Unterfangen wird uns den legalisierten Rassismus, den Analphabetismus, das Dienertum, das hervorgerufen und zutiefst in das Bewusstsein unseres Volkes eingeprägt wurde, vergessen machen.

Deshalb ist in unseren Erklärungen niemals von Anpassung oder Linderung, sondern wohl von Wiederherstellung die Rede. Es ist wahr, dass man nicht müde wurde, der FLN ihre konstante Bezugnahme auf die algerische Nation vor Bugeaud vorzuwerfen. Indem man auf dieser nationalen Realität besteht, indem man aus der Revolution vom 1. November 1954 eine Phase des Widerstandes des Volkes, die mit Abd El Kader begann, macht, nehmen wir dem französischen Kolonialismus seine Legitimation, sein sogenanntes Eingefügtsein in die algerische Realität. Statt den Kolonialismus zu integrieren, der als Geburt einer neuen Welt in der Geschichte Algeriens angesehen wird, haben wir aus ihm einen unglücklichen, abscheulichen Zufall gemacht, dessen einzige Bedeutung darin bestand, auf unentschuldbare Weise die kohärente Entwicklung der algerischen Gesellschaft und Nation verzögert zu haben.

Die *Bildung einer Nation*, das *Neue Algerien*, das *einzigartige Ereignis in der Geschichte*, alle diese verschleiernden Ausdrücke wurden durch den Standpunkt der FLN hinweggefegt und klar und deutlich übrig geblieben ist nur der heroische Kampf eines ganzen Volkes gegen die jahrhundertelange Unterdrückung. Das algerische Volk hat zwischen dem Bruch mit der algerischen Vergangenheit, mit Errichtung einer erneuerten aber fortdauernden Kolonisation als Konsequenz, und der Treue zur vorübergehend geknechteten Nation gewählt:

Es gibt keine aus dem Kolonialismus geborene neue Wesenheit. Das algerische Volk ist nicht einverstanden, dass die

Besatzung in eine Kollaboration verwandelt wird. Die Franzosen haben in Algerien nicht mit dem algerischen Volk zusammengewohnt. Sie haben mehr oder weniger geherrscht. Daher war es von Anfang an notwendig, dem französischen Volk die Tragweite unserer Forderungen begreiflich zu machen.

Die FLN hat nicht mit Worten gespielt. Sie hat gesagt, dass ihr Ziel die Unabhängigkeit sei, dass es bezüglich dieses Zieles nicht die geringste Konzession gäbe. Die FLN hat zu den Franzosen gesagt, dass es notwendig wäre, mit dem algerischen Volk zu verhandeln, ihm sein Land, sein ganzes Land wiederzugeben.

Von Anfang an hat die FLN ihr Programm genau festgelegt: der französischen Besatzung ein Ende bereiten, die Ländereien den Algeriern übergeben, eine Politik sozialer Demokratie zu führen, wo Mann und Frau gleiches Recht auf Kultur, materielles Wohlergehen und Würde haben.

Nur ein befreites Individuum kann an den konstruktiven Aufbau einer Gesellschaft gehen

Eine derartige Haltung musste umgehend auf das Bewusstsein des Algeriers bedeutsame Auswirkungen haben.

Alle die verblödenden und infantilisierenden Strukturen, die gewöhnlich die Beziehungen zwischen Kolonisierten und Kolonisatoren verunsichern, wurden brutal liquidiert. Während dem Kolonisierten in den meisten Fällen nur die Wahl zwischen einer Verkümmerung seines Seins und dem wütenden Versuch einer Identifizierung mit dem Kolonisatoren bleibt, hat der Algerier eine neue, positiv wirkende Persönlichkeit offenbart, deren Reichtum sich weniger aus dem Beweis ihrer Kraft nährt, die sie liefert, als aus der Gewissheit, ein entscheidendes Moment des nationalen Bewusstseins zu verkörpern.

Der algerische Kämpfer hat sich nicht nur gegen die folternden Fallschirmjäger erhoben. In der meisten Zeit wird er mit Problemen der Gesellschaft wie Erziehung, Aufbau, Neugestaltung konfrontiert. Und deshalb hat der Kolonialismus in Algerien die Partie unwiderruflich verloren. Auf Wilaya-Ebene sind die Katasterpläne fertiggestellt, Projekte für den Bau von Schulen ausgearbeitet, ökonomische Umwälzungen in Gang gesetzt.

Der Algerier konstruiert, organisiert, macht Gesetze, plant. Daher seine Sicherheit, seine feste und entschlossene Sprache, seine festgefügten Anschauungen.

Man versteht, warum die Sprecher der FLN im Allgemeinen als unversöhnlich beschrieben werden. Es ist nicht der Ton, der verstimmt, sondern der Inhalt unserer Forderungen.

Viele kolonisierte Völker haben das Ende des Kolonialismus gefordert, aber selten in der Art des algerischen Volkes.

Diese Ablehnung evolutionärer Lösungen, diese Verachtung für *Etappen*, die den revolutionären Schwung brechen und dem Volk diesen unerschütterlichen Willen nehmen, alles sofort in die Hand zu nehmen, auf dass alles sich ändere, stellen das grundlegende Charakteristikum des Kampfes des algerischen Volkes dar.

Und der *Moudjahid*, der diese Haltung darlegt, sie verteidigt und ihr zum Triumph verhilft, bringt in den klassischen Dialog zwischen Beherrschtem und Unterdrücker eine neue Grundhaltung. Die Befreiung des Individuums folgt nicht auf die nationale Befreiung. Eine wirkliche nationale Befreiung gibt es nur in dem Maße, wie das Individuum unwiderruflich seine Befreiung als Möglichkeit in greifbarer Nähe sieht. Es ist nicht möglich, von dem Kolonialismus Abstand zu nehmen, ohne gleichzeitig von der Idee Abstand zu nehmen, die der Kolonisierte sich durch den Filter der kolonialistischen Kultur von sich selbst macht.

Eine solche Revolution auf der Ebene des nationalen Bewusstseins und des individuellen Bewusstseins sollte analysiert werden. Das würde es erlauben, die Auflösung und Furcht des französischen Kolonialismus in Algerien zu verstehen.

Die algerische Revolution bringt einen neuen Stil in die nationalen Befreiungskämpfe

Es gibt ein drittes noch nicht näher zu bestimmendes Phänomen, das jedoch atmosphärisch die Beziehungen aller Kolonisierten zu Frankreich über den Haufen wirft. Gewiss ist der Prozess der Befreiung der Kolonialvölker unvermeidlich. Aber die Form, die der Kampf des algerischen Volkes angenommen hat, ist ihrer Heftigkeit und Totalität nach derart, dass sie auf entscheidende Art die künftigen Kämpfe der anderen Kolonien beeinflusst.

Das algerische Volk erfährt konkret die Interdependenz historischer Phänomene. Zu sagen, dass der Zusammenbruch des Kolonialismus an einem bestimmten Ort seinen Zerfall als System beschleunigt, ist schon nicht mehr die Darlegung eines abstrakten Prinzips, das nur für intellektuelle Schichten einsehbar ist.

Das ganze algerische Volk weiß, dass nach Algerien der gleiche Kampf in Schwarzafrika geführt werden wird. Und stimmt es etwa nicht, dass Frankreich sich von nun an gezwungen sieht, neue Formeln zu finden, erst das *Loi-Cadre* (Rahmengesetz) zu verabschieden, dann darüber hinauszugehen, sich gegen seinen Willen auf den Weg der Anerkennung der nationalen Souveränität Schwarzafrikas zu begeben?

Gewiss versuchen afrikanische Politiker, als Gefangene der Franzosen, ihre Politik einer Linie anzugleichen, die unaufhaltsam in Richtung nationaler Selbstständigkeit läuft.

Bis jetzt konnten sie sich mit ziemlichem Geschick den verschiedenen Haltungen ihrer Völker anpassen. Aber früher oder später wird der Bruch offensichtlich werden. Sie werden dann entweder offen *Verräter* sein müssen oder sie geben die Wahnvorstellung von dem kolonisatorischen Wunderwerk auf.

Das algerische Volk weiß, dass die Völker Schwarzafrikas seinen Kampf gegen den französischen Kolonialismus mit Sympathie und Begeisterung verfolgen. Das algerische Volk ist sich bewusst, dass jeder Schlag, der gegen die französische Unterdrückung in Algerien geführt wird, die kolonialistische Macht hilfloser macht. Jeder gelegte Hinterhalt, jede eingenommene zerstörte Garnison, jedes heruntergeholte Flugzeug sät unter den französischen Kolonialkräften Panik und stärkt das afrikanische, madegassische oder antillesische Nationalbewusstsein.

Die unterdrückten Völker wissen heute, dass die nationale Befreiung das notwendige Werk des unterdrückten Volkes sein muss. Es sind die Kolonialvölker selbst, die sich von der kolonialistischen Bevormundung befreien müssen.

Die wirkliche Befreiung ist nicht jene Pseudounabhängigkeit, wo Minister mit begrenzter Verantwortung eine Wirtschaft vorfinden, die von den Kolonialisten dominiert wird.

Die Befreiung ist der Todesstoß für das koloniale System, das mit der Vorrangigkeit der Sprache des Unterdrückers beginnt, mit *Eingemeindung* und Zollunion endet, was den ehemaligen Kolonisierten in Wirklichkeit weiterhin mit den Stricken der Kultur, der Mode, der Vorstellungen des Kolonialisten fesselt.

Diesen Todesstoß führt das algerische Volk mit Eifer und Beharrlichkeit. Wir warten nicht darauf, dass der Kolonialismus Selbstmord begeht. Es liegt in seiner Logik, sich mit Besessenheit zu verteidigen. Gerade das Bewusstwerden von der Unmöglichkeit, sich zu überleben, führt die Liquidierung des Kolonialismus als Art der Kontaktaufnahme mit den anderen Völkern herbei. Das kolonialistische Volk wird von seinem Rassismus und seiner geistigen Krankheit nur geheilt werden, wenn es wirklich akzeptiert, die ehemalige Besitzung als absolut unabhängige Nation zu betrachten.

Jede Beschwörung der *alten Bande* oder nicht vorhandener *Gemeinsamkeiten* ist eine Lüge und eine List.

Das algerische Volk beweist seit mehr als vier Jahren, dass diese Lüge und diese List im Gegensatz zu seiner Wahrheit und seinem Willen stehen.

9. Eine anhaltende Krise[24]

Zum vierten Mal seit dem 1. November 1954 ist Frankreich ohne Regierung.

Nach den Mannschaften Edgar Faure, Guy Mollet, Bourgéa-Maunoury und der jüngsten Datums, der sogenannten nationalen Union des Herrn Felix Gaillard, gibt es jetzt eine neue Krise, die übereinstimmend als äußerst schwer bezeichnet wird.

Und gewiss ist heute sich niemand mehr im Zweifel, dass zu Beginn dieser Regierungskrisen in Frankreich der Krieg in Algerien stand. Jedenfalls muss man versuchen, die innere Entwicklung des Prozesses zu begreifen, der für dieses Ungleichgewicht verantwortlich ist. Man muss den Gang des Verfalls und der Auflösung des französischen Prestiges beleuchten, der sich außerhalb und innerhalb Frankreichs wegen seiner Kolonialkriege vollzieht.

Die Analyse der Situation muss uns erlauben, diese innere Fatalität abzuschätzen und abzuwägen, die Frankreich unterminiert und es fast mechanisch dahin bringt, seine Krisen zu vervielfältigen, sich in einer Krisenatmosphäre zu isolieren.

Wenn man sagt, dass der Krieg in Algerien die Finanzen erschöpft und die Wirtschaft Frankreichs aus dem Gleichgewicht wirft, so ist das offenbar richtig. Das wurde gelegentlich anhand der Debatten in der französischen Nationalversammlung über die Kosten der Operationen in Algerien ganz deutlich. Während internationale Experten, gerade jene, die von Zeit zu Zeit die französische Ökonomie wieder flottmachen, die Kosten auf 800 Milliarden beziffern, behauptete Herr Lacoste im Ernst, dass der Krieg in Algerien nichts koste.

Die französischen Linksparteien, Gefangene ihrer engstirnigen Simplifizierung, der zufolge die politische Rechte schon verhandeln wird, wenn man sie erst einmal zwingt, die Kosten mitzutragen, haben eine resignierende Haltung eingenommen und warten nur auf den Tag, an dem diese Rechte, wenn sie ihre Interessen bedroht sieht, ihren Chauvinismus aufgeben wird und für jede nur gewünschte koloniale Unabhängigkeit eintreten wird.

Wir haben zu wiederholten Malen auf diese mechanistische Auffassung hingewiesen und diesen Fetischismus von Beweggründen, die in einem derart automatischen keineswegs dialektischen Sinne aufgefasst werden.

Diese ideologische Schwäche eines großen Teils der französischen politischen Parteien wirft ein Licht auf den Konflikt, der seit dem 1. November 1954 im französischen politischen Leben besteht. Die Radikalen, zerrissen seit dem historischen Kongress von Lyon, die sozialistische Partei, in deren Mitte zunehmend heterogene Tendenzen auftauchten, die MRP, in der gerade eben die Widersprüche aufbrachen anlässlich ihrer Weigerung, die Initiative des Herrn Bidault gutzuheißen, bis zur PCF, deren monolithische Struktur sie nicht vor Divergenzen und oppositionellen Haltungen in der Frage des Algerienkrieges bewahrt hat; jede dieser Parteien manifestiert auf ihre Art die Inkohärenz der Positionen, die Heftigkeit des Konfliktes, den grundlegenden Widerspruch.

Die europäischen Widersprüche

Der schlimmste Fehler wäre jedoch, diesen Auseinanderfall des französischen politischen Lebens aus dem europäischen und internationalen Kontext zu lösen.

Die europäischen Nationen, vor allem Italien, England und Westdeutschland, aus Gründen wirtschaftlicher Konkurrenz in Europa oder zwecks Erhaltung von Absatzmärkten in Afrika, haben sich genötigt gesehen, gegenüber den von Frankreich geführten Kolonialkriegen eine verdeckte Feindseligkeit an den Tag zu legen.

Um ein Beispiel zu nennen: Das italienische Volk, das lange zu der Unterstützung des französischen Kolonialkrieges durch seine Regierung geschwiegen hat, ist seit einigen Monaten in Bewegung geraten, alarmiert durch italienische demokratische Parteien, und fordert von seiner Regierung auf das Entschiedenste die Trennung vom französischen Kolonialismus.

In Westdeutschland ist es so weit, dass kein deutsches Blatt mehr die französische Politik zu unterstützen wagt. Französische Repräsentanten in Deutschland haben täglich mehrmals die Gelegenheit festzustellen, dass die Gesamtheit des deutschen Volkes den französischen Kolonialismus verurteilt und dem siegreichen algerischen Volk Sympathien entgegenbringt.

Die Konservativen in England, die lange Zeit mit den französischen Kolonialisten solidarisch waren, haben seit einigen Monaten eine Wendung vollzogen und ihre Presseorgane verhehlen nicht mehr die Anschauung über die Notwendigkeit von Verhandlungen mit dem algerischen Volk.

Dieser Orientierungswechsel der westlichen Demokratien ist einerseits die Konsequenz einer antikolonialistischen und sicherlich liberalen Strömung, aber vor allem, da braucht man sich nichts vorzumachen, des Wunsches, Frankreich auf die europäische Dimension zurückgeführt zu sehen, d. h. ohne seine Kolonien, beraubt seiner Präferenzabkommen, die ihm sein Kolonialpakt ermöglicht, um endlich auf der Ebene der freien Konkurrenz mit den anderen europäischen nationalen Wirtschaften konfrontiert zu werden. Diese zweite Perspektive, auf die Formel gebracht *Afrika, für Frankreich tabu*, scheint mehr und mehr durch eine andere Formel ersetzt zu werden, nämlich *Afrika, für Europa tabu*.

Die westlichen Widersprüche und der internationale Druck

Die Vereinigten Staaten von Amerika entwickeln angesichts der kommunistischen Welt eine Afrikapolitik, die sich grundsätzlich mit den neuen europäischen Positionen deckt. Die amerikanischen Demokraten, wenn sie ihre Haltung zur Dekolonisierung Afrikas darlegen, bestehen regelmäßig auf der Notwendigkeit für die Vereinigten Staaten, nicht die französische kolonialistische Politik zu unterstützen. Das beherrschende Thema ihrer Argumentation ist klar: Frankreich macht in Afrika alles, um die Chancen des Westens und des *weißen Mannes* zu kompromittieren.

Aber noch zwei weitere Elemente bedingen die allmähliche Veränderung der amerikanischen Haltung. Zuallererst ist man jenseits des Atlantik der festen Ansicht, dass die Stunde gekommen ist, eine Entscheidung zu treffen, nämlich den Unabhängigkeitskampf der Kolonialvölker zu unterstützen, zur Auflösung der Imperien beizutragen, die Befreiung der unterdrückten Völker zu verfolgen. Außerdem, angesichts der *kommunistischen Gefahr*, im Rahmen des Kalten Krieges und der Aufteilung der Welt in Einflusssphären, werden sich die Vereinigten Staaten mehr und mehr der dringenden Notwendigkeit bewusst, Positionen zu beziehen, die dem französischen Kolonialismus radikal entgegengesetzt sind.

Auf internationaler Ebene ist es der Mühe wert, bei dem ungeheuren Enthusiasmus zu verweilen, den der heldenhafte Kampf, den das algerische Volk seit fast vier Jahren führt, in den afroasiatischen Ländern hervorgerufen hat. In Bandung, Kairo, Accra haben alle afroasiatischen Völker, alle die Unterdrückten von gestern, die Sache der algerischen Revolution unterstützt und sie zu ihrer eigenen gemacht; es ist keineswegs übertrieben zu sagen, dass sich Frankreich in Algerien zwei Kontinenten gegenübersieht. Weil diese verschiedenen Faktoren, diese dialektischen Widersprüche nicht analysiert wurden, befinden sich die französischen politischen Parteien meistenteils in einer Situation der Unentschlossenheit, leidenschaftlicher Erregtheit ohne jede Richtung der Unruhe; dies alles sind Momente, geeignet, selbstzerstörerische Verhaltensweisen hervorzurufen.

Die Atmosphäre der Krise

Die Weigerung, eine bindende politische Entscheidung bezüglich Algeriens zu treffen, trifft nicht nur auf die politischen Parteien in Frankreich zu. In jeder Partei lässt sich heute ein Zentrum, eine Rechte und eine Linke unterscheiden. Selbst in den Volksmassen und Institutionen, wie der Kirche, ist überraschenderweise eine Stimmung des Unbehagens, der Bitterkeit und der Hoffnungslosigkeit anzutreffen. Es gibt keine Vereinigung, nicht die kleinste Gruppe von Männern oder Frauen, die nicht von der Entwicklung des Krieges in Algerien betroffen oder berührt wären; Spaltungen in Studenten- und Lehrervereinigungen, Unruhen in der Armee, Kardinale werden zur Ordnung gerufen, Unbehagen bei der Polizei. Alle diese Phänomene, durch ihre Zahl und ihre Bedeutung, deuten auf die Verwirrung hin, die im moralischen und politischen Leben Frankreichs herrscht. Der Wille des algerischen Volkes zur Befreiung widerspricht ohne jeden Zweifel der Fiktion vom Französischen Algerien. Aber es wird auch eine bestimmte Art des Verhaltens, des intellektuellen Kontaktes durch und durch verurteilt. Der Kampf des algerischen Volkes ist eine radikale Kritik des Pseudorechtes auf Besitz; unser schwarzes Afrika, unser Algerien … und gleichzeitig eine dringende Aufforderung an das französische Volk, in sich zu gehen, sich von der kolonialistischen, antidemokratischen und rassistischen Mentalität zu befreien, kurz die historisch entstandenen Widersprüche auszuleben und zu überwinden.

Der Kampf des algerischen Volkes, Quelle der Wahrheit
Nun, die Verwirrung, die gegenwärtig im französischen, moralischen und politischen Leben herrscht, wäre unverständlich, wenn sie nicht dialektisch mit den internationalen Realitäten und dem Kampf des algerischen Volkes in Verbindung gebracht würde. Die entschiedene und unversöhnliche Kritik Senator Kennedys, die grundlegend antikolonialistische Stellungnahme der englischen Arbeiter und, in allgemeinerem Sinne, die jüngste Stellungnahme amerikanischer offizieller Stellen, lassen zwei Phänomene deutlich werden. Zuerst einmal: Der historische und allgemeine Prozess der Befreiung der Kolonialvölker wird erkannt, sein Charakter bestimmt und anerkannt; zum anderen aber gelangt man durch die Analyse zur Gewissheit, dass das algerische Volk in seiner Gesamtheit den Kampf führt, und man sieht wahrhaftig keine Möglichkeit mehr, wie Frankreich die Unabhängigkeit Algeriens nicht anerkennen könnte.

Herr Lacoste hat vor der Welt und in der französischen Öffentlichkeit nicht deswegen seine Popularität eingebüßt, weil er die Repression angeführt hat oder den kollektiven Mord gerechtfertigt hat, sondern weil die Lügen des Herrn Lacoste an das Tageslicht gekommen sind, weil er durch die Unbesiegbarkeit der nationalen algerischen Armee widerlegt und demaskiert wurde. Sein endloses »Kurz-vor-der-Entscheidung«-Gerede, die Bulletins vom totalen Sieg, die der Fantasie entsprungenen Proklamationen, der Bluff, all das erklärt die widersprüchlichen Meinungen, die sich um seinen Namen ranken. Die Linke verurteilt ihn, weil er sich einer linken Politik widersetzt, die Rechte, weil er seine Versprechen nicht gehalten hat, weil er Algerien nicht befriedet hat, weil die militärische Situation immer auswegloser wird.

Es gibt also nicht eine französische politische Krise, weil Meinungen sich gegenüberstehen oder weil die Konzeptionen in der Welt auseinandergehen, sondern weil gerade der Skandal, den der Wille des algerischen Volkes auf Befreiung darstellt, das hergebrachte Gleichgewicht stört sowie die anerkannten Wahrheiten und die Perspektiven der französischen Nation völlig infrage stellt.

Die französische Krise entsteht nicht in einem Vakuum. Sie ist nicht eine Krise abstrakter Gedanken. Sondern gerade eine außerordentlich tragische Praxis ist es, die das französische Volk sein Wertsystem überdenken und umgestalten lässt.

Indem es seine militärischen Anstrengungen intensivierte, hat das französische Volk dem algerischen Volk ungeheure Opfer auferlegt, aber gerade die dialektische Entwicklung dieses Kampfes musste ihrerseits eine ideologische Verwirrung in Frankreich hervorrufen und mit aller Deutlichkeit zeigen, dass der französische Kraftakt im Widerspruch zur Geschichte, zur Moral und zur Menschlichkeit steht.

Es ist der erbitterte, ausdauernde, heroische Kampf des algerischen Volkes, der neue Akzente setzt, gewisse Widersprüche überwindet, möglich macht, was gestern noch undenkbar war.

Die Erklärungen des Herrn Bidault vor seiner Amtsübernahme waren nicht deshalb enttäuschend und irritierend, weil sie schlecht abgefasst waren. Herr Bidault gibt lediglich deutlich zu verstehen, dass er nichts verstanden hat, dass er den Ereignissen nicht gefolgt ist, dass er außerhalb der Geschichte steht, dass er außer der Zeit lebt. Gerade diese neue Zeit, diese neuen Bedingungen, diese besonderen Realitäten sind durch den Kampf des algerischen Volkes entstanden.

Es ist der Kampf des algerischen Volkes, der die Transformation des französischen politischen Lebens herbeigeführt hat. Durch die Berührung mit dem nationalen Willen, den rigoros aufgestellten Forderungen, verwandeln sich die französischen politischen Perspektiven.

Der Druck der europäischen Mächte, denn warum sollte Afrika, wenn es schon für Frankreich verloren geht, auch für Europa verloren sein. Internationaler Druck, denn die kommunistische Hydra droht Afrika zu verschlingen, wenn sich der gesamte Westen angesichts des französischen Kriegstreibens weiterhin in komplizenhaftes Schweigen hüllt. Druck des algerischen Volkes, das aktivste Element in dieser Dialektik ist gleichzeitig das allgemeingültigste. Dreierlei Faktoren also umgeben die nationale französische Realität, erfüllen sie mit Widersprüchen, lassen sie aufbrechen und entlarven sie; Widersprüche, die für ein kolonialistisches und rassistisches Land konstitutiv sind, das eine Lehre verkündet, die paradoxerweise demokratisch ist.

Und es ist nicht wahr, dass sich diese Konfrontation auf magische Weise einstellen ließe. Es ist nicht wahr, dass sich Amerika und Italien einschüchtern ließen. Es ist nicht wahr, dass Herr Pineau, wenn er wollte, die Unterstützung der NATO erhalten könnte. Es ist nicht wahr, dass Herr Mendes-France mit ein bisschen gutem Willen sich wieder mit den Herren Morice oder Andre Philip treffen könnte oder mit Herrn Mollet fraternisieren könnte. Es ist nicht wahr, dass die Militärakademie des Herrn Bigeard etwas Neues zum Algerienkrieg beitragen könnte. Alle diese Unmöglichkeiten sind Niederschläge einer allumfassenden Wirklichkeit: Frankreich steckt tief in einer katastrophalen Krisenatmosphäre, aus der es nur durch Verhandlungen mit der FLN gerettet werden kann.

10. Brief an die afrikanische Jugend[25]

Das algerische Volk führt seit vier Jahren einen äußerst harten Kampf gegen den französischen Kolonialismus. Ihr kennt sehr wohl die kolossalen Anstrengungen, die Frankreich in Algerien unternommen hat, um seine Herrschaft aufrechtzuerhalten. Und ihr wisst, dass die FLN, die unseren Kampf führt, der französischen Wiedereroberung von Anfang an einen erbitterten Widerstand entgegengesetzt hat.

Wir haben uns schon öfters an die Kolonialländer im Allgemeinen gewandt und es erschien uns immer sehr wichtig, das Scheitern gewisser Absichten und das Auftreten völlig neuer Thesen anzuzeigen.

Seit drei Jahren werden wir nicht müde, zu sagen, dass zwar das französische Kolonialsystem durch die Befreiung Indochinas, Tunesiens und Marokkos einen Schlag erlitten hat und seine innere Struktur ins Wanken gebracht hat, man sich aber keine Illusionen machen dürfe, dass das Ungeheure noch außerordentlich robust ist. Seit fünfzehn Jahren werden die Stürme in der Kolonialwelt immer gewaltsamer und das rissig gewordene Gebäude ist im Begriff zusammenzustürzen. Heute streitet niemand mehr ab, dass die Liquidierung des Kolonialismus nicht ein spezifisches Kennzeichen der Nachkriegszeit wäre. Dieser historische Prozess, entstanden aus den dem kapitalistischen System inhärenten Widersprüchen und dynamisiert durch den nationalen Willen der unterdrückten Völker, bringt die Geburt unabhängiger Staaten mit sich.

Ganz allgemein haben sich die kolonisierten Völker in jeder dieser Bewegungen wiedererkannt, in jeder der Revolutionen, die von den Unterdrückten begonnen und durchgeführt wurden. Aber über die notwendige Solidarität mit den Menschen hinaus, die auf der ganzen Welt für Demokratie und die Anerkennung ihrer Rechte kämpfen, setzte sich sich mit Vehemenz der kolonisierten Völker der feste Wille durch, für sich und ihre Brüder auf die Anerkennung ihrer nationalen Existenz zu pochen, ihrer Existenz als Mitglieder eines unabhängigen, freien und souveränen Staates.

Seit mehreren Jahren wirft die Weltgeschichte, die Geschichte des Kampfes der Menschen um ihre Würde für die Völker bestimmte Probleme auf. Die von fremden Nationen geknechteten und unterdrückten Menschen werden insgesamt aufgefordert, am Werk der Zerstörung des kolonialen Systems bedingungslos teilzunehmen. Und es ist nicht zu viel gesagt, dass, wenn die Teile der Welt, in denen sich bereits die nationale Existenz verwirklicht hat, dabei auf der Stelle treten, ihre inneren Widersprüche zu lösen, es gerade daran liege, dass jeder Schritt zum Fortschritt die Befreiung der Kolonien bedingt.

Die unterdrückten Völker müssen sich mit den bereits souveränen Völkern zusammenschließen, da erst wird die Errichtung eines Humanismus mit universalen Dimensionen möglich werden.

Die Aufgabe jedes Kolonisierten ist seit zehn Jahren fest umrissen: auf nationaler Ebene das kolonialistische Gebäude unterminieren und auf positive Art und Weise die Kämpfe der kolonisierten Völker unterstützen. Der Befreiungskrieg des algerischen Volkes hat den Bazillus ausgestreut und hat die Fäulnis des Systems auf einen solchen Punkt getrieben, dass es für alle Beobachter offensichtlich geworden ist, dass daraus eine globale Krise entstehen muss. In Voraussicht dieser möglichen Veränderung, dieses allgemeinen weltweiten Infragestellens, haben wir uns zu wiederholten Malen an eure Vertreter im französischen Parlament und an eure Gewerkschaftsführer gewandt.

Seit drei Jahren haben wir sie immer wieder dazu aufgefordert, das kolonialistische Ungeheuer in die Enge zu treiben, es zu zwingen, seinen Würgegriff zu lockern; seit drei Jahren haben wir euren Vertretern immer wieder erklärt und auseinandergesetzt, dass es notwendig ist, ihre Anstrengungen aufeinander abzustimmen und das französische Imperium zu sprengen, zumal das algerische Volk auf seinem Territorium einen offenen, großartigen und schwierigen Krieg führte.

Der Wahrheit halber müssen wir euch sagen, dass fast alle eure Vertreter in einem Mythos befangen, Resultat eines schwerwiegenden Entfremdungsphänomens, allen unseren Schritten immer wieder die Rücksicht vor der französischen republikanischen Legalität entgegengehalten haben.

Nur scheint es aber, dass wir zumindest drei Punkte gemein haben. Zuerst einmal sind unsere jeweiligen Nationen militärisch besetzt, ökonomisch ausgebeutet und kulturell zum Schweigen gebracht, seitdem über ihnen die Trikolore weht.

Alle Tendenzen, die darauf zielen, sich selbst auszudrücken in Übereinstimmung mit der eigenen Geschichte, der eigenen Tradition und gebunden an die eigentliche Kraft seines Bodens, werden eingeengt, verunmöglicht, zerschlagen.

Die Politik des Kolonialpaktes, die der multidimensionalen Ausbeutung der Territorien der *Französischen Union* zugrunde liegt, bestimmt unseren zweiten gemeinsamen Punkt. Es reicht nicht aus, zu sagen, dass Frankreich unseren nationalen Boden besetzt hat, sondern es hat sich dort auf ungezwungenste Art und Weise eingerichtet und hat sich nicht gescheut, eine vollständige Gesetzgebung auszuarbeiten, einen vollständigen Code, der nichts anderes bezweckt, als zum Wohle der französischen Ordnung unser nationales Wesen auszulöschen.

Der Wille zur Unabhängigkeit, die einzig richtige Antwort auf die Kolonisation ist der dritte Punkt, der allen durch Frankreich unterdrückten Völkern gemeinsam ist. Wenn wir uns an die Kolonialvölker und besonders an die afrikanischen Völker wenden, so einmal deshalb, weil wir uns beeilen müssen, ein Afrika zu bauen, das sich selbst verwirklicht zum Ausdruck bringt, um die Welt der Menschen zu bereichern und auch selbst aus den Reichtümern der Welt schöpfen zu können. Zum anderen, weil das einzige Mittel, um dieses Ziel zu erreichen, darin besteht, das Rückgrat des Kolonialismus zu brechen, wie irrsinnig, unbeugsam und barbarisch er auch sein mag. Gegenwärtig sind alle Befreiungsbewegungen der Kolonialvölker, welches auch ihre »Mutter«-Nationen sein mögen, von der Existenz des französischen Kolonialismus betroffen.

»Das Französische Imperium«, seiner Ausdehnung wegen, erfreut sich heute noch eines gewissen Prestiges und einer offensichtlichen Stabilität. Die Hartnäckigkeit des französischen Kolonialismus, seine Geringschätzung der internationalen Moral, seine umwerfende Barbarei, wiegen die anderen kolonialistischen Länder in Sicherheit.

Jugend der Kolonialländer!

Ihr müsst wissen, dass die Zukunft eurer nationalen Existenz, die Sache eurer Freiheit und eurer Unabhängigkeit gegenwärtig in Algerien auf dem Spiel stehen.

Es ist nicht wahr, wie gewisse *Kolonialparlamentarier*, die im französischen Parlament sitzen, behauptet haben, dass der Krieg in Algerien den Prozess der Entkolonisierung beschleunigt und dass es folglich genügt, auf parlamentarischer Ebene die Schwierigkeiten des französischen Kolonialismus auszunutzen.

Es ist wahr, dass das *Rahmengesetz*, das unter dem Druck des Krieges in Algerien verabschiedet wurde, eine Lockerung des Griffes um die afrikanischen Länder herbeigeführt hat, aber wir glauben, dass es schwerwiegende Folgen hätte, dieser »Evolution« eine ernsthafte Bedeutung beizumessen.

Die Kolonialländer wollen keineswegs eine »schöne Geste« des Herrn, sondern auf das bestimmte den Tod dieses Herrn. Außerdem, selbst im Rahmen einer solchen Evolution, trifft man häufig auf den »bösen Willen« der französischen Beamten, ihre Anwandlungen übler Laune gegenüber dem kleinen Stück Freiheit, das den »Negern« gegeben wurde, ihre Wut angesichts dieses *Anschlages* auf die Suprematie des Weißen. Und nicht zu übersehen die Komik, wenn gewisse Kolonialparlamentarier, mit der Abberufung von französischen Beamten drohen, die dem *Rahmengesetz* feindlich gesinnt sind.

Eine richtige Analyse des französischen Kolonialismus nach vier Jahren Krieg in Algerien hätte diese Parlamentarier dazu bringen müssen, diesen »bösen Willen« weniger als individuelle Tat zu betrachten, vielmehr als Ausdruck eines Kolonialismus, dessen Positionen noch sehr fest sind und als Zeichen, dass Frankreich jederzeit bereit ist, jedwede Evolution der Kolonialländer und jedweden Anschlag auf den Kolonialpakt zu unterbinden.

Was heute in Frankreich und Algerien geschieht, ist ebenso wie der »böse Wille« der Beamten oder der Siedler Teil ein und desselben Prozesses.

Jugend der Kolonialländer

Seit vier Jahren werden wir nicht müde, denen, die im französischen Parlament sitzen, immer wieder zu sagen, dass der französische Kolonialismus nicht das Objekt irgendeiner magischen Operation werden kann und dass es eitel wäre, von ihm ein allmähliches Verschwinden zu erhoffen.

Die Zukunft wird unerbittlich mit jenen Leuten verfahren, die sich des außerordentlichen Privilegiums erfreuen, ihren Unterdrückern Worte der Wahrheit sagen zu können, die aber eine Haltung der Ruhe stummer Indifferenz und zuweilen kaltblütiger Komplizität einnehmen.

Herr Houphouët-Boigny, afrikanischer Abgeordneter und Präsident der Elfenbeinküste, gab vor einigen Tagen der Presse ein Interview. Nach absurden Betrachtungen über die beabsichtigte Evolution eines Afrika unter der Fahne der Trikolore gelangte er zur algerischen Frage und zögerte nicht zu verkünden, dass Algerien im Rahmen Frankreichs bleiben muss.

Dieser Herr hat sich seit mehr als drei Jahren zum Strohmann des französischen Kolonialismus gemacht. Da er in allen Regierungen saß, hat Herr Houphouët-Boigny direkt die in Algerien praktizierte Ausrottungspolitik gebilligt.

Zu seiner Rechten Herrn Lacoste und zu seiner Linken die Herren Morice oder Chaban-Delmas, hat Herr Houphouët-Boigny auf unverzeihliche Weise eine Politik gutgeheißen, die die algerische Nation in Trauer hüllte, und die Entwicklung unseres Landes um Jahre hinausschob.

Herr Houphouët-Boigny hat sich zum Handlungsreisenden des französischen Kolonialismus gemacht und er hat sich nicht gescheut, auch in den Vereinten Nationen die französische These zu vertreten. Herr Houphouët-Boigny ist Doktor der Medizin. Er war Gesundheitsminister unter Herrn Gaillard. Unter seiner Regierung gab er ein Sakiet Sidi Youssef. Dort wurden die Ambulanzen des Internationalen Roten Kreuzes mit Maschinengewehrfeuer belegt, bombardiert, ausgeräumt. Dutzende Frauen und Kinder wurden durch die Feuerstöße der französischen Luftwaffe regelrecht halbiert. Weder der Afrikaner Houphouët-Boigny noch der Doktor der Medizin Houphouët-Boigny haben sich gescheut, diese Barbarei zu rechtfertigen und sich mit den französischen Militärs solidarisch zu erklären. Herr Houphouët-Boigny, als guter Minister der französischen Republik, meinte es für seine Pflicht zu halten, Sakiet gutzuheißen, die tapfere französische Armee zu beglückwünschen und mit seinem ganzen ministeriellen Gewicht die Pressionen auf die tunesische Regierung zu unterstützen.

In den besten Zeiten des französischen Imperialismus konnte es für den Kolonisierten so etwas wie eine Ehre sein, in die französische Regierung aufgenommen zu werden. Diese Ehre ohne Verantwortung, ohne Risiko, diese kindliche Selbstgefälligkeit, Minister oder Staatssekretär zu sein, konnten notfalls verziehen werden.

Seit zehn Jahren jedoch ist es völlig unerträglich und unannehmbar geworden, dass Afrikaner in der Regierung desjenigen Landes, das sie beherrscht, sitzen.

Jeder Kolonisierte, der heute einen Regierungssitz annimmt, muss ganz klar wissen, dass er früher oder später eine Politik der Repression, der Massaker und kollektiver Ermordungen in irgendeinem Winkel des »Französischen Imperiums« wird gutheißen müssen. Wenn ein Kolonisierter wie Herr Houphouët-Boigny den Rassismus der Siedler, das Elend seines Volkes, die schamlose Ausbeutung seines Landes vergisst und imstande ist, nicht an dem Befreiungsaufschwung teilzunehmen, der die unterdrückten Völker ergreift und wenn in seinem Namen den Bigeard und den Massu alle Vollmachten gegeben werden, dürfen wir nicht zögern zu sagen, dass es sich hier um Verrat handelt, um Komplizentum und Aufforderung zum Mord.

Jugend Afrikas, von Madagaskar, von den Antillen, die Soldaten aus euren Heimatländern, die gewaltsam in die französische Armee getrieben wurden, sind mit Begeisterung in die Reihen der Algerischen Nationalen Befreiungsbewegung eingetreten. Heute stehen sie Seite an Seite mit den algerischen Patrioten in einem heroischen Kampf gegen den gemeinsamen Feind.

Die FLN, die den Kampf des algerischen Volkes führt, wendet sich an euch und fordert euch auf, eure Parlamentarier unter Druck zu setzen und sie zu zwingen, das französische Parlament zu verlassen.

Die Stunde ist gekommen, für alle Kolonialvölker, aktiv an der Zerschlagung der französischen Kolonialisten teilzunehmen.

Ihr alle, wo ihr euch auch befindet, müsst wissen, dass für uns alle der Moment gekommen ist, unsere Kräfte zu vereinigen und dem französischen Imperialismus den Gnadenstoß zu versetzen.

Afrikanische Jugend! Madagassische Jugend! Jugend der Antillen! Wir alle zusammen müssen das Grab schaufeln, in das der Kolonialismus definitiv hinabsinken wird!

11. Grundlegende Wahrheiten des kolonialen Problems[26]

Das XX. Jahrhundert wird im Weltmaßstab nicht nur die Ära der atomaren Entdeckungen und der Erforschung der Planeten gewesen sein. Das zweite entscheidende Ereignis dieser Epoche ist ohne Zweifel die Rückeroberung der Länder, die den Völkern gehören. Verwirrt durch die nationalen politischen Forderungen großer Völker, haben die Kolonialisten ihren Würgegriff lockern müssen. Jedenfalls stellt sich dieses Phänomen der Befreiung, des Triumphes der nationalen Unabhängigkeit, des Zurückweichens des Kolonialismus nicht durchgängig auf dieselbe Weise dar. Jede ehemalige Kolonie gelangt auf verschiedene Art und Weise zur Unabhängigkeit. Jeder neue souveräne Staat wird praktisch gezwungen, mit dem ehemaligen Unterdrücker bestimmte und bevorzugte Beziehungen zu unterhalten.

Die Parteien, die den Kampf gegen die kolonialistische Unterdrückung führen, entscheiden sich in einer gewissen Phase des Kampfes, taktisch einen Teil der Unabhängigkeit anzunehmen, in der festen Absicht, das Volk von Neuem in den Kampf zu führen, entsprechend der grundlegenden Strategie der totalen Räumung des Territoriums und der effektiven Übernahme aller nationalen Ressourcen. Diese klassische und mehrmals angewandte Methode ist heute nur allzu bekannt. Dagegen gibt es eine Dialektik, die dieser Methode konträr entgegengesetzt ist und die, wie es scheint, nicht hinreichend die Aufmerksamkeit auf sich lenken konnte.

Erste Hypothek: »Die Rechte« des ehemaligen Okkupanten

Noch vor einigen Jahrzehnten konnten die kolonialistischen Herrschenden endlos die zutiefst zivilisatorischen Motive ihrer Länder anpreisen. Die Konzessionen, die Expropriationen, die Ausbeutung der Arbeiter, das große Elend der Völker wurden gewohnheitsmäßig vertuscht und geleugnet.

In der Folge und vor allem dann, als sie sich von ihrem Territorium zurückziehen mussten, wurden die Kolonialisten gezwungen, ihre Masken fallen zu lassen. In den Verhandlungen über die Unabhängigkeit war in erster Linie die Rede von ökonomischen Interessen: Banken, Währungszonen, Projektierungserlaubnis, Ausbeutungskonzessionen, Unverletzlichkeit des Eigentums, das den Bauern seit der Unterwerfung gestohlen worden war etc. … Von zivilisatorischen, missionarischen oder kulturellen Pflichten war nicht mehr die Rede. Es war die Stunde für ernste Angelegenheiten gekommen und nicht für Albernheiten. Eine solche Haltung musste das Bewusstsein der Menschen, die in allen Gegenden der Welt kämpfen, aufklären.

Die eigentlichen Rechte der Okkupanten wurden also vollständig klar gemacht. Die Minorität, die aus der Metropole stammte, die Hochschulmissionen, technische Hilfe, das Gerede von Freundschaft wurden zu einer zweitrangigen Frage. Offenbar zählten allein die reellen Rechte, die der Okkupant als Preis für ein Stück Unabhängigkeit dem Volk zu entreißen gedachte.

Die nominelle Souveränität akzeptieren und die wirkliche Unabhängigkeit unbedingt verweigern, das ist die typische Reaktion der kolonialistischen Nationen gegenüber ihren ehemaligen Kolonien. Der Neokolonialismus ist Träger einiger Ideen, die ihn gegenwärtig stark machen, aber gleichzeitig seinen notwendigen Fall vorbereiten.

Während des Befreiungskampfes ist das Bewusstsein des kämpfenden Volkes noch nicht klar. Sein Kampf beinhaltet zwar tendenziell Ablehnung der politischen Nicht-Existenz, des Elends, des Analphabetismus, des Inferioritätskomplexes, der wohlweislich mit der Unterdrückung eingeimpft wird, ist aber über einen langen Zeitraum hinweg noch undifferenziert. Aus dieser Unentschlossenheit zieht der Neokolonialismus seinen Vorteil. Er bringt der ehemaligen Kolonie revolutionäres und ungewohntes Verständnis entgegen, scheint in allem nachzugeben. Aber indem er das macht, zwingt er ihr ökonomische Abhängigkeit auf in Form eines *Hilfs- und Beistandsprogrammes*.

Wir haben gesehen, dass dieser Versuch in den meisten Fällen Erfolg hat. Das Eigentümliche an dieser Phase ist, dass sie notwendigerweise kurz ist. Und zwar deswegen, weil das Volk nicht lange braucht, um zu merken, dass sich nichts Grundlegendes geändert hat. Sind die Stunden der Ergüsse und der Begeisterung angesichts des Schauspiels der Nationalfahne, die im Wind flattert, erst einmal vorbei, findet das Volk zur ursprünglichen Dimension seiner elementaren Bedürfnisse zurück: Brot, Kleidung, ein Dach.

Der Neokolonialismus, wenn er behauptet, der menschlichen Würde zu ihrem Recht verhelfen zu wollen, meint er im Wesentlichen die Bourgeoisie und die Intellektuellen des Koloniallandes.

Aber die Völker fühlen ihren Hunger nicht gestillt, wenn das Kolonialland seiner Elite zu ihren Rechten verhilft. Die Völker wollen, dass sich wirklich etwas ändere, und zwar sofort. Und der Kampf beginnt von Neuem mit ungewöhnlicher Heftigkeit.

In dieser zweiten Phase wehrt sich der Okkupant mit allen Mitteln und setzt alle verfügbaren Kräfte ein. Was einst mit Gewalt entrissen wurde, wird in Resultate freier Verhandlungen umgemünzt. Der ehemalige Okkupant interveniert, kraft seiner Verpflichtungen, und bringt von Neuem seinen Krieg in ein unabhängiges Land.

Alle den ehemaligen Kolonien, von Indonesien bis Ägypten über Panama, die die gewaltsam entrissenen Abmachungen aufkündigen wollten, wurde ein neuer Krieg aufgezwungen, abermals wurde ihre Souveränität verletzt und geschmälert.

Die berühmten Rechte des Okkupanten, der Betrug mit dem vergangenen »gemeinsamen Erbe«, die Aufrechterhaltung eines abgeänderten Kolonialpaktes sind immer wieder Ausgangspunkte eines Angriffes auf die nationale Souveränität.

Zweite Hypothek: Die Einflusszonen

Die Sorge, die ehemalige Kolonie im Halseisen ökonomischer Unterdrückung zu halten, ist natürlich nicht Sadismus. Nicht aus Bosheit oder bösem Willen wird diese Haltung eingenommen. Sondern die Übernahme der nationalen Reichtümer durch die Kolonialvölker bringt das ökonomische Gleichgewicht des ehemaligen Okkupanten in Gefahr. Die Ankurbelung der Kolonialökonomie, die Industrien zur Weiterverarbeitung der Rohstoffe aus den unterentwickelten Ländern, die Auflösung des Kolonialpaktes, die Konkurrenz mit dem ausländischen Kapital stellen eine tödliche Gefahr für den Imperialismus dar.

Für Nationen wie Frankreich und England kommt die bedeutende Frage der Einflusszonen hinzu. Beide Länder haben sich übereinstimmend entschieden, die nationalen Bestrebungen der Kolonialländer zu zerschlagen, und sie führen einen gigantischen Kampf um die Beherrschung der Weltmärkte. Die ökonomischen Schlachten zwischen Frankreich, England und den Vereinigten Staaten im Mittleren Osten, im Fernen Osten und jetzt in Afrika geben eine Anschauung von der imperialistischen Gefräßigkeit und Bestialität. Und es ist nicht übertrieben zu sagen, dass diese Schlachten die direkte Folge der Strategien sind, die auch die kürzlich unabhängig gewordenen Staaten heute noch erschüttern. Die Einflusszonen des Sterling, des Franc, des Dollar verwandeln sich unter seltsamen Begleitumständen, durch einen Taschenspielertrick in Teile der westlichen Welt. Wenn man Herrn Malraux glauben will, befindet sich heute im Libanon und im Irak der homo occidentalis in Gefahr.

Das irakische Petroleum hat alle Bedenken beiseite gefegt und die wirklichen Probleme auf den Tisch gebracht. Die gewaltsamen Interventionen der amerikanischen Streitkräfte auf den Antillen oder in Lateinamerika sind noch frisch im Gedächtnis, jedes Mal, wenn sich die von der amerikanischen Politik unterstützten Diktaturen in Gefahr befanden. Die Mariner, die heute in Beirut anlegen, sind die gleichen, die mal zwischendurch die »Ordnung« in Haiti, Costa Rica, in Panama wiederherstellen. Und zwar, weil die Vereinigten Staaten der Meinung sind, dass die beiden Amerika eine unteilbare Welt sind, seit den Zeiten der Monroe-Doktrin, deren Verwirklichung den amerikanischen Streitkräften anvertraut wird. Der einzige Artikel dieser Doktrin legt fest, dass Amerika den Amerikanern gehört, das heißt dem State Department.

Nachdem jener Absatzmarkt sich als unzureichend erwiesen hat, musste sich Amerika fatalerweise anderen Regionen zuwenden, nach Lage der Dinge dem Fernen Osten, dem Mittleren Osten und Afrika. Wetteifer der Raubgier; deren Schöpfungen sind: die Eisenhower-Doktrin gegen England gerichtet im Mittleren Osten; Unterstützung von Ngo Din Diem gegen Frankreich in Indochina; die *Kommission für wirtschaftliche Hilfe* in Afrika gegen Frankreich, England und Belgien, die durch die Präsidentenreise des Herrn Nixon angekündigt wurde.

Jeder nationale Befreiungskampf muss mit den Einflusszonen rechnen.

Der Kalte Krieg

Diese Wettbewerbsstrategie der westlichen Nationen fügt sich übrigens in einen weit umfassenderen Rahmen der Politik der zwei Blöcke, die seit zehn Jahren die Welt mit der Drohung atomarer Vernichtung belastet. Und es ist sicherlich kein Zufall, wenn man hinter jeder nationalen Forderung eines Kolonialvolkes auf geradezu stereotype Art und Weise die Hand oder das Auge Moskaus sieht. Nur deshalb, weil jede Schwierigkeit, die der Suprematie des Westens in einem Teil der Welt bereitet wird, ein konkreter Anschlag auf seine ökonomische Macht darstellt, auf den Umfang seiner militärischen strategischen Basen, eine Begrenzung seiner Möglichkeiten. Jede Minderung der Rechte des Westens in einem Kolonialland wird einerseits als Schwächung der westlichen Welt und andererseits als Stärkung der kommunistischen Welt aufgefasst.

Heute wird eine Insel wie Zypern, die kaum eigene Hilfsmittel besitzt, mit einer Bevölkerung von kaum einer halben Million Menschen, zum Objekt heftigster Rivalitäten. Und es geht so weit, dass die NATO, eine Organisation mit der Aufgabe, die sowjetische Invasion zu stoppen, auseinanderzufallen droht wegen der Probleme, die um die Insel entstanden.

Der Dritte Block

Der Entschluss einiger kürzlich unabhängig gewordener Länder, sich aus der Politik der Blöcke herauszuhalten, hat dem Gleichgewicht der Kräfte in der Welt eine neuartige

Dimension verliehen. Die Politik des sogenannten positiven Neutralismus, der Nicht-Abhängigkeit, des Nicht-Engagements, der Dritten Kraft; die unterentwickelten Länder, die aus einem langen Traum der Sklaverei und Unterdrückung erwachen, betrachten es als ihre Pflicht, jeder kriegerischen Verwicklung fernzubleiben, um sich der ökonomischen Entwicklung zu widmen, der Ausrottung des Hungers, der Entwicklung des Menschen.

Was die Menschen des Westens einfach nicht begriffen haben, ist, dass heute ein neuer Humanismus im Entstehen begriffen ist, eine neue Theorie vom Menschen, die ihre Wurzel im Menschen hat und die nichts anderes will als den endgültigen Triumph dieses Menschen. Es ist billig, Präsident Nehru als unentschlossen zu bezeichnen, wenn er sich weigert, sich vom westlichen Imperialismus einspannen zu lassen, die Präsidenten Nasser und Sukarno als gewalttätig, wenn sie ausländische Gesellschaften nationalisieren oder die Teile ihres Territoriums zurückfordern, die noch unter ausländischer Herrschaft stehen. Nur wird dabei übersehen, dass die 350 Millionen Hindus, die den Hunger unter dem englischen Imperialismus kannten, jetzt Brot, Frieden und Wohlstand fordern. Dass die ägyptischen Fellachen oder die indonesischen Boys, die westlichen Schriftstellern Anlass für exotische Werke boten, fordern, ihr Schicksal in die Hände zu nehmen und sich weigern, lediglich Panorama abzugeben.

Das Prestige des Westens

Und hiermit berühren wir ein psychologisches Problem, das gewiss nicht grundlegend ist, das aber in die Beschaffenheit der Dialektik eingeht, die sich gegenwärtig entwickelt. Das ökonomische Referenzsystem, die Unterdrückung also; und zudem verlässt sich der Westen auf seine humanistische Überlegenheit. Das westliche *Modell* steht in seinem Wesen und seiner Zielsetzung nach auf dem Spiel. Die Gelben, Araber und Neger wollen heute ihre Projekte selbst bestimmen, ihre eigenen Werte schaffen, ihre Beziehungen mit der Welt selbst regeln. Die Ablehnung des Jawoll-mein-Herr in der Politik ist mit der Ablehnung des Jawoll-mein-Herr in der Wirtschaft und dem Jawoll-mein-Herr in der Kultur verbunden. Es ist nicht wahr, dass wir beständig am Schlepptau hängen müssen, irgendwie abhängig sein müssen, egal von wem. Alle Kolonialländer, die heute den Kampf führen, müssen wissen, dass die politische Unabhängigkeit, die sie dem Feind im Tausch gegen die Aufrechterhaltung einer ökonomischen Abhängigkeit entreißen werden, nur eine Lockspeise ist, dass die zweite Phase der Befreiung notwendig ist, weil von den Volksmassen gefordert, dass diese zweite Phase schwierig, weil entscheidender, sein wird und mit Härte geführt werden muss, dass schließlich in diesem Stadium die globale Strategie der Machtblöcke in Rechnung gestellt werden muss, denn der Westen ist gleichzeitig mit einem doppelten Problem konfrontiert: der kommunistischen Gefahr und dem Auftreten eines dritten neutralistischen Blockes, der im Wesentlichen durch unterentwickelte Länder repräsentiert wird.

Das Sein jedes Menschen ist heute durch Beziehungen direkter Abhängigkeit mit dem Rest des Universums verknüpft. Deshalb gerade müssen die Kolonialvölker ihre Wachsamkeit und ihre Anstrengungen verdoppeln. Es geht um die Entstehung eines neuen Humanismus. Die Wölfe dürfen kein vereinzeltes Schaf mehr finden. Es ist notwendig, dass dem Imperialismus bei allen seinen Versuchen stärker zu werden Einhalt geboten werden muss. Die Völker wollen es, der historische Prozess erfordert es.

12. Die Lehre von Cotonou[27]

Der Kongress billigt die Losung sofortiger Unabhängigkeit und beschließt, alle erforderlichen Maßnahmen zu ergreifen, um die afrikanischen Massen unter dieser Losung zu mobilisieren und diesen Unabhängigkeitswillen in die Tat umzusetzen.

Mit diesen Sätzen schließt die Kriegserklärung, die von Cotonou an die französische Regierung des General de Gaulle durch die Völker Schwarzafrikas gerichtet wurde.

Schon im Sommer 1957 in Bamako haben die durch das *Rahmengesetz* aufgebotenen Sicherheitsvorkehrungen versagt. Der Verräter Houphouët-Boigny und seine Komplizen mussten vor der afrikanischen nationalen Forderung zurückweichen. Alle die Spezialisten für koloniale Lethargie waren schließlich herbeigeeilt, um den Sieg schließlich doch noch zu retten.

In Bamako haben die Afrikaner also das *Rahmengesetz* zurückgewiesen, ebenso wie die Verantwortungslosigkeit, zu der der Kolonialismus sie verurteilte.

In Bamako wurde das Sicherheitsschloss vor Schwarzafrika zerschmettert. Ein Prozess war in Gang gesetzt worden. Und Cotonou ist das Vorspiel des großen Kampfes um die Befreiung; danach werden mehr als 30 Millionen Afrikaner zur Unabhängigkeit gelangen.

Man erinnert sich der Euphorie, die in französischen politischen Kreisen nach der Verabschiedung des *Rahmengesetzes* herrschte. Endlich einmal, so hieß es, ergreift Frankreich die Initiative und getreu »seiner wesentlichsten Tradition« kommt es der Forderung der Völker zuvor. Nun ist es jedoch so, dass der aufmerksame Beobachter des Geschehens in Schwarzafrika sehr wohl wusste, dass das Gesetz Deferre weit hinter den Aspirationen der afrikanischen Massen zurückblieb.

Die afrikanischen Arbeiter, die afrikanischen Studenten werden seit mehreren Jahren von den afrikanischen Parlamentariern im Zaume gehalten und gebremst.

Seit 1947 verdankt der französische Kolonialismus in Schwarzafrika seinen Frieden dem unaussprechbaren Verrat einer bestimmten afrikanischen Elite.

Auf diffuse Weise treten seit 1947 die afrikanischen Gewerkschaften in Aktion und entwickeln, seit 1953 sehr viel bestimmter, eine kühne nationale Perspektive.

Fern jedes Korporativismus haben sie sich der zweifachen Aufgabe gewidmet: Afrikanisierung der Kader und Nationalisierung, also Unabhängigkeit. Die gewerkschaftlichen Aktionen haben dem Kampf gegen den französischen Kolonialismus eine absolut neue Note gegeben.

Die UGTAN, die ihr Netz über das gesamte Land gebreitet hat, bändigt allmählich die kolonialistische Bestie. Angesichts der Arbeiter, die die Nationalisierung und die Sozialisierung des fremden Eigentums fordern, schickt sich der in die Enge getriebene Kolonialismus an, Söldner zu mobilisieren, die in Schwarzafrika die westliche Zivilisation verteidigen sollen.

Die Föderation der Studenten Schwarzafrikas hat seit mehreren Jahren eine umfangreiche Propagandaarbeit geleistet: Entmystifizierung und Aufstellung eindeutiger Parolen. Gleichzeitig hat sich die Polizei des Verräters Houphouët-Boigny wie wild auf die verantwortlichen Studenten gestürzt. Die Polizei der Universitätsstädte Frankreichs hat auf Veranlassung des Ministers Houphouët-Boigny die Studenten Schwarzafrikas verfolgt, verhaftet, gefoltert.

Entziehung der Stipendien, Erpressungen, Verhaftungen und das Verbot der Zeitung der Föderation der Studenten, das sind die Maßnahmen, die unter dem Einfluss Houphouët-Boignys verwirklicht wurden. Außerdem werden in Schwarzafrika die Studenten, die in Opposition zur Politik des Verrates gewisser Führer der RDA stehen, auf Weisung der Regierung hin nicht als Beamte eingestellt; sie werden zum Schweigen gebracht, verabschiedet, des Landes verwiesen. Trotz dieser Polizeimaßnahmen, trotz dieser Einschüchterungsversuche haben die Studenten Schwarzafrikas in Cotonou durch die Stimme ihres Präsidenten ihre feste Beschlossenheit bekundet, zur direkten Aktion überzugehen und die nationale Unabhängigkeit mithilfe der Waffen zu erringen.

Herr Deferre, der seinen Namen für diese Parodie liberaler Politik hergegeben hat, hat seither Zeit gehabt, über die »Undankbarkeit der Afrikaner« nachzudenken. Mit dem *Rahmengesetz* hatte der französische Kolonialismus gehofft, für gute zwanzig Jahre gegen den nationalistischen Virus geschützt zu sein. Das *Rahmengesetz* machte die Teilung des afrikanischen Kontinentes amtlich, setzte hier und dort einen Regierungsrat ein, schuf miteinander konkurrierende Wirtschaftszonen. Die Zentralisation, die territoriale Einheit, die Bildung von Nationen, die wirtschaftliche Integration der Länder machten einer scheußlichen Balkanisierung des Schwarzen Afrikas Platz.

Der Fehler des Herrn Houphouët-Boigny und seiner Komplizen ist es, nicht hinreichend die französische Wühlarbeit in Algerien in Rechnung gestellt zu haben, die seit vier Jahren das französische Imperium in seinen Grundfesten erzittern lässt.

Weil er sich entgegen aller Vernunft in Algerien festgebissen hat, wird der französische Kolonialismus dort seinen Tod finden. Mit dem Ende des Krieges in Algerien, mit dem Sieg der bewaffneten Streitkräfte der ALN und der Unabhängigkeit Algeriens wird das gesamte französische Imperium zusammenstürzen.

Die Resolution des Kongresses von Cotonou ist nicht nur aus dem Grunde wichtig, weil sie als Ziel die unmittelbare Unabhängigkeit aufstellt. Die Sätze selbst, in denen diese Unabhängigkeit gefordert wird, der soziale Inhalt, die Klarheit, mit der Vorstellungen vom Sozialismus entwickelt werden, von Kollektivierung, von einer fortschrittlichen Gesellschaft, zeigen an, dass die Afrikaner keine formelle Unabhängigkeit wollen.

In Cotonou erlebten wir nicht die Evolution der afrikanischen Geister, sondern sehr wohl eine grundlegende Veränderung, die in die effektive Übernahme des Landes durch das Volk einmünden wird. Seit Cotonou ist der französische Kolonialismus völlig geschlagen und ohne Stimme.

Seit vier Jahren wird, weil die algerische Revolution in Afrika stattfindet, die nationale Forderung anderer afrikanischer Völker sehr stark von den Inhalten unserer Revolution inspiriert. Seit vier Jahren wird die eigentliche Existenz des Kolonialismus in Afrika durch das algerische Volk bedroht und es ist banal festzustellen, dass eine gewisse Zahl von 1958 unabhängig gewordenen Ländern es sicherlich nicht wären, wenn der französische Kolonialismus nicht unter den zahllosen Schlägen zu leiden gehabt hätte, die ihm unter anderem das algerische Volk beibrachte.

Guy Mollet, Bourgés-Manoury, Gaillard, Pflimlin, de Gaulle, als Erretter Frankreichs, früher faschistoid und jetzt ein Faschist, das sind die verschiedenen historischen Etappen, die in Frankreich durch den bewaffneten Zusammenstoss zwischen dem nationalen Willen des algerischen Volkes und dem Willen zur kolonialistischen Unterdrückung der französischen Regierungen einander ablösten.

Seit 1954 verläuft das französische politische Leben geradlinig von der Sozialdemokratie, die ihre elementarsten

Prinzipien verrät, bis zur faschistischen und militärischen Diktatur. Dies ist die Kehrseite des revolutionären Heroismus des algerischen Volkes.

Deshalb dürfen von nun an die nationalen Massen in Afrika nicht mehr zögern. Im Sturmschritt und unter gewaltsamen Anstrengungen sind sie endlich so weit gekommen, die sofortige und totale Erfüllung ihrer Rechte zu fordern.

Der französische Kolonialismus sucht nach einer kolonialistischen Antwort auf die afrikanischen nationalen Wünsche, wie sie in Cotonou zum Ausdruck gebracht wurden. Manche Beobachter schätzen, dass de Gaulle einen Mittelweg zwischen *Rahmengesetz* und Unabhängigkeit finden wird.

Die FLN ist, nach Analyse der Tatsachen und mit Rücksicht auf die unüberwindlichen Schwierigkeiten, die Frankreich in Algerien bereitet werden, der Meinung, dass die Völker Schwarzafrikas unter französischer Herrschaft keinesfalls zurückweichen dürfen, sondern im Gegenteil mit Entschlossenheit und Brutalität zeigen müssen, dass der Augenblick für diffuse Lösungen ein für alle Mal vorbei ist.

Frankreich ist in die Enge getrieben, es muss noch mehr in die Enge getrieben werden, ihm müssen alle Fluchtwege abgeschnitten werden, ohne Gnade muss es erwürgt werden, jede seiner Herrschaftsanwandlungen muss im Keime erstickt werden. Im Jahre 1958 ist Frankreich materiell und menschlich, ökonomisch und politisch außerstande, einen Krieg in Schwarzafrika zu führen. Deshalb müssen die afrikanischen Völker vorwärtsschreiten, ihren Druck verstärken und augenblicklich ihre Unabhängigkeit fordern.

Die afrikanischen Massen und die afrikanischen Eliten müssen von nun an ihre Vorkehrungen treffen, um zur direkten Aktion überzugehen, müssen die Waffen ergreifen, um in den imperialistischen Reihen Panik zu stiften.

Die FLN und ALN sind ihrerseits bereit, den afrikanischen Völkern in ihrem Befreiungskampf zu helfen. Es darf nicht sein, dass nach Räumung Algeriens der französische Imperialismus sich noch in irgendeinem Teil Afrikas einnistet. Heute muss die Parole lauten: »Afrikaner, Afrikanerinnen, zu den Waffen! Tod dem Französischen Kolonialismus!«

13. Appell an die Afrikaner[28]

Seitdem General de Gaulle, im Laufe seiner Weltreise, unter dem Druck der afrikanischen Massen den Sinn seines Referendums präzisieren musste – für die Territorien unter kolonialer Herrschaft –, glaubten die französische Linke und Weltöffentlichkeit in dieser Erklärung die erste Manifestation dessen zu sehen, was übereinstimmend als Liberalismus des französischen Regierungschefs bezeichnet wird.

Nachdem der erste Augenblick der Überraschung vorbei war, musste man wohl oder übel zum Text zurückkehren, zu den Realitäten, zu den konkreten Möglichkeiten also, die den Menschen in Schwarzafrika geboten werden.

In Wirklichkeit, dank der Operation Referendum, verwickelt General de Gaulle alle »französischen Besitzungen« in einen freiwillig eingegangenen, endlosen Prozess der Dienstbarmachung. Zuerst, wie stellt sich das Referendum für die nationalen afrikanischen Wünsche dar? Der französische Kolonialismus setzt seine Armee, seine Polizei, seine traditionellen Ja-Sager dagegen und stützt sich weitgehend auf kompromittierte und in Verruf gebrachte lokale Abgeordnetenversammlungen.

Und wenn in manchen Staaten das Kabinett nationale Forderungen aufstellt, dann versichert sich der französische Kolonialismus fast immer der Unterstützung afrikanischer Politiker.

Die Afrikaner, die von ihren Landsleuten verlangen, für de Gaulle und die »franko-afrikanische Gemeinschaft« zu stimmen, zeigen ein großes Unverständnis für die Probleme der Entkolonisierung und eine verbrecherische Unwissenheit von den nationalen Wünschen der afrikanischen Völker.

An der Wahl teilnehmen, über ureigene französische Belange abzustimmen, heißt, dieser »Französischen Union«, die notgedrungen in eine »franko-afrikanische Gemeinschaft« verwandelt werden musste, erst Gestalt geben, heißt, die afrikanische Persönlichkeit verfremden und heißt, wie die Verfassung sagt, eine einzige Nationalität verwirklichen.

Die massive Anwesenheit von französischen Militär- und Polizeikräften in Schwarzafrika, die Agitation kompromittierter Politiker, ihre Erklärungen, ihre eifrigen Aufforderungen an ihr Volk, Ja zu stimmen, die Tradition der Wahlfälschungen, lassen keinen Zweifel über den Ausgang des Referendums in Schwarzafrika. In einer gewissen Anzahl von Staaten wird die französische Verfassung mit einer sehr großen Mehrheit angenommen werden. Nun, vom 1. Oktober an, werden sich vier bedeutende Probleme für Franzosen und Afrikaner stellen. Werden die afrikanischen Staaten Abgeordnete in die französische Nationalversammlung delegieren? Wird die Vertretung von 30 Millionen Afrikanern proportional sein? Werden die Afrikaner das Recht haben, über ihr Budget zu entscheiden, werden sie die Möglichkeit haben, Investitionen, die ihre respektiven Territorien angehen, selbst zu tätigen? Beabsichtigt Frankreich, trotz der Opposition der Afrikaner, jenes »Eurafrika« in das Leben zu rufen, dem die Zerstückelung Afrikas in europäische Einflusszonen zum Opfer gebracht werden muss, zum alleinigen Wohle der europäischen Wirtschaften? Beabsichtigt Frankreich, die afrikanischen Staaten in die NATO einzubeziehen? Die afrikanischen Staaten wollen in der Ära von Bandung auf internationaler Ebene eine Existenzberechtigung haben und fordern ihren Platz in der UNO. Wie hofft Frankreich die Aufrechterhaltung des Kolonialpaktes und die nationale Existenz afrikanischer Staaten miteinander zu vereinbaren?

Alle diese Fragen werden sich am Morgen nach dem Referendum stellen, wenn die Afrikaner und die Afrikanerinnen das Ausmaß der Mystifizierung erkennen werden.

Nochmals: Auf lange Sicht hat der französische Kolonialismus die Partie verloren. De Gaulle wird für Afrika nichts Entscheidendes beigetragen haben. Dieselben Probleme werden bestehen bleiben, dieselben Forderungen, derselbe Anspruch auf nationale Selbstbestimmung.

Der französische Kolonialismus wird sich mit gewohnter Boshaftigkeit, mit den gewohnten Methoden diesen nationalen Forderungen widersetzen. Der Kampf wird weitergehen, mit immerhin dem Unterschied, dass die parlamentarische Phase nun endgültig vorbei zu sein scheint und dass für Schwarzafrika sich jetzt die Frage stellt, den bewaffneten Kampf zur Befreiung des nationalen Territoriums aufzunehmen.

Wieder einmal verschließt der französische Kolonialismus sich selbst alle Türen. Anstatt die wirklichen Repräsentanten der beherrschten Völker zu einer konstruktiven Diskussion einzuladen, die zum Ende des Kolonialpaktes führen könnte und zur Anerkennung einzelner Nationalstaaten, wiederholt er den Zyklus von Lüge, Terror, Krieg und macht dadurch die Versöhnung der Völker außerordentlich schwierig.

14. Der Morgen nach dem Plebiszit in Afrika[29]

Der Erfolg des Plebiszits sichert in klassischer Weise den für den Staatscoup Verantwortlichen eine mehr oder weniger lange Periode, in der sie sich ihrer Macht erfreuen können. Die durch das Plebiszit ermöglichte Machtausübung muss, um einen Sinn zu haben und damit die Urheber des Putsches auf ihre Kosten kommen, ihnen nach Möglichkeit erlauben, in relativer Ruhe maximale Vorteile daraus zu ziehen für eine maximale Zeitdauer. Die von den französischen Kolonialisten, den Faschisten mit ihrer Prätorianer-Avantgarde in Algier und den reaktionären Kräften in Frankreich abgestimmte Aktion konnte den Schiedsspruch General de Gaulles durchsetzen.

Die Vorbereitung des Komplottes

Die faschistischen Kräfte dieses Komplottes beabsichtigten, den Namen General de Gaulles zu benutzen, um Organisationen zu schaffen, mit deren Hilfe die volle Macht übernommen werden könnte. Wobei es abgemacht war, sich hinterher des Präsidenten-Generals zu entledigen.

Während der letzten drei Monate konnte man in Frankreich, hauptsächlich in Algerien, beobachten, wie sich um den harten Kern der Aufrührer vom 13. Mai alle französischen rassistischen, ultrachauvinistischen, faschistischen Elemente kristallisierten, die es bei den Franzosen gibt. Parallel dazu ließ sich eine Durchsetzung des Staatsapparates durch Mitglieder dieser Miliz feststellen.

Die ebenfalls klassischen Maßnahmen, die stets einem Plebiszit folgen, wurden beizeiten bekannt gegeben: die Anhänger der Loslösung zur Vernunft bringen und vor allem oppositionelle Gruppen illegalisieren.

Die kolonialistischen Kräfte, die vermittels ihrer Macht das faschistische Treiben gutheißen und bedingungslos unterstützen, wurden von jeglichem Prozess der Entkolonisierung in Schrecken versetzt. Nach den Erfahrungen von Tunesien und Marokko und der von Indochina, die geradezu ein Trauma war, haben die kolonialistischen Kreise geschworen, keine neue *Loslösung* mehr zuzulassen. Und genau diese kolonialistischen Kreise sind mit Begeisterung den faschistischen Reihen beigetreten unter den Rufen: »Französisches Algerien«, »Halt der Loslösung«. Gleichzeitig wurden den »Ausverkäufern des Imperiums« vom Typ Mendes-France, Edgar Faure Verrat vorgeworfen.

Die kolonialistischen Kreise verbanden sich mit General de Gaulle, weil allein er in ihren Augen fähig war, Algerien für Frankreich zu retten, das französische Imperium intakt zu halten und vielleicht, wenn die Gelegenheit sich bot, die verlorenen Territorien wiederzuerobern.

Und die Reaktionäre, die dem Appell der Faschisten gefolgt sind, wurden vor allem von dem Wunsch bewegt, durch den Staat unentgeltlich Macht zu erhalten, dessen Interessen in dieselbe Richtung liefen wie die ihren, nämlich ihre Macht in Frankreich zu konsolidieren und die Aktion und die Hoffnungen der französischen Arbeiterklasse zu zerschlagen.

Der Sieg …

Am Morgen des 28. September konnten die Verantwortlichen des Coup d'Etat zufrieden sein. In den »überseeischen« Territorien hatten 98 Prozent der Kolonialbevölkerung *Ja* zu General de Gaulle und zu Frankreich gesagt. Auf französischem Territorium hatten 80 Prozent der Staatsangehörigen ihre Interessen wahrgenommen, befreiten sich von der Vormundschaft der »Parteien aus dem Ausland«, und stimmten geschlossen für die von de Gaulle vorgeschlagene Charta.

Eine Woche nach dem Referendum, eine Woche nach dem kolossalen großartigen und wunderbaren Erfolg, gerät das faschistische Unterfangen aus den Fugen. Der Krieg in Algerien, der das Referendum erst notwendig gemacht hatte, der durch sein Ausschlachten den großartigen Sieg erst möglich machte, wie er sich in der Presse darstellte, schränkt durch sein bloßes Vorhandensein seinen Charakter und seine Dauer, den Wert des Plebiszits ein. Am Morgen des 28. September, waren General de Gaulle und seinen Helfershelfern ihre 98 Prozent Stimmen zu Kopf gestiegen. Aber jeder Tag bringt neue Gegebenheiten, die die Wirkung des *Ja* modifizieren.

… und die Niederlage

In Westafrika erklärte Herr Mokhtar Ould Daddah, Ministerpräsident von Mauretanien, das zu 93 Prozent mit *Ja* gestimmt hat, am 1. Oktober: »Ich meine, dass die gegenwärtige Territorialversammlung demissionieren sollte, um im Januar die Wahl eines neuen Parlamentes zu ermöglichen, dem der gegenwärtige Ministerrat seine Demission überreichen wird. Die neue Regierung und das neue Parlament könnten das Statut eines Mitgliedstaates der *Communauté* verabschieden und könnten eine Konstitution ausarbeiten, die dem mauretanischen Volk in Form eines Referendums unterbreitet werden würde«, und, fügte Herr Ould Daddah hinzu: »Im gegebenen Moment werden wir dann aus der Gemeinschaft freier Völker austreten, wie es im Artikel 12 vorgesehen ist und werden dann, ohne deswegen unsere Bande mit Frankreich und den Staaten der *Communauté* zu lösen, die notwendigen Vereinbarungen zur Assoziation treffen, wie sie im Titel 13 vorgesehen sind.« In Dahomey, wo der Prozentsatz der Stimmen 98 Prozent erreichte, hat Ministerpräsident Apithy gerade von der Notwendigkeit für die politischen Führer Schwarzafrikas gesprochen, auf gemeinsamen Beratungen eine gemeinsame Haltung gegenüber Frankreich einzunehmen. Er präzisierte aus seiner Sicht den Sinn des *Ja* von Dahomey und Herr Apithy fügte hinzu: »Durch die freie Wahl der Massen und den freien Willen der Gewählten wird morgen der dahomey'sche Staat in der *Communauté* entstehen. Dieser Staat wird, vollständig autonom, in Frieden und Freundschaft sowohl mit den afrikanischen Völkern als auch mit der Metropole, seinen Anschluss an die ökonomische und soziale Entwicklung vorbereiten können, was ihm eines Tages erlauben wird, ein unabhängiger assoziierter Staat zu werden.«

Im Senegal, wo das *Ja* 97 Prozent der Stimmen betrug, setzten Gewerkschaftsopposition und Jugendliche weiterhin Senghor und Lamine Gueye unter Druck. Schon in Cotonou war Herr Senghor, der nicht bereit scheint, in seine Geistesverwirrungen Klarheit zu bringen, gezwungen worden, sich zur Unabhängigkeit Schwarzafrikas zu bekennen.

Durch eine taktische Allianz mit seinem Gegner Lamine Gueye gelang ihm, die afrikanischen Massen zu täuschen, indem er sie zum *Ja* aufforderte.

Am Morgen des Erfolges des Plebiszits sieht sich Senghor gezwungen, der Stimme des Senegals eine spezielle Bedeutung zu geben. Das ist ein *Ja* – sagt er – zur afrikanischen Unabhängigkeit, innerhalb der wiedergefundenen Einheit.

Es ist offensichtlich, dass Senghor noch einmal versuchen wird, die senegalischen Massen zu missbrauchen, aber sein Handlungsspielraum wird von Mal zu Mal eingeschränkt. Die jüngste Erklärung von Mamadou Dia, Präsident des Kabinetts des Senegal, ist bedeutsam: »Unsere hauptsächlichste Sorge«, sagt er, »gilt der Vorbereitung unserer Unabhängigkeit.«

Im Niger behielt die Regierung die Oberhand über die nationalistische Politik von Djibo Bakary. Bemerkenswert ist, dass der Niger nach Guinea das afrikanische Land mit den meisten negativen Stimmen ist. Mit Hilfe der Kolonialisten und der Verwaltung hat die Regierung den Erfolg des Referendums vom 28. September sicherstellen können, es ist jedoch klar, dass die Massen des Niger in den kommenden Wochen entscheidende Aktionen durchführen werden mit der Forderung, ihre nationalen Forderungen zu berücksichtigen. Und was die anderen westafrikanischen Territorien angeht, einschließlich der getreuen Elfenbeinküste, so war offenbar das Geringste, was sie tun konnten, den Status eines autonomen, mit Frankreich assoziierten Staates zu wählen.

Herr Houphouët-Boigny wird vielleicht versuchen, seine Theorie des integralen Föderalismus zu verteidigen, aber es ist zweifelhaft, ob er damit durchkommt. Westafrika, trotz de Gaulle, trotz dem 13. Mai, trotz dem Referendum wird sich auf der Basis autonomer Staaten vereinigen, um dann abermals mit französischen Repräsentanten über Möglichkeiten der Zusammenarbeit mit der ehemaligen Metropole zu verhandeln.

In Äquatorialafrika liegen die Dinge sehr viel klarer. In Gabun wurden die kolonialistischen Kreise durch zahlreiche Neinstimmen (mehrere zehntausend) beunruhigt.

Die politische Kraft der Opposition in Gabun ist derart, dass Ministerpräsident Leon M'Ba, bevor er am 3. Oktober Libreville verließ, um in Paris die Diskussionen mit der französischen Regierung aufzunehmen, seine Entscheidung bekannt gab, den Gabun'schen Staat zu schaffen. Aber noch viel bedeutender ist die kürzliche Ankündigung vor der Einrichtung einer Mission des Großen Rates von Äquatorialafrika, die mit der Bildung eines Einheitsstaates in Zentralafrika beauftragt wurde. Herr Rivierez, Präsident der Territorial-Versammlung von Oubangui-Chari, hat die Beratungen mit Vertretern des Tschad, des Mittleren Kongo und von Gabun aufgenommen, um den Staat und die Nationalität festzusetzen und die Art der Beziehungen mit den afrikanischen Staaten und Frankreich festzulegen. Ebenso wie das alte *Rahmengesetz*, das die Zerstückelung Afrikas zur Aufgabe hatte, werden auch andere Versuche des Kolonialismus, zu überleben, in den Museen der Geschichte verschwinden.

Auch in Madagaskar, wo der Jasager Tsiranana sich nicht scheute, das madagassische *Ja* als *Nein* zu Moskau zu interpretieren, ist der Kolonialismus nicht glücklich.

Herr Tsiranana, der Sid-Cara von Madagaskar, räumt in einer Erklärung am Morgen des Referendum ein, dass die Madagassen letzten Endes ihre Unabhängigkeit erlangen werden.

Auf den Antillen ist niemand über den Prozentsatz der erhaltenen Jastimmen erstaunt, dank der Position von Aimé Césaire. Ist die Unabhängigkeit der Antillen heute möglich? Das ist die Frage, die Aimé Césaire sich stellte. Er beantwortete sie mit Ja, wählte die Unabhängigkeit der Antillen, um den Eintritt in die karibische Föderation vorzubereiten. Meinte er vielleicht, dass diese im Entstehen begriffene Föderation noch nicht hinreichend Gestalt gewonnen hat, noch zu sehr von der britischen Krone abhängig ist? Für die *Antillen* wie überall gilt, dass sich kein Führer über den Wert seiner Person und die Liebe, die ihm die Massen entgegenbringen, Illusionen machen kann, wenn erst einmal der Wille zur nationalen Unabhängigkeit ihres Landes im Spiel ist.

Der Fall Guinea

Um die Befreiung Schwarzafrikas voranzutreiben, war dies eine notwendig: dass wenigstens ein Land zum Referendum General de Gaulles *Nein* sagt. Guinea ist geschlossen hinter Sekou Touré in die Unabhängigkeit eingetreten. Die Existenz eines unabhängigen Guinea bringt das französische Kolonialregime in Schwarzafrika grundlegend und unwiderruflich aus dem Gleichgewicht. Da Guinea gemeinsame Grenzen mit Senegal, dem Sudan und der Elfenbeinküste besitzt, wird es der Kristallisationspunkt aller in Schwarzafrika existierenden nationalistischen Kräfte werden. Man hat behauptet, dass die anderen afrikanischen führenden Politiker das *Nein* aus Furcht vor ökonomischen Repressalien der französischen Regierung verworfen haben. Jedermann ist sich jedoch der Brüchigkeit derartiger Argumente bewusst. Politiker wie Houphouët-Boigny und der Pfarrer Fulbert Youlou, die für das *Ja* eingetreten sind, sind in Wirklichkeit Konterrevolutionäre, Feinde der nationalen Unabhängigkeit Afrikas.

Heute verstärkt die guineische Republik, die von zahlreichen Staaten anerkannt wurde und von den afrikanischen Patrioten unterstützt wird, ihre Autorität und beseitigt auf ihrem Wege jede Angst und jede Furcht. Die anderen Führer Schwarzafrikas, dieselben, die in Guinea Katastrophen voraussagten, machen gemeinsam die Entdeckung, dass das Halseisen des Kolonialismus in Schwarzafrika längst zersprungen ist. Das erzwungene Tête-à-tête mit dem Siedler, die Gewalt, mit der die französische Herrschaft durchgesetzt wurde, verschwinden. Die Sowjetunion wird die guineische Republik anerkennen und die afrikanischen Staaten werden auf Antrag Tunesiens Sekou Touré die Entsendung einer Mission vorschlagen, die mit dem Studium der materiellen und technischen Bedürfnisse der jungen Republik beauftragt wird. Als Beispiel dieser im Kampf gegen den Kolonialismus geschmiedeten afrikanischen Solidarität konkretisiert die Provisorische Regierung der Guineischen Republik die Leitlinien für unsere Aktionen und gibt den engen Beziehungen, wie sie zwischen den neuen unabhängigen Staaten Afrikas wünschenswert sind, vorläufige Gestalt.

Die Menschen Schwarzafrikas werden, durch die Existenz eines unabhängigen Guinea, sehr schnell ihr Schicksal mit dem ihrer Brüder, die gestern noch durch den französischen Kolonialismus versklavt waren, vergleichen können.

Herr Houphouët-Boigny ist nach wie vor überzeugt, dass für die afrikanischen Völker der Eingeborenenstatus äußerst beneidenswert ist. Dass ohne den Schutz des französischen Mutterlandes die Neger Schwarzafrikas verloren wären.

Von Guinea, dem Brückenkopf der Freiheit, werden die Wogen ausgehen, die die französische Herrschaft in Schwarzafrika hinwegspülen werden.

Das Referendum in Frankreich

Ausländische Beobachter waren im Allgemeinen beeindruckt über den Prozentsatz positiver Stimmen, die de Gaulle erhalten hat. Die optimistischsten Voraussagen lagen bei 65–70 Prozent. Aber das Referendum erhielt in Frankreich 80 Prozent und wurde übereilt als eine Absage der Franzosen an die Linksparteien interpretiert.

Immerhin erlaubt eine Analyse der Wahl, zu anderen Schlussfolgerungen zu gelangen. Auf 17 600 000 Jastimmen kommen 4 600 000 Neinstimmen. Die 13 Millionen zusätzliche Stimmen geben ein Bild vom Ausmaß des Präsidentenprestiges. Die Kommunisten geben ihren Stimmenrückgang ziemlich genau mit einem Drittel an. Auch die linkspolitischen Führer wie Badiou, Mendes-France, Bourgés-Manoury, die für die Ablehnung des Referendums gekämpft haben, zählen zu den großen Verlierern dieser Wahlschlacht. Es scheint also, als ob das Referendum der Vorbereitung auf den Winterschlaf der demokratischen Perspektiven diente.

Erklärungen von Politikern wie Deferre stellen jedoch die Homogenität des Resultates infrage. Millionen Franzosen und Französinnen haben *Ja* gestimmt, damit der Krieg in Algerien zu Ende gehe. Andere dafür, dass das Imperium intakt bleibe. Man hat gesehen, dass das Referendum in den Kolonialgebieten unwiderruflich die Befreiung der unterdrückten Völker herbeiführt, während die jüngste Erklärung General de Gaulles in Constantine eine Wiederbelebung des Krieges bedeutet. Erst verspricht er den »Rebellen« die Amnestie und dann verkündet der Ministerpräsident in der guten alten Tradition seiner Kollegen aus der verstorbenen Vierten Republik den sozialen und ökonomischen Fortschritt.

Nach seiner Machtübernahme, um den Frieden in Algerien herzustellen, provoziert de Gaulle die Ausdehnung des Konfliktes auf Frankreich. Seit dem 24. August werden die französischen ökonomischen und strategischen Nachschubbasen durch Aktionsgruppen der FLN sabotiert. Durch den Krieg in Algerien, den Krieg in Frankreich, unterliegen der Kolonialismus und seine Nachschubbasen den Schlägen der Algerischen Revolution. Der Friede in Algerien und der Friede in Frankreich hängen heute von der Anerkennung der Unabhängigkeit durch Frankreich ab.

De Gaulle werden die Hände durch das algerische Volk gebunden

Legitimerweise kann man nach Gründen dieser Verschlechterung der Situation in Schwarzafrika fragen. Wie kann ein derart kolossaler Erfolg, wie er durch das Referendum erzielt wurde, so schnell in eine Niederlage, in einen Niedergang des Kolonialismus verwandelt werden?

Wenn man sich nicht beständig auf das algerische Volk bezieht, riskiert man, die Entwicklung in den Beziehungen zwischen den Kolonien und der französischen Herrschaft nicht genau zu begreifen.

Weil die kolonialistischen Kräfte sich als unfähig erwiesen haben, die nationale algerische Armee zu besiegen, verlieren sie ihr ganzes Prestige und es verschwindet endgültig die Furcht, die sie den kolonisierten Völkern einflößten. Der

Krieg, den das algerische Volk seit vier Jahren führt, ist die Einleitung des französischen Zusammenbruchs in Afrika. Von jetzt an ist der Weg für alle vom französischen Kolonialismus besetzten Länder frei.

Das algerische Volk, getreu seinem Schwur, jede Spur der französischen Herrschaft auszulöschen, fährt in seinem Kampf fort. General de Gaulle sah sich vor dem 15. November gezwungen, autonome Staaten in Schwarzafrika anzuerkennen.

Zu gleicher Zeit verspricht er den Algeriern Beamtenpöstchen.

Die politische Misere, das logische Paradoxon, beides nimmt seinen Fortgang. Aber das ist das Zeichen der Verwirrung, der historischen Blindheit, folglich der Niederlage.

15. Der Krieg in Algerien und die Befreiung des Menschen[30]

Häufig erweisen sich die Analyse und die Einschätzung eines bestimmten Ereignisses als inadäquat und die Schlussfolgerungen als paradox, weil gerade den organischen Verbindungen nicht genügend Rechnung getragen wurde, die zwischen diesem besonderen Ereignis und der historischen Entwicklung des umgebenden Ganzen existieren.

So kann es geschehen, um ein Beispiel zu nennen, dass die gegenseitige Stärkung, die zwischen der Befreiungsbewegung der kolonisierten Völker und dem emanzipatorischen Kampf der ausgebeuteten Arbeiterklassen der imperialistischen Länder stattfindet, manchmal eine Art Vernachlässigung erfährt oder gar in Vergessenheit gerät.

Der Arbeiter und der Kolonisierte …

Der Prozess der Befreiung des Menschen, unabhängig von den konkreten Situationen, in denen er sich befindet, berührt und betrifft die gesamte Menschheit. Der Kampf um die nationale Würde gibt dem Kampf um Brot und soziale Würde erst seine wahrhafte Bedeutung. Diese innere Beziehung ist eine der Wurzeln der ungeheuren Solidarität, die die unterdrückten Völker mit den ausgebeuteten Massen der kolonialistischen Länder verbindet.

Im Verlauf der verschiedenen nationalen Befreiungskriege, die in den letzten zwanzig Jahren aufeinander folgten, ließ sich nicht selten ein gewisser feindseliger, sogar gehässiger Unterton beim kolonialistischen Arbeiter gegenüber dem Kolonisierten feststellen. Und zwar weil das Zurückweichen des Imperialismus und die Umwälzung spezifischer zurückgebliebener Strukturen des Koloniallandes unmittelbar von ökonomischen Krisen begleitet werden, die die Arbeiter des kolonialistischen Landes als Erste zu spüren bekommen. Die Kapitalisten der *Metropole* lassen sich in demselben Maße soziale Verbesserungen und Lohnerhöhungen von ihren Arbeitern entreißen, wie das Kolonialland ihnen ermöglicht, die besetzten Gebiete auszubeuten und zu plündern. Schwierig wird es in dem kritischen Moment, wo die kolonisierten Völker sich in den Kampf stürzen und ihre Unabhängigkeit fordern, in deren Verlauf paradoxerweise das Interesse der Arbeiter und Bauern der *Metropole* dem der kolonisierten Völker entgegenzulaufen scheint. Die Übel dieser »unerwarteten« Entfremdung müssen erkannt und energisch bekämpft werden.

Der Kampf gegen den Kolonialismus, diese besondere Art der Ausbeutung des Menschen durch den Menschen, fällt also unter den allgemeinen Prozess der Befreiung des Menschen. Wenn auch die Solidarität zwischen Arbeitern der *Metropole* und den kolonisierten Völkern Krisen und Spannungen erfährt, lässt sich dies selten zwischen kolonisierten Völkern untereinander feststellen. Die kolonisierten Menschen haben dies gemeinsam, dass man ihnen das Recht, ein Volk zu bilden, bestreitet. Diese grundsätzliche Haltung des Kolonialisten nimmt unterschiedliche Formen an und wird legitimiert und als Folge davon finden sich Rassismus, Hass, Verachtung aufseiten des Unterdrückers und entsprechend Verdummung, Analphabetismus, moralische Lähmung und endemische Unterernährung aufseiten der Unterdrückten.

Die Solidarität der Unterdrückten

Zwischen kolonisierten Völkern scheint eine Art erleuchteter und geheiligter Kommunikation zu bestehen, die bewirkt, dass jedes befreite Land eine Zeit lang in den Rang eines *führenden Landes* erhoben wird. Die Unabhängigkeit eines neuen Landes, die Befreiung neuer Völker werden von den übrigen unterdrückten Ländern als Aufforderung, als Ermutigung, als Versprechen empfunden. Jeder Rückschlag für die Kolonialherrschaft in Amerika oder in Asien verstärkt den nationalen Willen der afrikanischen Völker. Gerade in dem nationalen Kampf gegen den Unterdrücker haben die kolonisierten Völker konkret die Solidarität des kolonialistischen Blockes erfahren und die notwendige Interdependenz der Befreiungsbewegungen.

Die Erschütterung des englischen Imperialismus zum Beispiel kann wahrhaftig nicht von einer Konsolidierung des französischen Imperialismus begleitet sein. Unmittelbar mag es den Anschein haben, als sei dem so. In Wirklichkeit die nationale Flut, die Entstehung neuer Staaten, eine unabwendbare Ebbe der internationalen kolonialistischen Kohorten. Der Auftritt von bisher unbekannten Völkern auf der Bühne der Geschichte, ihr Wille, an der Errichtung einer globalen Zivilisation mitzuwirken, gibt der gegenwärtigen Periode eine entscheidende Bedeutung im Prozess der Humanisierung der Welt.

Der Pakt von Bandung konkretisiert sowohl die physische als auch die geistige Einheit der kolonisierten Völker. Bandung ist die historische Verpflichtung der unterdrückten Menschen, sich gegenseitig zu helfen und den Kräften der Ausbeutung den endgültigen Rückzug aufzuzwingen.

Algerien als »führendes Land«

Der Krieg in Algerien nimmt einen bevorzugten Platz im Prozess der Zerstörung des Imperialismus ein. Seit vier Jahren klammert sich der französische Kolonialismus, der sich von allen am hartnäckigsten in der Nachkriegszeit verhält, mit allen Mitteln an seinem Brückenkopf in Afrika fest. Alle militärischen und politischen Argumente sind ausgespielt worden, um die Repression und die französische Präsenz in Algerien zu rechtfertigen. Die Dimensionen dieses grausamen Krieges haben die internationale Meinung erstaunt und in Verwirrung gebracht. Der französische Kolonialismus hat in Algerien alle seine Kräfte mobilisiert.

Die von Frankreich im Algerienkrieg entfalteten militärischen, ökonomischen und politischen Anstrengungen lassen sich objektiv nur im funktionalen Zusammenhang mit dem gesamten »französischen« Afrika einschätzen. Die algerische Revolution zu besiegen, würde mit Sicherheit heißen, für ein Dutzend Jahre das »nationalistische Ferment« auszulöschen. Das würde gleichzeitig bedeuten, die möglichen afrikanischen Befreiungsbewegungen zum Scheitern zu verurteilen und vor allem die junge tunesische und marokkanische Unabhängigkeit in eine äußerst unsichere und debile Lage zu versetzen. Der französische Kolonialismus in Algerien hat die Geschichte der barbarischen Methoden, die vom internationalen Kolonialismus angewandt werden, beträchtlich bereichert. Zum ersten Mal wohnt man der Mobilisierung mehrerer Jahrgänge bei, der Entsendung von Reservisten der Reduzierung der nationalen Sicherheitsstreitkräfte zugunsten eines Krieges der kolonialen Wiedereroberung. Zu wiederholten Malen verkündeten die französischen Herrschenden einen unmittelbar bevorstehenden Sieg über die algerischen nationalen Streitkräfte. Alle objektiven Konditionen schienen gegeben, um die Niederlage der algerischen Revolution zu realisieren. Jedes Mal hat man eine Art Wunder, eine Erneuerung, einen Wiederbeginn erlebt.

Und dies, weil das algerische Volk sich durch gewaltige internationale demokratische Kräfte unterstützt weiß. Außerdem sind sich die algerischen Massen der Bedeutung ihres Kampfes für den afrikanischen Kontinent bewusst.

Der Krieg in Algerien ist noch lange nicht beendet und am Morgen dieses fünften Kriegsjahres überblicken die Männer und Frauen Algeriens, von einer unbändigen Sehnsucht nach

Frieden erfüllt, mit klarem Kopf den schwierigen Weg, der ihnen noch zu gehen bleibt. Aber die positiven, entscheidenden, unwiderruflichen Resultate, die ihr Kampf für Afrika ermöglicht, nähren ihre Zuversicht und verstärken ihre Kampfkraft.

Während die Protektorate Tunesien und Marokko die Unabhängigkeit erlangen konnten, ohne das französische Imperium grundlegend infrage zu stellen, rückt Algerien durch seinen Status, durch die lange Dauer der Besetzung und das Ausmaß der kolonialistischen Durchdringung, die Frage nach der Zerschmetterung des Imperiums auf kritische Weise in den Vordergrund.

Für den französischen Kolonialismus ist Algerien nicht allein ein neuer Kolonialkonflikt, sondern auch die Gelegenheit für die entscheidende Auseinandersetzung, Grenz- und Testfall in einem. Daher auch reagierten die französischen Streitkräfte im Verlauf dieses Konfliktes mit einer Brutalität und einer Heftigkeit, die so häufig Bestürzung erweckten. Der franko-algerische Konflikt hat das Kolonialproblem in ganz Afrika aufgeworfen. Die übrigen Kolonialmächte in Afrika verfolgen mit Angst und Schrecken die Entwicklung des Krieges in Algerien. Und auf der anderen Seite der Sahara wirft jetzt das unabhängige Guinea seinen *subversiven* Schatten auf die Territorien, die im Moment noch als sicher gelten. Algerien, der Brückenkopf des westlichen Kolonialismus in Afrika, ist schnell zum Wespennest geworden, in das der französische Kolonialismus gefallen ist und das die sinnlosen Hoffnungen der westlichen Unterdrücker zunichte macht.

Der Krieg in Algerien beherrscht seit vier Jahren auf tragische und entscheidende Weise das innen- und außenpolitische Leben Frankreichs. Die Beziehungen Frankreichs mit den übrigen westlichen Ländern, seine diplomatischen oder zuweilen militärischen Auseinandersetzungen mit den arabischen Staaten, die Evolution der kolonialistischen Strukturen der ehemaligen *Französischen Union* reflektieren deutlich die verschiedenen Phasen des Krieges in Algerien.

Aus Angst vor neuen Kolonialkriegen haben manche französischen Politiker ihre Warnungen und Mahnungen vervielfacht: Überdenken wir das Problem unserer kolonialen Besitzungen – das ist der Satz, der seit 1955 im französischen Parlament und in politischen Kreisen immer wiederkehrt. Das *Rahmengesetz* von Herrn Deferre wurde in der Absicht geschaffen, verfrühte nationale Forderungen zu vermeiden.

Aber die Tatsache des Krieges in Algerien, die Details über die kolonialistische Repression, der Heroismus des algerischen Volkes haben das Bewusstsein der Männer und Frauen Afrikas geweckt und erkühnt.

Zu Beginn des Jahres 1958 tritt in allen von Frankreich besetzten afrikanischen Territorien der nationale Wille auf den Plan und immer mehr Parteien werfen immer entschlossener das ernste Problem des bewaffneten Kampfes auf.

In Togo und Kamerun haben die Ereignisse tatsächlich den Charakter eines heimlichen Krieges angenommen. Woanders vervielfältigen die Sklavenaufseher des Kolonialismus ihre beruhigenden Deklarationen. Nun, der aufmerksame Beobachter entdeckt hinter diesen selbstsicheren Erklärungen eine tiefe Angst und Furcht vor dem Zorn des Volkes.

Der Krieg in Algerien hat das koloniale Gleichgewicht in Afrika grundlegend erschüttert. In Afrika gibt es kein besetztes Gebiet, dessen Zukunftsperspektiven nicht durch den Krieg in Algerien von Grund auf verändert worden waren. Das algerische Volk ist sich der Bedeutung des Kampfes, in den es verwickelt ist, bewusst. Seit 1954 hat es die Losung nationale Befreiung Algeriens und Befreiung des afrikanischen Kontinentes aufgestellt. Die leichtfertige Kritik an absoluter Weigerung, in der Frage der Entkolonisierung Etappen aufzustellen, die immer wieder an der FLN geübt wird, berücksichtigt nicht hinreichend die wahrhaft afrikanischen Dimensionen des algerischen nationalen Kampfes.

Der französische Kolonialismus muss sterben

Unter diesen Bedingungen dürfte der Appell General de Gaulles der letzte Versuch des französischen Kolonialismus gewesen sein. Man hat gesehen, dass General de Gaulle nicht die Konsequenzen aus einer Bewegung ziehen konnte, die über ihn hinwegschreitet. Die neue Verfassung lässt der Metropole in der *Communauté* noch einen bevorzugten Platz, räumt aber die unumgängliche Anerkennung autonomer Staaten ein. Die Bildung der madagassischen Republik ist das erste Ergebnis dieser gaullistischen Reform.

Die kolonialistischen Kreise, die ihr Vertrauen in das Eingreifen des von der göttlichen Vorsehung gesandten Generals gesetzt hatten, beginnen sich heute zu fragen, ob sie nicht einen schlechten Handel gemacht haben. Da sie nicht die Konsequenzen aus einer unumstößlichen Forderung gezogen haben, deren Nichterfüllung bedeuten könnte, Frankreich mit in den Abgrund zu reißen, neigen die französischen Kolonialisten dazu, de Gaulle als einen Verräter oder einen *Ausverkäufer* anzusehen. In Wahrheit rettete der General noch einmal die kolonialistischen Interessen, indem er die *Communauté* in das Leben rief, die so beschaffen ist, dass sie der Metropole einen ungleichen Vorteil sichert und wichtige koloniale Strukturen aufrechterhält.

Aus der Konstituierung autonomer Staaten geht der französische Kolonialismus geschwächt hervor. Aber, ohne die Intervention General de Gaulles wäre es in kürzester Frist zum Zusammenbruch des Imperiums gekommen. Offensichtlich Verräter an seinen Auftraggebern, ist General de Gaulle in Wirklichkeit der momentane Retter einer gewissen kolonialen Realität.

16. Algerien in Accra[31]

Der aus fünf Mitgliedern zusammengesetzten algerischen Delegation wurde in Accra ein begeisterter Empfang zuteil. Dieser herzliche Empfang zeugte von der Bedeutung, die die afrikanischen Völker seit einigen Jahren der algerischen Revolution beimessen.

Wir haben uns in Accra überzeugen können, dass die großen Gestalten der algerischen Revolution Ben Bella, Ben M'hidi, Djamila Bouhired in die afrikanische Ruhmesgeschichte Eingang gefunden haben.

Mehreren Mitgliedern unserer Delegation wurde ein Ehrenplatz zugewiesen. Ein Mitglied nahm im Vorsitz des Kongresses Platz und alle anderen wurden durch Akklamation in den Vorsitz oder den stellvertretenden Vorsitz verschiedener Kommissionen gewählt. Diese geschlossene Stellungnahme für das kämpfende Algerien hat offensichtlich den Kolonialisten missfallen, die sich einbilden, dass der Kampf des algerischen Volkes bei den Männern und Frauen Schwarzafrikas kein Echo findet. In Wirklichkeit war in diesem Teil Schwarzafrikas die algerische Revolution niemals mit solcher Eindringlichkeit gegenwärtig; ob es sich um Senegalesen, Kamerunesen oder Südafrikaner handelte, es ließ sich mühelos das Vorhandensein einer fundamentalen Solidarität aller Völker mit dem Kampf des algerischen Volkes, seinen Methoden und seinen Zielen feststellen.

Die algerische Delegation hat vor den Kongressteilnehmern mit eindeutigen Worten das Problem des bewaffneten Kampfes aufgeworfen. Gewisse Beobachter und gewisse Journalisten glaubten in den ersten Stunden des Kongresses berechtigt zu sein, ihren Zeitungen zu kabeln, dass Algerien sich entschieden habe, den antikolonialistischen Kampf mit friedlichen Methoden zu führen.

Einige scheuten sich übrigens nicht, zu verstehen zu geben, dass eine offizielle Verurteilung der revolutionären algerischen Bewegung zu erwarten sei.

Jedoch ist der Kongress vom ersten Tag an in einmütiger Geschlossenheit abgelaufen und der algerische Kampf stellte sich zum einen als der schwache Punkt des Kolonialsystems dar und als Schutzwall der afrikanischen Völker.

Die Kongressteilnehmer gelangten rasch zu der gemeinsamen Überzeugung, dass das Interesse der Kolonialisten an Afrika und die hie und da gemachten Entkolonisierungsangebote nicht der Großzügigkeit oder der plötzlichen Einsicht der Unterdrücker entspringen.

Der Krieg in Algerien hat diesen Kongress auf entscheidende Weise beeinflusst, denn zum ersten Mal erweist sich der Kolonialismus, der Krieg in Afrika führt, unfähig, zu siegen. Und die Kolonialisten, weil sie versäumt haben, dieses Phänomen zu analysieren, sind wieder einmal erstaunt über den Erfolg der algerischen Repräsentanten.

In jedem algerischen Delegierten sah man einen Menschen, der fähig ist, aus den Körpern der Kolonisierten jede Furcht, jedes Zittern und den Komplex der Minderwertigkeit auszutreiben.

Der Kampf des algerischen Volkes wird nicht nur als ein Akt des Heroismus begrüßt, sondern als kontinuierliche, kraftspendende, sich ständig verstärkende Aktion, die in ihrer Entwicklung den Zusammenbruch und den Tod des französischen Kolonialismus birgt.

Auch Guinea wurde Beifall gespendet; aber man war sich bewusst, dass die Unabhängigkeit Guineas eine erste bedeutende Konsequenz des franko-algerischen Konfliktes war.

Im Übrigen haben die auf der Konferenz anwesenden Genossen Minister aus Guinea uns aufgefordert, unserer Regierung die tiefe Dankbarkeit des guineischen Volkes gegenüber dem kämpfenden Algerien zu überbringen.

Und der Ministerpräsident von Ghana, Dr. N'Krumah, ließ es sich nicht nehmen, unsere Delegierten mit als Erste zu empfangen. Über eine Stunde lang wurde das algerische Problem in Zusammenhang mit der Befreiung des afrikanischen Kontinentes erörtert. Der Staatschef von Ghana hat nochmals das algerische Volk im Kampf der Unterstützung und der tatkräftigen Solidarität des Volkes von Ghana und seiner Regierung versichert.

Dr. N'Krumah hat uns die Absicht seiner Regierung mitgeteilt, demnächst die Provisorische Regierung der Algerischen Republik anzuerkennen.

17. Accra: Afrika stärkt seine Einheit und legt seine Strategie fest[32]

1884 beschlossen die in Berlin versammelten westlichen Nationen, den afrikanischen Kontinent untereinander zu teilen und begründeten auf legale Weise das Kolonialregime.

Durch die Evolution der Kräfteverhältnisse auf der Welt, der Entstehung neuer Mächte sind die westlichen Nationen gezwungen worden, zurückzuweichen und sich aus einer großen Anzahl ihrer Besitzungen zurückzuziehen.

Nach Asien: Afrika

Asien ist jetzt vom Kolonialismus befreit und Länder wie China, das bis auf den heutigen Tag von einer Art absolutem Elend geschlagen zu sein scheint, schaffen so etwas wie eine neue, diesmal unverfälschte Zivilisation, die den Menschen angeht und von ihm ausgeht.

Aber der afrikanische Kontinent ist immer noch weitgehend von den Kolonialmächten besetzt und jetzt, nach Bandung, nach der afroasiatischen Konferenz von Kairo, versammeln sich die afrikanischen Völker hier in Accra, der Hauptstadt des unabhängigen Ghana, um den Grundstein für Taktik und Strategie des Kampfes, mit dem langfristigen Ziel der Vereinigten Staaten von Afrika, zu legen.

Eine »biologische« Solidarität

In Accra haben sich die politischen und gewerkschaftlichen Organisationen des afrikanischen Kontinentes getroffen; ihre gemeinsame Ideologie: nationaler Wille gegen Fremdherrschaft; ihre Taktik: die Kolonisatoren einen nach dem anderen schwächen; ihre Strategie: die Manöver und die Verschleierungsversuche des Unterdrückers vereiteln.

Was den Beobachter in Accra überrascht hat, war die Existenz auf ganz spontaner Ebene, einer organischen, ja sogar biologischen Solidarität. Aber außer dieser Art affektiver Übereinstimmung gab es sehr wohl die Sorge, einheitliche Ziele aufzustellen und auch den Willen, alle gegebenen Mittel einzusetzen, um den Kolonialismus vom afrikanischen Kontinent zu vertreiben.

Diese Männer und Frauen hatten sich versammelt, um sowohl die Natur des Kolonialismus, dem sie unterworfen sind, darzulegen, als auch die Art eines möglichen Kampfes zu untersuchen, als auch ihre Offensiven festzulegen, um den Kolonialismus, dessen Formen immer sich gleichen, nach und nach in die Enge zu treiben. Deshalb wurden sehr schnell über die Kommissionen hinaus Kontakte zwischen allen Ländern hergestellt; Ländern unter Schutzherrschaft, den besiedelten Kolonien vom Typ Südafrika, Kenia, Algerien und den Staaten der *Communauté*, die im Wesentlichen von Afrikanern, d. h., Franzosen vertreten wurden.

Den unabhängigen Staaten wurde in Accra ein enthusiastischer Empfang bereitet. Es sind dieselben Staaten, die diese Versammlung im April 1958 für unbedingt notwendig hielten, um die Befreiung des afrikanischen Kontinentes zu beschleunigen.

Die RAU, Tunesien, Ghana, Äthiopien usw. beschickten diese Konferenz mit Männern und Frauen, die den kämpfenden Völkern des bedingungslosen Beistandes ihrer Regierungen versichern sollten. Die junge guineische Republik, vertreten durch drei ihrer Minister, wurde vom Kongress enthusiastisch empfangen.

Gewalt und Gewaltlosigkeit: das Ziel und die Mittel

Im Verlauf dieser Konferenz standen mehrere Probleme zur Debatte. Die zwei wichtigsten schienen das Problem der Gewaltlosigkeit und das Problem der Zusammenarbeit mit der ehemalig herrschenden Nation gewesen zu sein.

Es ist offensichtlich, dass diese Probleme miteinander verknüpft sind. Das Ende der Kolonialherrschaft, das durch friedliche Formen und durch das Verständnis des Kolonialisten erreicht wird, könnte unter gewissen Umständen zu einer neuartigen Zusammenarbeit beider Nationen führen. Die Geschichte zeigt jedoch, dass es keine kolonialistische Nation akzeptiert, sich zurückzuziehen, ohne dass nicht alle ihre Möglichkeiten zur Fortdauer ihrer Herrschaft ausgeschöpft wären.

Das Problem einer gewaltlosen Entkolonisierung aufwerfen, heißt weniger von den Kolonialisten eine plötzliche Humanität erwarten, als vielmehr auf die Tatsache der veränderten Kräfteverhältnisse auf internationaler Ebene vertrauen.

Es ist zum Beispiel klar, dass Frankreich einen Prozess der Entkolonisierung in Schwarzafrika in Gang gesetzt hat.

Diese gewaltlose Neuerung ist durch das sukzessive Scheitern des französischen Kolonialismus in anderen Gebieten möglich gemacht worden.

Jedenfalls haben die in Accra anwesenden Repräsentanten der afrikanischen Nationen unter französischer Herrschaft eindeutig die Manöver des französischen Imperialismus verurteilt.

Die Fallen des Neokolonialismus

Die Kongressteilnehmer haben rückhaltlos diejenigen Afrikaner verurteilt, die, um am Ruder zu bleiben, sich nicht gescheut haben, die Polizei zu mobilisieren, um die Wahlen zum letzten Referendum zu verfälschen und um ihre Länder zu einer Assoziation mit Frankreich zu verpflichten, die auf lange Jahre hinaus den Weg der Unabhängigkeit ausschließt. Die wenigen Delegierten, die in Vertretung dieser Marionettenregierungen in Französisch-Afrika gekommen waren, sahen sich mehr oder weniger aus den Kommissionen ausgeschlossen.

Dagegen wurde den Vertretern Kameruns, an deren Spitze sich Dr. Félix Moumié befand, bei der letzten UNO-Sitzung wärmstens Beifall geklatscht. Andere Länder haben ihre Unabhängigkeit zu einem befristeten Zeitpunkt erkämpft: Kamerun, Tanganyika, Somalia.

1960 werden nahezu 60 Millionen Afrikaner ihre Unabhängigkeit erlangen. Außerdem ist die belgische Regierung, durch die Erschütterungen, die Afrika heimsuchen und die starke Position der nationalistischen Bewegungen Belgisch-Kongos, beunruhigt, im Begriff, offiziell den nationalen Forderungen Belgisch-Kongos Rechnung zu tragen. Sie beabsichtigt im Monat Januar ein Programm zur etappenweisen Durchführung der Unabhängigkeit von 20 Millionen Kongolesen vorzulegen.

Es ist nicht ausgeschlossen, dass die belgischen Kolonialisten nochmals versuchen werden, diesen Zeitplan hinauszuschieben; man muss Vertrauen in die kongolesischen Massen setzen, um in kürzester Frist die Demokratische Republik Kongo zu erzwingen.

Einerseits weichen Belgien, England in Nigeria und Tanganyika, Frankreich in Guinea zurück und andererseits baut Portugal in seinen Besitzungen das Polizeiregime aus. Mit tiefer Bewegung sind die Delegierten Angolas empfangen worden und beim Anhören der diskrimierenden und unmenschlichen Maßnahmen, die von den portugiesischen Behörden angewandt werden, wurden alle von ungeheurem Zorn erfasst. Ganz offenbar sind Angola, Südafrika und Algerien die Zitadellen des Kolonialismus und wahrscheinlich die Gebiete, in denen sich die europäische Bevölkerung mit der größten Verbissenheit und Grausamkeit verteidigt.

Diesbezüglich muss betont werden, dass die Südafrikanische Union versucht, Basutoland und Swasiland zu annektieren und sich mit Rhodesien, einer weiteren Siedlerkolonie, zu vereinigen.

Diese Kolonisierung nach der Kolonisierung ist sicherlich eines der bemerkenswertesten Phänomene dieser Epoche der Befreiung des Kontinentes.

Die afrikanische Legion

In den Siedlerkolonien vom Typ Kenia, Algerien, Südafrika ist man sich über eines im Klaren: Nur der bewaffnete Kampf wird die Niederlage der Besatzernationen herbeiführen. Und die afrikanische Legion, für die in Accra der Grundstein gelegt wurde, ist die konkrete Antwort der afrikanischen Völker auf den Willen der Europäer zur kolonialen Herrschaft.

Die afrikanischen Völker, indem sie sich zur Schaffung von Freiwilligencorps in allen Ländern entschlossen, wollen mit dieser Maßnahme eindeutig ihre Solidarität mit den anderen Völkern zeigen und bringen auf diese Weise zum Ausdruck, dass die nationale Befreiung mit der Befreiung des Kontinentes verknüpft ist.

Die kämpfenden Völker, in der Überzeugung, dass ihre afrikanischen Brüder ihren Kampf teilen und bereit sind, auf den ersten Wink ihrer Führung direkt einzugreifen, sehen in Zukunft heiterer und optimistischer.

Auf den Massenversammlungen, die in Ghana, Äthiopien, in Nigeria veranstaltet wurden, haben Hunderte von Menschen den Schwur getan, ihren algerischen oder südafrikanischen Brüdern zu Hilfe zu eilen, sobald diese den Wunsch äußern sollten.

Afrika muss frei sein, hat Dr. N'Krumah bei dieser Eröffnungsrede gesagt, wir haben nur unsere Ketten zu verlieren und wir haben einen riesigen Kontinent zu gewinnen. In Accra haben sich die Afrikaner Treue und Beistand geschworen. Man wird keine Hilfe zurückweisen. Am Morgen nach der Konferenz in Accra sah die Zukunft des Kolonialismus niemals düsterer aus.

18. Die verzweifelten Anstrengungen des Herrn Debré[33]

Herr Michel Debré, französischer Regierungschef, hat sich jüngst nach Algerien begeben. Er hat mit der kolonialistischen Verwaltung Gespräche geführt und hat das Programm seiner Regierung erläutert.

»Die Autorität Frankreichs in Algerien«, sagt er, »ist ein Erfordernis der Geschichte, der Natur, der Moral.« Diese Erklärung wurde in einer Rede vor Kriegsveteranen noch verdeutlicht: »Es ist notwendig, dass alle Algerier endgültig wissen und begreifen, dass jeder Bewohner dieses Landes französischer Bürger ist mit denselben Rechten wie nur irgendein Bürger der Metropole und dass die Regierung es unter keinen Umständen hinnehmen wird, dass dieses Recht infrage gestellt wird« und noch in einer weiteren kurzen Ansprache des französischen Ministerpräsidenten: »Die Wahrheit ist die, dass Algerien ein Land unter französischer Souveränität ist«. Dies alles zeigt sowohl die unveränderte Haltung der französischen Bevölkerung in Algerien als auch die ungeheure Kluft, die gegenwärtig zwischen dem nationalen Willen des algerischen Volkes und der französischen, kolonialistischen Hartnäckigkeit besteht.

Eine verfälschte historische Epoche

Dem Programm des Herrn Debré liegt ein außerordentlich orthodoxer kolonialistischer Dogmatismus zugrunde.

Es wird behauptet, dass mit der Eroberung historische Bande geschmiedet werden. Die neue Zeit, die mit der Eroberung ihren Anfang nahm, diese kolonialistische Zeit, weil durchdrungen von kolonialistischen Werten, weil ihre

Daseinsberechtigung aus der Negation der nationalen Geschichte ziehend, wird durch einen absoluten Faktor bestimmt. Die Geschichte der Eroberung, die historische Entwicklung der Kolonisierung und der nationalen Entäußerung werden an Stelle der wirklichen Geschichte der ausgebeuteten Menschen gesetzt.

Und der Wille, mit der Ausbeutung und der Verachtung zu brechen, den die Kolonisierten im Moment ihres nationalen Befreiungskampfes äußern, wird von der kolonialistischen Macht als Zeichen von Barbarei und Regression verworfen.

Der Kolonialist kann, durch einen ziemlich banalen Denkmechanismus, sich einfach nicht mehr vorstellen, dass er keine Rolle mehr spielen sollte. Sein Einbruch in die Geschichte des kolonisierten Volkes wird glorifiziert, wird zu einer absoluten Notwendigkeit umgemünzt.

Aber gerade die *historische Betrachtung der Geschichte* erfordert im Gegenteil, dass der französische Kolonialist sich zurückzieht, weil der Anbruch der nationalen Epoche in Algerien historisch notwendig geworden ist.

Die historische Forderung des Herrn Debré ist das intellektualistische Äquivalent zur alten kolonialistischen Formel: »Wir sind es, die Algerien geschaffen haben.«

Was sich also als Treue zur Geschichte ausgibt, ist in Wirklichkeit und letztendlich Untreue zur Geschichte, nichts als die Weigerung, mit der Periode der Entkolonisierung Schritt zu halten, nichts als Ungehorsam gegenüber der Geschichte.

Im Jahre 1959 macht die Geschichte selbst es erforderlich, dass die zehn Millionen Algerier ihr Schicksal in die Hände nehmen. Seit mehr als vier Jahren haben sich die aufeinanderfolgenden französischen Regierungen als unfähig erwiesen, dieses Problem objektiv zu interpretieren. Die

Erklärungen des Herrn Debré unterscheiden sich in nichts von denen, die von den Herren Léonard oder Soustelle gemacht wurden: »Frankreich ist in Algerien und wird dort bleiben«, wie sie 1954 sagten.

Und 1959: »Frankreich wird bleiben«.

Von den Anhängern des Kolonialismus wird im Allgemeinen noch ein weiteres Thema beschworen, das von der unauflösbaren Union zwischen Frankreich und Algerien.

Eine gewollte Geografie

Da diese Union weder sentimentaler noch intellektueller Art sein kann, ist sie also geografisch. Und mal ist Frankreich die europäische Verlängerung Algeriens, mal Algerien die afrikanische Verlängerung Frankreichs.

Die internationalen Schwierigkeiten Europas geben dieser geografischen Union eine zunehmende prononciertere Bedeutung. Im Rahmen des Verteidigungssystems des Westens nimmt das algerische Territorium einen bevorzugten Platz ein. Und das ist es, was die verschiedenen Verteidiger eines französischen Algeriens vorzubringen haben. Und in eben diesem Sinne wird das Problem von Debré beschworen: »Wir müssen andererseits verstehen, dass die Freiheit und der Fortschritt, die Sicherheit und der Friede in diesem Teil der Welt mit dieser Einheit verbunden sind: auf der einen Seite des Mittelmeeres die Metropole Frankreich, das Tor zu Europa, und auf der anderen Seite Algerien, der Brückenkopf in Afrika. Jeder Anschlag auf diese Einheit ist ein Unsicherheitsfaktor! Jede Stärkung dieser Einheit ist ein Unterpfand des Friedens. Frankreich muss es sich also zur Pflicht machen, mehr denn je diese Einheit zu stärken und niemand soll sich über diesen seinen Willen im Unklaren bleiben.«

Also muss Algerien französischer Boden bleiben, denn die strategischen Notwendigkeiten Europas und Frankreichs machen es erforderlich. Die Geografie des Herrn Debré ist jedoch eine Geografie, die von der Wunschvorstellung ausgeht, dass die Autorität Frankreichs in Algerien ein Erfordernis der Natur sei. Es ist die natürliche Ordnung, die Frankreich zur Aufrechterhaltung des Kolonialregimes zwingt. Aber wenn erst einmal ein Regime oder die Menschen anfangen, ihre politischen Handlungen von geografischen Linien auf dem Globus bestimmen zu lassen, dann handelt es sich um Faschismus und Nazismus.

Indem sie mithilfe ihrer Einbildungskraft geografische Linien verändern, setzen solche Regierungen den Frieden in der Welt auf das Spiel. In Wirklichkeit wollen sie nur ihrer Fantasie freien Lauf lassen, wollen das, was man seit Jahrzehnten die natürlichen Grenzen nennt, ausweiten, wodurch dann ganze Völker in Blut und Elend gestürzt werden.

Die Geografie Algeriens erfordert in erster Linie, das dürfte für niemanden ein Geheimnis sein, dass dieses Land unabhängig wird. Und danach, gewiss, wird es seinen Platz im Maghreb, in Afrika und in der Welt einnehmen. Aber das nationale Schicksal Algeriens zu leugnen, im Namen einer *größeren franko-algerischen Union*, ist ein Betrug. Aber darin hat Herr Debré ja Übung. Seit vier Jahren haben sich in den französischen Regierungen gewisse Traditionen eingebürgert.

Über die Geschichte und die Natur kommt Herr Debré dann schließlich auf die Moral zu sprechen. Und auch hier findet er mühelos, wie es scheint, zu den großen Prinzipien des Ultrakolonialismus zurück: »Was werden die Algerier ohne uns machen?« Die Siedler von Mitidja sagten immer und sagen noch: »Diese Weinberge werden sich innerhalb von vier Jahren in Sümpfe verwandeln.«

Herr Debré sagt nichts anderes: »Man will Algerien in Elend, in das Verderben und die Barbarei stürzen.«

Eine Moral zugunsten der Ausbeutung

Und noch ein Thema. Nur Frankreich kann zum Besten Algeriens wirken.

Nur Frankreich kann ökonomisch die Last Algerien auf sich nehmen. All dies, Herr Debré sagt es in Algier von Neuem.

»Frankreich hat eine Verpflichtung ökonomischer Art … Frankreich hat eine Verpflichtung sozialer Art … Frankreich hat eine menschliche Verpflichtung, denn Frankreich allein ist in der Lage … diese Union, diese geistige Verbrüderung, die Algerien einen so einzigartigen Charakter und eine so einzigartige Stellung in der Welt verleiht, zu verwirklichen und zu verstärken.«

Zeichen der Zeit! Zu Beginn der Eroberung wurde zu diesem Vorwand gegriffen. Kampf gegen die Barbarei, das Elend, die Zurückgebliebenheit. Heute, nach 130 Jahren der Ausbeutung, die sich paradoxerweise zu einem Anrecht verwandelt hat, sind es die Geschichte, die Strategie, der Kampf der Blöcke, die an erster Stelle stehen. Die französische Moral, die französischen Werte allein ermöglichen es, Algerien seinen Platz in den »menschlichen Regionen« zu erhalten. Der Fortgang Frankreichs, warnt uns Herr Debré, würde den Rückfall Algeriens in die Steinzeit, würde Zurückgebliebenheit und Verdummung bedeuten.

Acht Monate nach der Machtergreifung General de Gaulles sind wir wieder bei den ersten Monaten des Befreiungskampfes unseres Volkes angekommen: »Frankreich ist in Algerien zu Hause, denn Algerien ist das Werk Frankreichs. Frankreich braucht Algerien, denn was würde Frankreich ohne Algerien machen. Algerien braucht Frankreich, denn was würde Algerien ohne Frankreich machen.«

Und abschließend wird Herr Debré in einer persönlichen Ansprache ganz deutlich: »Wer kann an den Beschlüssen General de Gaulles zweifeln, wenn nicht böswillige Köpfe mit rückschrittlichen Ideen? Wer wagt, wenn nicht böswillige Köpfe mit rückschrittlichen Ideen, zu zweifeln, wenn General de Gaulle doch erklärt hat, dass es keine politischen Verhandlungen geben wird?«

Die V. Französische Republik scheint nicht einfallsreicher zu sein als ihre Vorgängerin. Es werden dieselben Behauptungen mit derselben blinden Halsstarrigkeit aufgegriffen, derselben Verachtung der Realitäten, demselben Geschichtsverständnis.

1959 behaupten, dass alle Algerier Franzosen sind, dass Frankreich in Algerien bleiben wird und dass es keine politischen Verhandlungen geben wird, bedeutet gegen jede Einsicht sich weiter auf den Weg der Intensivierung des Krieges zu begeben.

Das heißt unbestreitbar, Verhandlungen und der Vernunft den Rücken kehren.

Es ist wahr, dass diese Blindheit nicht Ergebnis eines Irrtums ist. Frankreich und seine Regierung werden immer noch von kolonialistischen Interessen beherrscht. Seit dem 13. Mai sind wir Zeugen der Allianz dieser traditionellen Interessen mit allen faschistischen und militärischen Strömungen, die in Frankreich immer sehr stark waren (Boulanger, De la Rocque, Pétain …) und einer gewissen Fraktion des Großkapitals.

Solange diese Allianz nicht aufgelöst wird, werden die französischen Ministerpräsidenten dazu verdammt sein, sich in ihren Deklarationen an der ultrakolonialistischen Tradition zu orientieren.

Man muss sich darüber im Klaren sein, dass es noch lange dauern wird, bevor der kolonialistische Block durch die Entwicklung der Widersprüche auseinanderfällt.

Heute wie vor vier Jahren lautet die Losung immer noch, den bewaffneten Kampf vorantreiben. Alle Ablenkungsmanöver des Gegners müssen zunichtegemacht werden.

Die Bedingungen für Verhandlungen sind auf französischer Seite noch lange nicht gegeben. Das Programm des Herrn Debré ist, Krieg zu führen, die algerische Nation zu negieren, die Annektierung des Landes voranzutreiben.

Es ist, wie Yazid, Informationsminister, es 1959 ausdrückte in Bezug auf die französische Souveränität in Algerien: reiner Wahnsinn. Ein anderes Wort dafür gibt es nicht.

19. Rassistischer Terror in Frankreich[34]

Seit zwei Jahren, im Gefolge der Kommandoaktionen der ALN auf französischem Boden (um einmal die bereits sehr aktive Konterrevolution zu neutralisieren, um zum anderen gegen bestimmte Folterknechte der französischen Polizei vorzugehen), kann man beobachten, wie spontan rassistische Einstellungen und hemmungslose Diskriminierung der Nordafrikaner aus dem Boden schießen. Das Misstrauen gegenüber Arabern wird direkt zur zweiten Natur. Noch ein Schritt weiter und die Jagd kann beginnen. Wie man weiß, ist dies die Periode, wo sogar ein Südamerikaner von Kugeln durchbohrt wurde, weil er einem Nordafrikaner ähnlich sah.

Die tunesischen und marokkanischen Bürger müssen gleicherweise unter diesem Rassismus leiden. Tunesische Arbeiter werden verhaftet, interniert, betrogen … marokkanische Studenten werden aufgegriffen und in den Büros der Sicherheitspolizei verhört … In den Straßen unfreundliche, erniedrigende Bemerkungen, die sich sowohl an die Person als auch an die betreffenden jungen Staaten richten.

Wie man weiß, ist dies die Zeit, wo jeder Nordafrikaner der ständigen Meldepflicht unterliegt, wo zahlreiche tunesische Arbeiter sich entschlossen, auf nationales Territorium zurückzukehren.

Bei dieser Gelegenheit bürgerte sich die Behauptung ein, dass allein die Algerier an diesem Stand der Dinge schuld seien und dass es allein von den Algeriern abhängt, dieser generellen Verdächtigung aller Nordafrikaner ein Ende zu bereiten.

Dann wäre diese aggressive und hasserfüllte Einstellung also nicht eine Komponente der sozialen und geistigen

Strukturen des französischen Volkes, sondern einfach eine physische Reaktion der Selbstverteidigung, wobei natürlich schwerlich ein Unterschied zwischen den verschiedenen Bewohnern des Maghreb gemacht werden kann. Die jüngsten Ereignisse, die sich auf französischem Territorium abgespielt haben, verdienen hier genannt zu werden. Sie werden uns ohne jeden Zweifel zeigen, dass die Konfusion in der Auffassung vom *Metöken* nicht auf das Konto einer bedauerlichen Unwissenheit zu buchen ist, sondern ihre Rechtfertigung in einem gleichwohl banalen Prinzip findet, das zur Folge hat, dass immer brutalere Formen des Rassismus sich in wahrhaft explosiver Folge einbürgern.

Ein niedergestochener Schriftsteller

Die erste Tatsache ist das Attentat, das vor drei Wochen auf den jungen Schriftsteller Oyono verübt wurde. Der Autor von *Ein Leben als Boy* verließ ein Restaurant in Begleitung einer Frau. Man stürzte sich auf das Paar, die Frau wurde in obszöner Weise beleidigt, geohrfeigt, mit Füßen getreten. Oyono widersetzte sich seinen Angreifern, bis er, mit einem Dolch im Rücken, zu Boden stürzte.

Er musste in aller Eile in ein Pariser Krankenhaus eingeliefert werden. Eine Bluttransfusion konnte ihn retten. Heute ist er einigermaßen wiederhergestellt und erklärte öffentlich, dass er sich auf französischem Territorium nicht in Sicherheit fühlt und seine Abfahrt vorbereitet.

Wie soll man dieses Ereignis interpretieren? Es handelt sich nicht um ein Attentat, das sich speziell gegen diesen farbigen Menschen richtete, noch um einen Diebstahlsversuch. Es handelt sich, wie seine Urheber betont haben, um eine Lektion, die der Frau (die eine Weiße war) erteilt werden sollte und um eine Warnung an die Neger. Die Meute stürzte sich auf Oyono mit dem Ruf: »Tod den Negern!«

Bevor Oyono ohnmächtig wurde, hat er der Polizei einen seiner Angreifer bezeichnen können. Bis zum heutigen Tag kennt man nicht den Namen dieses Angreifers und trotz entschiedener Stellungnahmen mehrerer Organisationen ist es zweifelhaft, ob diese Affäre gerichtliche Folgen haben wird. Bleibt noch zu sagen, dass sich dies inmitten des Quartier Latin abspielte, das heißt inmitten eines Intellektuellenviertels, das von Studenten aller Nationen bewohnt wird. Niemand war dem Angegriffenen zu Hilfe geeilt und nach verübter Tat konnten die Angreifer in aller Ruhe verschwinden.

Ein antirassistischer Film wird attackiert …

Mit der Absicht, den alltäglichen Rassismus in den Vereinigten Staaten und sonst wo zu bekämpfen, sind bereits mehrere Filme gedreht worden. Der jüngste dieser Art, *Tripes au Soleil*, über den sehr vieles zu sagen wäre, lief vor Kurzem in Paris an. Von der ersten Vorführung an entfesselten junge Pariser einen Heidenlärm, zerschlugen die Stühle, beschmierten die Leinwand und demonstrierten am Ende der Vorführung ihren Unwillen. Rufe wie »Nieder mit den Negern«, »Es lebe Hitler« waren zu hören und die Polizei »zerstreute die Demonstration«.

Seit mehreren Wochen werden auf antifaschistische Organisationen systematisch Überfälle verübt. Eine der aktivsten Bewegungen, die MRAP, die gegen Rassismus, Antisemitismus und für den Frieden ist, die mit als erste Stellung gegen den Krieg in Algerien und für die Anerkennung der algerischen Nation bezogen hat, ist das Ziel ununterbrochener Überfälle. Ihre Lokale werden beinahe täglich gestürmt und ihre führenden Mitglieder sind das Ziel von Drohungen und Gewalttaten. Ebenfalls seit einigen Wochen erscheinen auf den Häuserwänden in Paris Hakenkreuze. Aber eben diese Hakenkreuze konnte man schon seit Langem in Algier und Constantine sehen.

Wenn in Frankreich schon an helllichtem Tag ein antirassistischer Film attackiert wird von einer Organisation, die sich nicht scheut, den Slogan *Tod den Negern!* zu proklamieren, dann kann man sagen, dass es in Frankreich um die Demokratie sehr schlecht bestellt ist und dass die Neger gut daran täten, das Schiff zu verlassen. Nun aber, wird man sagen, muss man sich davor hüten, diese Tatsachen zu verallgemeinern.

Handelt es sich nicht einfach um vorübergehende Manifestationen, die vom Gesetz bekämpft werden und einhellig vom französischen nationalen Gewissen verurteilt werden? Man wartet besser noch ein bisschen ab. Vielleicht so lange, bis solche Manifestationen nicht mehr spontan entstehen? Dass es sie gibt, dass sie Gestalt annehmen können, ist darauf zurückzuführen, dass der Rassismus in Form von Überlegenheitsdünkel und Diskriminierung sich im nationalen Bewusstsein schon hinreichend niedergeschlagen hat. Diese Manifestationen, bei denen sich das Herz Luft machen konnte, entspringen einerseits der mangelhaften französischen Erziehung bezüglich der übrigen Menschheit und sind andererseits Konsequenz jahrhundertelanger Kolonialherrschaft.

General de Gaulle selbst, bei seiner letzten Ansprache in Blois, hat er nicht auf wunderbare Weise eben diesen Weg des Herzens wiedergefunden?

Als er von der Notwendigkeit sprach, in Europa eine Übereinstimmung zu finden, hat er da nicht gesagt, dass wir »Weißen und Zivilisierten, wir müssen eine Grundlage der Verständigung finden«? Man denkt unfehlbar an den Abschnitt bei dem schwarzen Poeten Césaire: »Das, was er (der humanistische Bourgeois des XX. Jahrhunderts) Hitler nicht verzeiht, ist nicht das Verbrechen als solches, das Verbrechen an dem weißen Mann, sondern in Europa kolonialistische Methoden angewandt zu haben, die bisher nur den Arabern in Algerien, den Koolis in Indien und den Negern in Afrika vorbehalten waren.«

Ja, wenn der Rassismus in Frankreich erst einmal solche Ausmaße annimmt, ist es an der Zeit, dass die Neger das sinkende Schiff verlassen. Ist es Zeit für die Mitglieder der *Communauté Française* sich zu entscheiden, ob ihr Platz noch an Seiten derer ist, die sich noch nicht von den Vorurteilen gegenüber der schwarzen Rasse beifreit haben, noch von der Niedertracht und dem Hass.

20. Unter französischer Herrschaft fließt Blut auf den Antillen[35]

Sogar die *alten* Kolonien beschreiten schließlich den Weg der *Rebellion*. Diese Perlen des Imperiums, diese verstümmelten Länder, die so viele gute und treue Diener hervorbrachten, fangen an, in Bewegung zu geraten.

Jeder Antillese, jedermann aus Guyana wird heute, egal wo er sich befindet, tiefen Schmerz empfinden. Hatten doch die Franzosen, nachdem sie auf üble Weise die Araber, die Madagassen und die Indochinesen kategorisiert hatten, zugestanden und anerkannt, dass bei den Antillesen die Dinge ganz anders lägen.

Die Antillesen, so hörte man immer wieder, sind Franzosen, wie die Korsen. Und es gab ungeheuer viele Antillesen und Antillesinnen, die dies glaubten. Sicherlich flammte von Zeit zu Zeit Rassismus auf, sicherlich haben die antillesischen Siedler die Landarbeiter unterdrückt und zu Krankheiten mit endemischen Folgen verurteilt, aber der Titel eines französischen Bürgers hat doch wohl diese wenigen Unannehmlichkeiten wettgemacht. Sicherlich verließen jedes Jahr dreihundert Tonnen Gold das Territorium von Guyana, um die Verliese der Bank von Frankreich aufzufüllen, aber ein Herr Monnerville, einer der ersten Bürger Frankreichs, war das nicht zugleich Symbol und Abtragung einer Schuld?

Dennoch, trotz dieser ungeheuren Vergiftung, trotz dieses enormen Betruges, fanden sich Martiniquesen, um den offenen Kampf gegen die französischen Streitkräfte aufzunehmen, Kommissariate zu überfallen und Straßen zu unterbrechen. Es fanden sich Martiniquesen, die 300 Jahre französischer Präsenz von sich abschüttelten, die ihre Waffen hervorholten und Fort-de-France für mehr als sechs Stunden besetzt hielten. Tote! Die gab es. Und Verwundete auch.

Fünfzehn Tote, sagt man uns, mehrere Dutzend Verwundete und Hunderte von Verhaftungen.

Verstärkungen wurden nach den Antillen verschifft und um diese scheinbar bedrohliche Bewegung zu zerschlagen, wird Guadeloupe mit Marinesoldaten, mit CRS und Infanteristen überschwemmt. Der französische Informationsdienst behauptet, dass dieser Aufruhr seinen Ursprung in einem banalen Verkehrsunfall habe. Vielleicht. Aber wie konnte er so plötzlich um sich greifen? Wie kommt es, dass eine Bevölkerung mit solcher Heftigkeit reagiert, mit solcher Wut? Wie kommt es, dass die CRS mit solcher Überstürzung, mit solcher Rücksichtslosigkeit auf das Leben der *Mitbürger* reagiert?

In Wirklichkeit ist das Problem nur klar und deutlich sichtbar gemacht worden. Umso besser. Die Fiktion von den *Französischen Antillen*, die Formel »Für den Antillesen gibt es keine Probleme«, beides ist infrage gestellt worden. Und das ist gut so. Die alten Politiker, assimiliert, durch und durch *krank*, die seit Langem nur noch ihre bornierten Interessen und ihre eigene Mittelmäßigkeit vertraten, müssen heute recht beunruhigt sein. Sie entdecken plötzlich, dass die Martiniquesen von Frankreich sehr wohl als Rebellen behandelt werden können. Sie entdecken auch die Existenz eines rebellischen Geistes, eines nationalen Geistes.

Nach dem von Frankreich organisierten Referendum hat man Césaire um den Grund seines *Ja* für de Gaulle gefragt. Es ist so, hatte er geantwortet, dass die Martiniquesen mit der V. Republik einen Handel eingegangen sind. Unser *Ja*, sagte Césaire, ist ein bedingtes *Ja*. Frankreich verpflichtet sich, unsere Lebensbedingungen zu verbessern und uns gewisse Rechte auf lokaler Ebene einzuräumen. Nun gut. Es scheint aber, als ob das Volk bezüglich dieses Handels seine Zweifel hegt und stattdessen die nationale Frage aufwirft. Die antillesische Frage, die Frage der karibischen Föderation kann nicht mehr lange ignoriert werden. Das ehemalige Holländische und Britische Guyana, heute unabhängig, üben auf das Französische Guyana eine starke Anziehungskraft aus. Die Antillen unter britischer Herrschaft erlangen ihre Unabhängigkeit. Castro auf Kuba gibt den karibischen Inseln ein neues Gesicht. Jawohl, das Problem ist gestellt worden.

Im Augenblick wird es den französischen Streitkräften und ihren Alliierten, den einheimischen Politikern, Abgeordneten und Senatoren, ohne jeden Zweifel gelingen, diese ersten Manifestationen des nationalen Geistes zu zerschlagen. Aber wir wissen jetzt, dass die Menschen von Guadeloupe, von Martinique und aus Guyana ihre Unabhängigkeit erlangen werden und ihre jeweiligen Heimatländer nach ihrem Willen aufbauen werden. Das algerische Volk versichert die Menschen von den Antillen und aus Guyana seiner brüderlichen Sympathie und ermuntert sie, ihre Kampfeskraft zu verstärken. Die Soldaten, Unteroffiziere und Offiziere, die aus den Antillen und Guyana gegen ihre algerischen Brüder kämpfen, während ihre Völker in Fort-de-France und Basse-Terre von französischen Truppen niedergemäht werden, müssen desertieren und sich weigern, zu kämpfen. Man weiß jetzt, dass zwischen dem Krieg in Algerien und den jüngsten Ereignissen, die die Antillen mit Blut überzogen haben, Verbindungen bestehen. Ehemalige französische Funktionäre aus Nordafrika, die aus Marokko und Tunesien vertrieben wurden, und Leute, die sich in Algerien zu sehr kompromittiert haben, provozieren den Aufstand der Massen von Martinique. Die brutale Reaktion des Volkes von Martinique zeigt lediglich, dass die Stunde gekommen ist, die Probleme zu klären und die Missverständnisse zu beseitigen.

21. Einheit und effektive Solidarität sind die Bedingungen der afrikanischen Befreiung[36]

Dem aufmerksamen Beobachter, der die Entwicklung des afrikanischen Kontinentes seit zwei Jahren verfolgt, zwingt sich eine Schlussfolgerung mit besonderer Klarheit auf: Die abhängigen Völker, die unter fremder Herrschaft stehen, erringen allmählich ihre nationale Souveränität.

Nach Ghana, Guinea werden jetzt Kamerun (französisches Protektorat), Togo und Somalia (italienisches Protektorat) und Nigeria unabhängig. Die Erschütterungen, von der die neu geschaffene *Communauté Française* heimgesucht wird, die manchmal indirekt und manchmal offen gestellten Forderungen der Führer der verschiedenen Länder der *Communauté* erlauben keinen Zweifel. Ein Prozess ist in Gang gebracht worden. Unwiderruflich, könnte man sagen, wenn man stereotypen Formeln Glauben schenken will.

Das Werk der Geschichte ist das Werk des Menschen

Die einheimischen Beobachter begnügen sich jedoch mit der allgemeinen Hoffnung auf die historische Entwicklung des objektiven Prozesses der Entkolonisierung, wie er gemeinhin genannt zu werden pflegt; gleichzeitig verlangt man mehr oder weniger implizit von den Afrikanern, dem guten Willen ihrer ehemaligen Herren Vertrauen zu schenken und auf keinen Fall an den historischen Notwendigkeiten zu zweifeln, die den Rhythmus der Reduzierung kolonialer Unterdrückung bestimmen.

Es ist unbedingt wahr, dass die Entkolonisierung vonstattengeht, aber es ist unbedingt falsch, zu behaupten und zu glauben, dass diese Entkolonisierung Ergebnis einer objektiven Dialektik ist.

Der Optimismus, der heutzutage in Afrika herrscht, ist nicht ein Optimismus, der aus der Betrachtung von Naturkräften entstanden ist, die den Afrikanern endlich gnädig gesinnt scheinen. Dieser Optimismus geht auch nicht auf die Feststellung zurück, dass der ehemalige Unterdrücker weniger inhumane und mehr nützliche Einrichtungen schafft. Der Optimismus in Afrika ist das unmittelbare Produkt der revolutionären, politischen oder bewaffneten (häufig beider zugleich) Aktionen der afrikanischen Massen.

Man versteht jetzt, warum jeder afrikanische Nationalist das unbedingte Bedürfnis hat, beständig seinen Handlungen eine afrikanische Dimension zu geben. Weil nämlich der Kampf um die Freiheit und die nationale Unabhängigkeit dialektisch mit dem Kampf gegen die Kolonisierung in Afrika verknüpft ist.

Der Feind des Afrikaners unter französischer Herrschaft ist nicht der Kolonialismus als solcher, wie er in den engen Grenzen seiner Nation zum Ausdruck kommt, sondern es sind alle Formen des Kolonialismus, es sind die Manifestationen des Kolonialismus, ganz egal unter welcher Fahne er ausgeübt wird und wütet.

Die Menschheit wurde erst kürzlich wieder zutiefst erschüttert durch das erschreckende Umsichgreifen der Ideologie des Nazismus, was die Methoden der Folter und des Völkermordes aus den dunkelsten Zeiten wieder aufleben ließ.

Die durch die Manifestationen des Nazismus am unmittelbarsten betroffenen Länder schlossen sich zusammen und übernahmen die Verpflichtung, nicht nur ihr besetztes Territorium zu befreien, sondern dem Nazismus buchstäblich das Rückgrat zu brechen, das Übel dort auszurotten, wo es entstanden ist und jene Regime zu liquidieren, die er hervorgebracht hat.

Nun, die afrikanischen Völker werden sich erinnern, dass sie einer Form des Nazismus (einer Form der Ausbeutung des Menschen), nämlich offener, physischer und geistiger Liquidierung ausgesetzt waren, sodass sie zwar die französischen, englischen und südafrikanischen Manifestationen dieses Übels zurückdrängen müssen, dieses Übel aber auf der Gesamtheit des afrikanischen Territoriums bekämpfen müssen.

Die europäischen Länder sind heute hauptsächlich mit dem Problem des Friedens beschäftigt. Nachdem sie bis zum Äußersten aufgerüstet haben, werden sowohl der östliche wie der westliche Block mit Schrecken gewahr, dass jeder neue Weltkonflikt die eigentliche Existenz des Lebens auf der Erde infrage stellen würde. Daher wird der friedliche Wettbewerb der beiden widersprüchlichen Konzeptionen unabwendbar.

Und unter dieser Perspektive hat General Eisenhower seine letzte Weltreise unternommen, ist der NATO-Rat in Paris zusammengetreten und ist ein Gipfeltreffen für Anfang 1960 festgelegt worden.

Wir Afrikaner sagen, dass das Problem des Friedens unter den Menschen, zufällig nicht-afrikanischen, fundamental ist, sagen aber auch, dass die Befreiung Afrikas von den letzten Bastionen des Kolonialismus für uns das Hauptproblem darstellt.

Wenn wir Afrikaner sagen, dass wir im Ost-West-Konflikt neutral sind, wollen wir damit sagen, dass im Moment die einzige Frage, die uns vordringlich beschäftigt, die Frage unseres Kampfes gegen den Kolonialismus ist. Das soll heißen, dass wir absolut nicht neutral sind angesichts des Völkermordes, der von Frankreich in Algerien und von der Apartheid in Südafrika unternommen wird.

Unsere Neutralität bedeutet, dass wir nicht für oder gegen die NATO Stellung zu beziehen haben, für oder gegen den Warschauer Pakt.

Im Rahmen unseres antikolonialistischen Kampfes zählt für uns nur die Entschlossenheit unseres Engagements und die Unterstützung, die uns dieses oder jenes Land angedeihen lässt. Und in diesem Rahmen können wir sagen, dass die Völker, die unter dem Begriff östliche Länder zusammengefasst werden, uns ganz entschieden unterstützen und dass die sogenannten westlichen Länder ihre zweischneidige Haltung nur noch verstärken.

Waffen und Menschen

Die afrikanischen Völker sind ganz konkret in einen globalen Kampf verwickelt gegen den Kolonialismus und wir Algerier trennen den Kampf, den wir führen, nicht von dem Kampf der Rhodesier und Kenianer. Unsere Solidarität in Bezug auf unsere afrikanischen Brüder ist nicht verbal. Sie drückt sich nicht nur in einer Stimme oder im Beifall aus, den wir auf einer internationalen Versammlung den Resolutionen oder Verurteilungen spenden. Als die kolonialistischen Länder in Gefahr waren, als der Faschismus, der Nazismus sie überflutete, als also ihre Freiheit und ihre Unabhängigkeit bedroht waren, zögerten sie nicht, die afrikanischen Massen zu mobilisieren und gegen die Stellungen der Nazis eine große Zahl ihrer *Kolonialtruppen* zu führen. Heute sind es die Freiheit und die nationale Unabhängigkeit der Afrikaner, die in Gefahr sind.

Die interafrikanische Solidarität muss eine Solidarität der Taten sein, eine Solidarität der Handlung, eine Solidarität, die sich konkret in Menschen, Material, Geld ausdrückt.

Afrika wird frei sein. Ja, aber es wird notwendig sein, dass es sich an die Arbeit macht und seine Einheit nicht aus den Augen verliert. In diesem Sinne war unter anderem einer der wichtigsten Punkte des Ersten Kongresses der Afrikanischen Völker in Accra 1958 angenommen worden. Die afrikanischen Völker, so war in dieser Resolution gesagt worden, verpflichten sich, eine Miliz aufzustellen, die damit beauftragt wird, die afrikanischen Völker in ihrem Kampf um ihre Unabhängigkeit zu unterstützen. Es ist kein Zufall, dass diese Resolution von der westlichen Presse verheimlicht wurde. Die Gewalttätigkeit der westlichen Demokratien während ihres Krieges gegen den Faschismus, die Gewalttätigkeit der Vereinigten Staaten von Amerika in Hiroshima mit ihrer Atombombe, geben ein Bild davon, was die Demokratien zu unternehmen vermögen, wenn ihr Leben in Gefahr ist.

Wir Afrikaner sagen, dass seit mehr als 100 Jahren das Leben von 200 Millionen Afrikanern ein wertloses Leben ist, das in Abrede gestellt wird, ein Leben, das ständig vom Tode bedroht wurde. Wir sagen, dass wir nicht unser Vertrauen in die Gutwilligkeit der Kolonialisten setzen sollten, sondern dass wir uns mit Entschlossenheit und Kampfwillen wappnen müssen. Afrika wird nicht durch die mechanische Entwicklung der materiellen Kräfte frei sein, sondern Hand und Hirn des Afrikaners werden es sein, die die Dialektik der Befreiung des Kontinentes entfesseln und zu Ende führen werden.

Wenige Tage vor der zweiten Konferenz der afrikanischen Völker, die vor den Toren Algeriens, eines Algeriens in Feuer und Blut, gehalten wird, müssen die Afrikaner sich in Erinnerung rufen, dass es keinen objektiven Optimismus gibt, der sich auf mehr oder weniger mechanische Weise aufzwingt, sondern dass der Optimismus ein Gefühl sein muss, das das revolutionäre Engagement und den Kampf begleiten muss. Erst dann können wir optimistisch sein.

V.

AFRIKANISCHE EINHEIT

1. Afrika im Werden

Ende des Jahres 1958 fand ein Treffen der Militärführer aller Wilayas im nördlichen Constantine statt. Bei dieser Gelegenheit wurde auf die Gefahr einer allmählichen Erstickung des bewaffneten Kampfes im Landesinnern verwiesen, als Folge der vom Feind verwandten Methoden (Verbotene Zonen, Umsiedlungsdörfer mit dem Ziel, die ALN von der Bevölkerung abzuschneiden).

Man beschloss, Oberst Amirouche nach Tunis zu entsenden (Oberst des Wilaya III), um der GPRA die Situation zu schildern und Mittel zu diskutieren, die es ermöglichen würden, das Landesinnere mit Waffen, Munition und Geld zu versorgen.

Oberst Amirouche sollte Tunis niemals erreichen, denn er wurde auf seiner Reise im März 1959 in der Nähe von Bou-Saada vom Feind getötet.

Um diese Situation zu meistern, beschloss die CNRA auf ihrer Sitzung im Herbst 1959 die Bildung eines Generalstabes.

Da die französische Armee ihre Kräfte an den Grenzen verstärkt hatte (Challe-Linie), wurde es schwierig, das Landesinnere von Marokko und Tunesien aus zu versorgen.

Im März 1960 wurde Fanon zum Botschafter in Accra ernannt. Während seines Aufenthaltes in Westafrika konnte er feststellen, dass es eine Möglichkeit gab, die Lage im Landesinnern von den südlichen Grenzen aus zu bessern, d. h. der Grenze zu Mali. In dieser Absicht nahm er Kontakte mit verantwortlichen Männern in Mali auf und teilte seine Vorstellungen den algerischen Führern mit, die die Bildung einer dritten Basis im Süden der Sahara für den Weitertransport von Waffen für die Wilayas I und V beschlossen. Die folgenden

Notizen wurden von Fanon im Verlauf seiner Mission zur Erkundung und Errichtung dieser Basis im Sommer 1960 niedergeschrieben.

Diesem Tagebuch waren einige technische Angaben beigefügt, in sehr flüchtiger und unvollkommener Form, mit denen Fanon die verschiedenen Lösungen studierte, die für den rein operativen Plan infrage kämen.

Afrika in Bewegung bringen, an seiner Organisierung, seiner Umgestaltung nach revolutionären Prinzipien mitarbeiten. An der Bewegung, die Afrika als Kontinent befiehlt, teilnehmen, das war definitiv die Aufgabe, die ich gewählt hatte. Den Ausgangspunkt, die erste Säule stellte Guinea dar. Dann Mali, zu allem entschlossen, inbrünstig und brutal, stellte einen Brückenkopf dar und eröffnete wunderbare Perspektiven. Im Osten stampfte Lumumba vorwärts. Der Kongo, ein weiteres Sprungbrett für revolutionäre Ideen; im Moment aber gefangen in einem schmerzvollen Gewebe unfruchtbarer Widersprüche. Man müsste noch abwarten, bevor man wirksam die kolonialistischen Zitadellen umzingeln könnte, die sich Angola, Mozambique, Kenia und Südafrikanische Union nennen.

Dennoch war schon alles bereit. Aber immer noch belebte das kolonialistische Verteidigungssystem, wenn auch unkoordiniert, die alten partikularistischen Tendenzen und brach den Strom der Befreiung. Im Augenblick galt es, den Kongo zu halten und nach Westen vorzudringen. Für uns Algerier war die Situation sonnenklar. Aber das Gelände war nach wie vor schwierig, sehr schwierig. Vom Westen ausgehend mussten wir durch konkrete Manifestationen beweisen, dass dieser Kontinent unteilbar ist. Dass es unabhängig vom Willen der Führer möglich wäre, präzise Punkte festzulegen, von denen aus die Völker, die Männer und Frauen gemeinsam ans Werk gehen könnten, sich begegnen, sich beistehen könnten. Die europäischen Fahnen, dieses Schreckgespenst aus der westlichen Welt, waren überall gegenwärtig und aktiv. Die französischen, englischen, spanischen und portugiesischen Einflusszonen waren noch Wirklichkeit. Oxford widersetzte sich der Sorbonne, Lissabon widersetzte sich Brüssel, die englischen Herren den portugiesischen, das Pfund dem Franken, die katholische Kirche dem Protestantismus oder dem Islam. Und natürlich die Vereinigten Staaten, sich überall einmischend, mit dem Dollar vorneweg, Armstrong als Helden und amerikanischen schwarzen Diplomaten, Stipendien, den Botschaftern der Stimme Amerikas … Und nicht zu vergessen das fleißige Deutschland, Israel, das die Wüste kultiviert. Eine schwierige Arbeit. Glücklicherweise überall Arme, die uns zuwinken, Stimmen, die uns antworten, überall Hände, die man uns entgegenstreckt. Es geht vorwärts.

Das geschäftige und einschläfernde Treiben der befreiten Länder, die ihre Anker lichten und hochtrabend aber keineswegs großartig einherkommen, die vor nicht allzu langer Zeit noch um ihre Unabhängigkeit kämpften und heute arriviert sind, sich zur Ruhe gesetzt haben und … sich in Erinnerungen sonnen. Aber die Sonne steht noch sehr hoch am Himmel und wenn man das Ohr an die rote Erde legt, hört man ganz deutlich Geräusche von verrosteten Ketten, das »Ach« höchster Angst und es sinkt der Mut, so sehr ist das geschundene Fleisch in dieser erdrückenden Mittagssonne gegenwärtig. Das alltägliche Afrika, oh, nicht das der Poeten, nicht das einschläfernde, sondern das, das einen am Schlafen hindert; denn die Ungeduld des Volkes ist groß: Es drängen Taten, Spiele, seine Sprache. Das Volk, es sagt: Ich will dieses Volk zu einem Volk machen; ich will bauen, lieben, verehren, schaffen. Dieses Volk, das weint, wenn man sagt: Ich komme aus einem Land, wo die Frauen ohne Kinder sind und die Kinder ohne Mütter. Das Volk, das singt: Algerien, Bruderland, Land, das uns ruft, Land voller Hoffnung.

Das ist Afrika, das Afrika, dem wir den Weg zu seinem Kontinent weisen müssen. Dieses Afrika, das wir orientieren, mobilisieren und in die Offensive führen müssen.

Dieses Afrika im Werden.

Der Westen. Conakry, Bamako. Zwei Städte, an der Oberfläche tot; aber darunter ist die Temperatur unerträglich für diejenigen, die kalkulieren, manövrieren, sich's einrichten möchten. Die Männer und Frauen in Conakry und Bamako hämmern ein neues Afrika, schmieden es mit Liebe und Begeisterung.

Moumié. Am 30. September hatten wir uns auf dem Flughafen in Accra getroffen. Er flog wegen sehr wichtiger Besprechungen nach Genf. In drei Monaten, sagte er mir, wird der Kolonialismus in Kamerun eine Schlappe erleiden.

In Tripolis machte Nebel jede Landung unmöglich und drei Stunden lang kreiste unser Flugzeug über dem Flughafen. Der Pilot wollte unbedingt landen. Der Kontrollturm gab keine Landeerlaubnis, aber der Pilot, mutig und unüberlegt, hatte sich in den Kopf gesetzt, seine 120 Tonnen auf den Boden zu bringen.

Diese Kerle spielen mit dem Leben der Leute, sagte Félix zu mir. Das stimmte. Und wir, spielten wir nicht ebenfalls mit dem unsrigen? Was war die Unerschrockenheit des Piloten im Vergleich zu unserem Leben, das in beständiger Ungewissheit schwebte? Heute ist Félix tot. Vierzehn Tage später wollten wir uns in Rom wiedersehen. Er war nicht da. Bei der Ankunft in Accra sah mich sein Vater kommen, allein, und eine große Traurigkeit breitete sich über sein Gesicht.

Zwei Tage später erfuhren wir per Telegramm, dass Félix in das Krankenhaus eingeliefert sei. Vergiftung, vermutete man. Kingué, Vizepräsident der UPC und Martha Moumié entschlossen sich, nach Genf zu fliegen. Einige Tage später erhielten wir die Nachricht: Félix Moumié ist tot.

Diesen Tod haben wir kaum bemerkt. Ein Mord, aber ohne Blutvergießen. Keine Maschinengewehrsalven, keine Bomben. Thalliumvergiftung. Ohne jeden Sinn. Thallium! Wie soll man so etwas begreifen? Ein abstrakter Tod und ein Mensch, der so konkret, so lebendig, so ungestüm war. Die Stimme von Félix war ständig laut. Aggressiv, hitzig, heftig, verliebt in sein Land, voller Hass auf die Feiglinge und die Wetterwendigen. Streng, hart, unbestechlich. 60 Kilogramm Knochen und Muskeln, durchdrungen von revolutionärer Substanz.

Am Abend trösteten wir die Kameraden aus Kamerun. Der Vater, mit scharf geschnittenem Gesicht, hörte mir zu, unbeweglich, ausdruckslos, wie ich von seinem Sohn erzähle. Und allmählich erwacht in dem Vater der Kämpfer. Ja, sagt er, das Programm ist klar. Wir müssen uns an das Programm halten. Der Vater von Moumié erinnerte mich in jenem Augenblick an jene Eltern in Algerien, die in einer Art Stumpfsinn den Bericht vom Tod ihrer Kinder anhörten. Die von Zeit zu Zeit eine Frage stellten, eine genauere Angabe verlangten, dann wieder zurückfielen in jene Unfähigkeit, sich mitzuteilen; als ob sie bei ihren Söhnen weilten.

Und dennoch steckt Tatendrang in ihnen. Morgen, jetzt gleich muss der Krieg zum Feind getragen werden, darf man ihm keine Ruhe lassen, muss er hart verfolgt werden, darf ihm keine Pause gegönnt werden. Gehen wir. Unsere Aufgabe: die Front im Süden eröffnen. Von Bamako aus Waffen und Munition auf den Weg schicken. Die Bevölkerung der Sahara aufwiegeln, vordringen bis zu dem algerischen

Hochplateau. Zuerst Algerien in alle Winkel Afrikas tragen und dann mit ganz Afrika zu den afrikanischen Algeriern zurückkehren, nordwärts, nach Algier, einer Stadt auf dem Kontinent. Was ich wollte: große Wege, große schiffbare Kanäle quer durch die Wüste bauen. Die Wüste leugnen, sie verneinen, Afrika einander näherbringen, den Kontinent schaffen. Dass von Mali aus die Menschen aus diesem Land, aus Senegal, aus Ghana, aus der Elfenbeinküste in unser Land strömen. Aus Nigeria und Togo. Dass alle die Abhänge der Wüste erklimmen und gegen die kolonialistische Bastion anstürmen. Das Absurde und Unmögliche möglich machen und einen ganzen Kontinent zum Sturm der letzten Festungen der Kolonialmacht führen.

Wir sind zu acht: ein Kommando; Armee, Nachrichtendienst, Politkommissare, Sanitäter. Jedes Paar muss die Arbeitsmöglichkeiten für seinen Bereich untersuchen. Und schnell. Die Zeit drängt. Der Feind ist immer noch zäh. In Wirklichkeit glaubt er nicht an eine militärische Niederlage. Aber mir schien sie noch nie so sehr in den Bereich des Möglichen gerückt, so zum Greifen nahe. Losmarschieren, einen Keil hineintreiben genügt. Es dreht sich nicht einmal um Strategie. Wir haben Menschenmassen, die schon mobilisiert sind, die ungestüm sind, versessen auf den Kampf, begierig nach Arbeit. Afrika ist mit uns. Aber wen kümmert das schon. Ein Kontinent gerät in Bewegung und Europa sinkt in Schlaf. Vor 15 Jahren war es Asien, das kochte. Damals amüsierte man sich. Heute geraten Europa und die Vereinigten Staaten in Rage. Die 650 Millionen Chinesen, im Besitz eines großen Geheimnisses, erbauen ganz allein eine Welt. Die Geburt einer Welt.

Chawki. Seltsamer Mensch. Kommandant der ALN, gebürtig aus Souf. Klein, vertrocknet, unversöhnliche Augen, wie sie alten Widerstandskämpfern eigen sind. Schon lange kann ich das Kampfesalter eines Widerstandskämpfers am Leuchten seiner Augen ablesen. Diese Augen täuschen niemals. Sie erzählen ohne Umschweife von den schweren Stunden: Repressionen, Folterungen, Kanonaden, Verfolgungen, Liquidierungen … Man merkt diesen Augen ein hohes Bewusstsein an, eine beinahe mörderische Härte. Auch Unerschrockenheit. Man macht es sich zur Gewohnheit, bei solchen Menschen vorsichtig zu sein. Man kann ihnen alles sagen, aber sie müssen in deinen Worten revolutionären Atem spüren, greifen können. Sehr schwierig, sie zu täuschen, zu hintergehen, zu korrumpieren. Zurzeit teilen Chawki und ich ein Bett. Unsere Diskussionen ziehen sich ziemlich lang in die Nacht hinein und ich bin immer wieder überrascht von der Intelligenz und Klarheit seines Denkens. Mit abgeschlossenem Studium an der islamischen Universität Zitouna in Tunesien wollte er ursprünglich in Kontakt mit der westlichen Kultur treten. Er hatte sich in Algier niedergelassen, um dort Französisch zu lernen, zu sehen, zu urteilen, zu vergleichen. Aber die Atmosphäre in Algier mit seinen herablassenden Siedlern, seine völlige Unkundigkeit der französischen Sprache, die völlige Trennung von den europäischen Kreisen ließen ihn den Entschluss fassen, nach Frankreich zu gehen. Zwei Jahre lebte er in Paris, verkehrte mit Europäern, durchstöberte die Bibliotheken und verschlang Hunderte Bücher.

Schließlich kehrte er nach Algerien zurück und nahm sich vor, die Felder seines Vaters instand zu setzen. 1954 greift er zum Jagdgewehr und schließt sich seinen Brüdern an. Die Sahara kennt er auswendig. Wenn er von ihr spricht, belebt sich diese Unermesslichkeit von Wüste und Verlassenheit mit zahllosen Details. Gastfreundliche Orte, gefährliche Wege, tödliche Gegenden, geheime Wege. Die Sahara ist eine lebendige Welt, in der Chawki sich mit der Verwegenheit und der Scharfsichtigkeit eines großen Strategen bewegt. Die Franzosen können noch nichts von den Fallen ahnen, die dieser Mann ihnen noch stellen wird.

Es muss noch gesagt werden, dass unsere Mission beinahe in den Untersuchungskammern von Algier ein böses Ende genommen hätte. In Accra hatte uns ein Angestellter der Ghana Airways, Mensah (der für jede Platzreservierung einen Franc verlangt), den Flug Monrovia – Conakry gebucht. Auf dem Flughafen in Liberia wurde uns jedoch mitgeteilt, dass das Flugzeug überfüllt sei und dass wir den nächsten Morgen abwarten müssten, um Conakry mit einem Flugzeug der Air France zu erreichen. Die Angestellten waren uns gegenüber anormal zuvorkommend und machten uns den Vorschlag, dass alle Kosten unseres Aufenthaltes zulasten der Gesellschaft gehen sollten. Diese exemplarische Fürsorge, die französische Nationalität mehrerer Angestellter und eine dienstfertige, sehr langweilige Französin, die sich wie eine Animierdame aufführte, brachten uns dazu, einen anderen Weg zu nehmen. Wir entschlossen uns, Monrovia auf dem Landweg zu verlassen und bei Nacht die Grenze nach Guinea bei N'Zérékoré zu überschreiten.

Die Angestellten waren bis zur letzten Minute davon überzeugt, dass wir das Flugzeug nehmen würden, das an diesem Tag zwei Stunden Verspätung hatte.

Das französische *Deuxiéme Bureau* hatte tatsächlich die Angelegenheit in die Hand genommen. Als das Flugzeug Robertsfield verließ, nahm es, anstatt in Richtung Freetown zu fliegen, Kurs auf Abidjan, wo es von französischen Sicherheitsbeamten durchwühlt wurde. Es versteht sich von selbst, dass die Regierung der Elfenbeinküste in dieser Angelegenheit eine wichtige Rolle spielte. Eine derartige Operation ließe sich nicht ohne ihr Mitwissen oder zumindest ihr Wohlwollen durchführen. Houphouët-Boigny, den einige weißzuwaschen versuchen, spielt nach wie vor im französischen Kolonialsystem eine bedeutende Rolle und die afrikanischen Völker täten gut daran, ihn zu isolieren und seinen Sturz zu beschleunigen. Houphouët-Boigny ist objektiv der bewussteste Bremsklotz für die Evolution und die Befreiung Afrikas. Das *Deuxiéme Bureau* hat jedenfalls das Nachsehen gehabt. Eine solche Operation lohnt sich nur, wenn sie Erfolg hat. Ein öffentlicher Fehlschlag unter diesen Bedingungen enthüllt die Methoden des Brigantentums zu sehr, vor denen selbst jene zurückschrecken, die normalerweise die Augen schließen.

Ich hoffe jedenfalls, dass die französischen Behörden unsere Spur verloren haben.

Jetzt sind wir hier in Bamako, der Hauptstadt von Mali. Modibo Keita, immer noch kämpferisch, versteht sofort. Kein großes Gerede notwendig. Unsere Arbeitssitzungen gehen zügig voran. Die Nachrichtenleute kommen mit ihm überein, in Kayes eine Abhörstation einzurichten. Ich glaube, dass sie bis zum 5. Dezember in Betrieb sein wird. Im Moment sind wir im Empfangszentrum der Kaserne von Bamako untergebracht. Jeden Tag Vorbereitungen zum Kampf. N'Krumah kommt am 21. zum Staatsbesuch.

In Bamako ist das französische Element noch sehr bedeutend. Buchhandlungen, Apotheken, Handelshäuser gehören überwiegend französischen Siedlern. Hie und da begegnet man einem Kommandanten, zwei Sergeanten … Gestern, Sonntag, den 20., ist ein französischer Adjutant, der in der Armee von Mali dient, von Ségou her mit einer Kompanie im Empfangszentrum angekommen. Sehr höflich hat er sich vorgestellt und uns die Hand gedrückt. Er wollte wissen, ob wir ihm nicht ein Bett zur Verfügung stellen könnten. All das verlangt ein wenig Humor. Auf alle Fälle stellten wir ab 20 Uhr eine bewaffnete Wache auf. Von Zeit zu Zeit fahren von Europäern gesteuerte Wagen um die Villa herum. Nicht sehr sicher, diese Ecke. Glücklicherweise überstürzen sich die Dinge. Dienstag, den 22., um fünf Uhr früh, fahren wir nach Gao ab. Die Straße Bamako – Tumbuktu ist unbefahrbar.

Von Bamako aus erreichen wir Ségou, wo Jouanelle uns empfängt.

Auftanken und wir erreichen San. Dann Mopti. In Mopti ein Hindernis. An der Stadtausfahrt: Die Straße ist von Gendarmerie gesperrt und die Wachen verlangen unsere Pässe. Mühselige Diskussionen, denn trotz des Papieres vom Innenminister wollen sie unsere Ausweise haben. Schließlich kommt der Vorgesetzte und ich soll mich ausweisen. Aber es scheint, dass wir es mit einem Mann zu tun haben, der Erkundigungen einziehen will. Er will etwas über das Ziel unserer Mission und die Aufgaben meiner Begleiter in Erfahrung bringen.

Plötzlich packt mich der Zorn und ich verlange von ihm, mich wegen Weigerung, die Papiere vorzuzeigen, zu verhaften. Angesichts dieser Situation begreift er, dass er eine Dummheit gemacht hat und lässt uns passieren, nicht ohne vorher absolutes Stillschweigen versprochen zu haben.

Die Straße Mopti–Douentza ist ein Witz. Mitten im Wald folgt man rätselnd den Spuren eines Autos, das hier vor etwa sechs Monaten langgefahren sein muss. Eine solche Suchfahrt mitten in der Nacht ist sehr mühsam und wir verfuhren uns mehr als einmal. Um zwei Uhr früh kommen wir endlich an. Niemand in der Stadt. Der Kommandant ist nicht da und seine Frau schickt uns ins Lager … das geschlossen ist. Die einen im Auto, die anderen sonst wo, gelingt es uns trotz allem, ein wenig auszuruhen. Um 7 Uhr Abfahrt in Richtung Gao über Hombori. Um 21 Uhr klopfen wir beim Kommandanten an. Zehn Minuten später sind wir bei der Arbeit. Die

Sache läuft gut und die Malinesen sind unbedingt bereit, uns bei der Errichtung der 3. Front zu helfen. Man hat seinerzeit von der Odyssee Leclerc gesprochen. Die, die wir vorbereiten, wird, wenn die französische Regierung nicht rechtzeitig etwas erfährt, die Episode Leclerc in einen banalen Ausflug verwandeln. In Gao finden wir eine komplette Dokumentation über die algerisch-marokkanischen Grenzgebiete vor, die vom französischen Geheimdienst zurückgelassen wurde. Alle Namen von den dort wohnenden Algeriern sind festgehalten. Auch ist am Rande ihre Einstellung zur nationalistischen Idee festgehalten. Spielend entwerfen wir ein provisorisches Schema für den Aufbau von Zellen und Übergangspunkten. Vielen Dank, Kommandant Cardaire.

Nach zwei Tagen in Gao fahren wir in Richtung Aguerhoc. Der Kommandant von Gao überredete uns, unsere alten Sachen auszuziehen und bot jedem von uns einen schönen Gum-Anzug mit einer Mas 36 und 280 Patronen an. Wir sollten die Gelegenheit haben, eine Trappe und mehrere Hirschkühe zu erlegen.

In Aguerhoc treffen wir gegen 23 Uhr den Chef der Unterabteilung von Kidal, der in Begleitung des Chefs des Postens von Tessalit ist. Vorstellung. Dreißig Minuten später diskutieren wir Strategie, Gelände, Übergänge …

Es ist erregend, diese Momente zu erleben. Es hat genügt, dass diese zwei verantwortlichen Männer erfuhren, wer wir waren, und schon wurden wir zu Komplizen. Sie gaben uns, was wir wollten. Können wir die Grenze aus der Nähe sehen, Tessalit, Bouressa gegenüber von Tir Zaouaten, wo die Franzosen einen Flugplatz anlegen? Einverstanden.

Und dann sind wir unterwegs und bringen fast tausend Kilometer hinter uns. Dieser Teil der Sahara ist keineswegs monoton. Selbst der Himmel über uns wechselt beständig. Vor einigen Tagen haben wir einen Sonnenuntergang erlebt, der den ganzen Himmel mit violetter Farbe überzog. Heute ist es ein sehr hartes Rot, das man kaum sehen kann. Aguerhoc, Tessalit, Bouressa. In Tessalit gehen wir durch ein französisches Militärlager. Ein französischer Soldat mit nacktem Oberkörper winkt uns freundschaftlich zu. Die Arme wären ihm gesunken, hätte er erraten, wer sich hinter den Gum-Uniformen verbarg.

In Bouressa nehmen wir mit einer malinesischen Nomadengruppe Kontakt auf. Wir erfahren immer mehr Details über die französischen Streitkräfte. Bordj le Prieur, Tir, Zaouaten, Bidon V.

Und dann Tamanrasset, wo wir uns durch verschiedene Gespräche eine ziemlich genaue Vorstellung über die französischen Truppen verschaffen können. Die Führer, die wir in Bouressa vorfinden, machen einen ernsten und entschlossenen Eindruck. Man wird sie unbedingt einsetzen müssen.

In Kidal stürze ich mich auf einige Geschichtsbücher über den Sudan. [Damit ist die franz. Sahara gemeint; d. Übers.] So intensiv, wie die Umstände und der Ort es gestatten, erlebe ich die Geschichte dieser alten Imperien von Ghana, Mali, Gao und die eindrucksvolle Odyssee der marokkanischen Truppen unter dem berühmten Djouder. Es ist nicht alles so einfach. Heute steht Algerien im Krieg und erbittet die Hilfe von Mali. Und damals verlangte Marokko Mauretanien und einen Teil von Mali … auch einen Teil von Algerien.

Diese Gegend der Sahara, die so vielen Einflüssen ausgesetzt war und wo die französischen Offiziere unaufhörlich Zentren der Unzufriedenheit schaffen; hier beabsichtigen wir jetzt, das Unterste zuoberst zu kehren, das Schlachtfeld bis hierher auszudehnen; das wird viel Härte und Kaltblütigkeit erfordern. Einige hie und da gesammelte Erfahrungen, z. B. regelmäßig ein schärferer Tonfall, sobald die Sprache auf den Islam und die Rasse kommt, erfordern doppelte Vorsicht.

Der Kolonialismus und seine Folgen stellen nicht die wirklichen Feinde Afrikas dar. Binnen Kurzem wird dieser Kontinent befreit sein. Was mich angeht, je mehr ich in diese Kulturen und die politischen Verhältnisse mich vertiefe, umso mehr zwingt sich mir die Gewissheit auf, dass die große Gefahr, die Afrika bedroht, das Fehlen einer Ideologie ist. Das alte Europa hat Jahrhunderte gebraucht, um die nationale Einheit der Staaten verwirklichen zu können. Und als endlich ein Schlussstrich hätte gezogen werden können, wiederum Kriege! Mit dem Triumph des Sozialismus in Osteuropa erlebt man das Verschwinden der alten Rivalitäten, der traditionellen territorialen Ansprüche, so unglaublich es sein mag. Dieser Herd von Kriegen und politischen Morden, den Bulgarien, Ungarn, Estland, die Slowakei, Albanien darstellten, hat einer eng verbundenen Welt Platz gemacht, deren Ziel die Errichtung der sozialistischen Gesellschaft ist.

In Afrika dagegen sind die Länder, die zur Unabhängigkeit gelangen, ebenso unstabil wie ihre jungen Bourgeoisien oder ihre wieder aufgemöbelten Prinzen. Nach einigen zaghaften Schritten in der internationalen Arena verspüren die nationalen Bourgeoisien nicht mehr die Drohung der traditionellen Kolonialmacht und entwickeln plötzlich einen großen Appetit. Und da ihnen noch die politische Praxis fehlt, betreiben sie das Ganze wie ein Geschäft. Plündern, Drohungen, ja sogar buchstäblich Beraubung des Opfers. Das alles ist besonders deshalb bedauerlich, weil den kleinen Staaten keine andere Wahl bleibt, als die ehemalige Metropole anzuflehen, noch ein bisschen zu bleiben. Auch bringt die äußerst militaristische Politik in diesen imperialistischen Pseudostaaten eine Verringerung der öffentlichen Investitionen in den Gebieten mit sich, die noch auf der Stufe des Mittelalters stehen. Die unzufriedenen Arbeiter unterliegen einer ebenso erbarmungslosen Unterdrückung wie in den kolonialen Zeiten. Gewerkschaften und die politische Opposition werden mehr oder weniger in den Untergrund getrieben. Das Volk, das in den schwierigen Stunden des nationalen Befreiungskampfes alles hingegeben hatte, fragt sich jetzt mit leeren Händen und leerem Bauch, inwieweit das wirklich ein Sieg gewesen ist.

Seit beinahe drei Jahren versuche ich die noch unklare, nebelhafte Vorstellung von der Afrikanischen Einheit von den subjektivistischen und sogar geistigen Zerfallserscheinungen bei der Mehrheit seiner Anhänger zu befreien. Die Afrikanische Einheit ist ein Prinzip, von dem ausgehend sich die Aufgabe stellt, die Vereinigten Staaten von Afrika zu verwirklichen, ohne die nationale, bürgerlich-chauvinistische Phase mit ihrem Rattenschwanz von Kriegen und Elend zu durchlaufen.

Um diese Einheit herbeizuführen, sind viele Methoden denkbar. Gewisse Länder wie Guinea, Ghana, Mali und morgen vielleicht Algerien setzen die politische Aktion an erste Stelle. Andere wie Liberia und Nigeria bestehen auf einer ökonomischen Zusammenarbeit. Die RAU ihrerseits betont mehr die kulturelle Seite. Alles ist möglich und die einen wie die anderen sollten vermeiden, jene zu diskreditieren oder zu denunzieren, die diese Einheit, diese Annäherung der afrikanischen Staaten auf eine Weise sehen, die von der ihrigen abweicht. Spannungen zwischen Ghana und Senegal, zwischen Somalia-Äthiopien, Marokko-Mauretanien, zwischen den beiden Kongo sind unbedingt zu vermeiden. In Wirklichkeit scheinen die kolonisierten Staaten, die zur Unabhängigkeit gelangt sind, auf politischem Wege keine andere Beschäftigung zu haben, als sich ein richtiges Schlachtfeld zu schaffen mit richtigen Zerstörungen und Leiden. Jedenfalls ist es klar, dass diese psychologische Erklärung, die an das hypothetische Bedürfnis einer Beseitigung der Aggressivität appelliert, uns nicht befriedigt. Wieder einmal müssen wir zu den marxistischen Auffassungen zurückkehren. Die siegreichen Bourgeoisien sind die stürmischsten, die unternehmendsten, die annektionistischsten, die es gibt (nicht umsonst hat die französische Bourgeoisie von 1789 Europa in Schutt und Asche gelegt).

Technische Angaben

1. Übergangspunkte für Lastwagen: schwierig im Moment zu verwirklichen. Die Sache muss vorbereitet werden. Kontakt mit Fahrern aufnehmen. Dann den technischen Ablauf genau untersuchen. Die Frage der Depots untersuchen. Wenn man sich eines Minimums an Vorsicht und eines Maximums an Erfolg versichern will, werden mindestens drei Monate Vorbereitung notwendig sein, bevor dieses Projekt wirklich ins Rollen kommen will.

2. Man muss genau wissen, was man will; das ganze Problem ist: a) entweder die bereits bestehenden Kräfte in der Sahara versorgen; b) oder die Wilayas I, V und die Reste von Wilaya VI; c) oder buchstäblich eine ganze Reihe von Angriffslinien schaffen, senkrecht zum Tellatlas, die sich eventuell berühren und mit den bereits bestehenden Wilayas zusammenarbeiten würden. Natürlich kann man antworten, dass diese Möglichkeiten nicht einander ausschließen und dass diese drei Möglichkeiten in ein und dasselbe Programm eingehen können. Unter allen Umständen wird man einer der drei Möglichkeiten eine Priorität zuweisen müssen, selbst wenn die Gesamtheit der Sahara-Operationen sie alle drei enthält. Persönlich neige ich zu Punkt c).

Wie soll er verwirklicht werden?

In erster Linie muss ein Maximum an Material an die Front geschafft werden. In den kommenden zwei Monaten:

10 000 Gewehre
4 000 automatische Pistolen
500 automatische Gewehre
600 Maschinengewehre
3–400 Raketenwerfer

Minen und Granaten, die nicht direkt in der Sahara verwendbar sind, sollten für den Nachschub der Wilayas im Norden reserviert werden. Was machen mit diesen Waffen, das heißt, wie sollen die Aktionen ablaufen?

Ich denke mir das Ganze auf zwei Ebenen:
einmal vertikal;
einmal horizontal.

Die horizontale Ebene ist die der Anlage von Stützpunkten, während die vertikale die Nachschublinie darstellt.

Einige vierzig Leute, die die Sahara kennen und erprobte Kämpfer sind, könnten zu Kommandochefs ernannt werden.

Diese Kommandos würden sich in zehn parallelen Linien vorarbeiten. Jedes Kommando könnte anfangs aus 20–25 Leuten bestehen, wobei dem Chef die Aufgabe zufiele, die Zahl rasch auf 100, sogar 150 zu bringen. Die Rekrutierung würde sich zu Beginn am Ort vollziehen. Seien es Algerier, die in Mali wohnen, seien es sogar malinesische Tuaregs. Das kann in anderthalb Monaten bewerkstelligt werden. Bis zum 15. Januar können 500–800 Mann bewaffnet nach Algerien eingeschleust werden.

Die erste Etappe wäre die Politisierung, die Mobilisierung. Sie müsste den Zusammenstoß meiden und die Gelegenheit, den Feind zu schlagen, vorbeigehen lassen, selbst wenn der Erfolg sicher wäre. Aufgabe wäre es, die Bevölkerung aufzurütteln, ihr in Bezug auf die Zukunft Mut zu machen, ihr die Macht der ALN zu zeigen, sie psychologisch und geistig aus dem Griff des Feindes zu befreien.

In jedem wichtigen Stamm, auf den man trifft, muss das Kommando drei oder vier neue Mitglieder werben und drei oder vier seiner ursprünglichen Teilnehmer zurücklassen. Warum:

Die neu Rekrutierten kennen das Gelände auswendig und dienen anfangs als Verbindungsmänner zu den nördlicheren Stämmen; die zurückgebliebenen Teilnehmer des Kommandos bereiten alles vor, um die nachfolgenden Wellen zu kanalisieren.

Es ergäbe sich also das folgende Schema:

↕ 80 bis 100 km

Basis 11 □A □B □C □D □E □F □G □H □I □J

↕ 100 bis 150 km

Basis 10 □ □ □ □ □ □ □ □ □ □
Basis 9 →
Basis 8 →
Basis 7 →
Basis 6 →
Basis 5 →
Basis 4 →
Basis 3 →
Basis 2 →
Basis 1 →
Basis 0 →

Die Versorgungskolonnen würden Basis 1 gleichzeitig erreichen.

Basis 2 würde Versorgungskolonnen nach Basis 1 schicken.

Basis 3 nach 2 … und so weiter. Erst wenn die vorgeschobenen Basen 3 oder 4 Nachschubladungen erhalten haben, wird sich die Frage des Beginns der Operationen stellen.

Zu dem Zeitpunkt werden uns vielleicht die Kontakte mit Lastwagenfahrern und eine bessere Situation in Fezzan erlauben, die einzelnen Gruppen der ALN regelmäßig zu versorgen.

Jede Gruppe von 25 Mann hätte folgende Bewaffnung:

2 Raketenwerfer und 20 Granaten;

2 Maschinengewehre, davon eines für Flugabwehr;

3 automatische Gewehre.

Die Gruppen würden mit zweitägigem Abstand losmarschieren. Beim Abmarsch müsste für einen Radioposten für die Basis O auf Ebene D gesorgt werden, einen für Basis 4 auf Ebene J,

einen für Basis 9 auf Ebene A

und für 2 oder 3 entlang der Grenze.

Diese Radiostationen an der Grenze würden feste Hörstunden mit dem Generalstab Nord vereinbaren und mit den Radioposten von Basis 0, 4 und 9.

2. Der Tod Lumumbas: Hätten wir anders handeln können?[37]

Journalisten, die sich während des Monats Juni 1960 in afrikanischen Hauptstädten aufhielten, konnten merkwürdige Dinge feststellen. Immer zahlreicher tauchten seltsame Personen aus dem Kongo auf, der gerade erst die internationale Szene betreten hatte. Was sagten diese Kongolesen? Sie sagten alles Mögliche. Dass Lumumba sich an die Ghanesen verkauft hätte, dass Gizenga von den Guinesen gekauft sei, Kashamura von den Jugoslawen. Dass die belgischen Zivilisatoren zu früh das Land verließen etc. …

Aber ließ man sich etwa einfallen, einen dieser Kongolesen festzunageln, ihn auszufragen, dann konnte man merken, dass sich etwas zusammenbraute, etwas Unheilvolles für die Unabhängigkeit des Kongo und Afrikas.

Kongolesische Senatoren und Abgeordnete flüchteten, sobald die Unabhängigkeitsfeiern vorüber waren, außer Landes und begaben sich … nach den Vereinigten Staaten. Andere richteten sich für mehrere Wochen in Brazzaville ein. Gewerkschaftler wurden nach New York eingeladen. Und wieder, wenn man einen dieser Abgeordneten oder Senatoren beiseite nahm und ihn befragte, wurde es offenkundig, dass ein ungeheurer, genau geplanter Prozess in Gang gebracht worden war.

Schon vor dem 1. Juli hatte die Operation Katanga eingesetzt. Ihr Ziel? Natürlich die Union Minière zu retten. Aber über diese Operation hinaus sollte eine belgische Konzeption verteidigt werden. Ein vereinigtes Kongo mit einer Zentralregierung lief den belgischen Interessen zuwider. Die dezentralistischen Bestrebungen verschiedener Provinzen unterstützen, diese Bestrebungen schüren, ihnen Nahrung geben, das war die belgische Politik schon vor der Unabhängigkeit.

Bei dieser ihrer Aufgabe wurden die Belgier von den Behörden der Föderation Rhodesien-Nyassaland unterstützt. Heute weiß man, und Herr Hammerskjöld besser als jeder andere, dass vor dem 30. Juni 1960 eine Luftbrücke von Salisbury nach Elizabethville Katanga mit Waffen versorgte. Lumumba hatte einmal erklärt, dass die Befreiung des Kongo die erste Phase der vollständigen Unabhängigkeit des Zentralen und Mittleren Afrikas wäre und er hatte sehr klar die unmittelbaren Ziele festgelegt: Unterstützung der nationalistischen Bewegungen in Rhodesien, Angola und Südafrika.

Ein vereinigtes Kongo, geführt von einem Antikolonialisten, stellte eine echte Gefahr für dieses südstaatliche Afrika (südstaatlich im eigentlichen Sinne) dar, eine Gefahr, vor der die ganze Welt die Augen schließt. Oder sollen wir lieber sagen, die der ganzen Welt Anlass bietet, ein paar Tränen zu vergießen, wie nach Sharpville oder bei antikolonialistischen Veranstaltungen einige stilistische Übungen zum Besten zu geben. Lumumba, weil er Staatschef des ersten Landes in diesem Teil Afrikas war, das zur Unabhängigkeit gelangte, weil er genau die ganze Bedeutung des Kolonialismus kannte, hatte im Namen seines Volkes die Verpflichtung übernommen, einen konkreten Beitrag zum Tod dieses Afrika zu leisten. Dass die Behörden von Katanga und die von Portugal alles in Bewegung setzten, um die Unabhängigkeit des Kongo zu sabotieren, erstaunt uns keineswegs. Dass sie die Aktion der Belgier stärkten und das Gedeihen der zentrifugalen Kräfte im Kongo förderten, ist ein Tatsache. Aber diese Tatsache erklärt nicht die Verschlechterung der Lage, die sich allmählich im Kongo einstellte, diese Tatsache erklärt nicht die kaltblütig beschlossene, kaltblütig durchgeführte Ermordung Lumumbas; diese kolonialistische Zusammenarbeit reicht nicht hin, um zu erklären, warum Afrika im Februar 1961 anlässlich des Kongo seine erste große Krise erlebte. Seine erste große Krise und er wird sich entschließen müssen, ob er vorwärts oder rückwärts will. Es wird notwendig sein, dass ganz Afrika die Unmöglichkeit begreift, gebietsweise vorzurücken, dass es notwendig ist (wie für ein Lebewesen, das sich jeder Verstümmelung widersetzt), insgesamt voranzuschreiten, dass es nicht ein Afrika geben kann, das gegen den Kolonialismus kämpft und ein anderes Afrika, das versucht, sich mit dem Kolonialismus zu arrangieren. Es wird notwendig sein, dass Afrika, d. h., die Afrikaner einsehen, dass es keine Größe ist, Ausflüchte zu machen und keine Schande ist, zu sagen, was man ist und was man will und dass in Wirklichkeit die einzige Fähigkeit des Kolonisierten letzten Endes nichts anderes sein kann als sein Mut, die klare Vorstellung von seinen Zielen und seinen Bündnissen, die Zähigkeit, mit der er seine Befreiung betreibt.

Lumumba glaubte an seine Mission. Er hatte ein übertriebenes Vertrauen in das Volk. Für ihn konnte das Volk sich nicht nur nicht täuschen, noch getäuscht werden. Und tatsächlich schien alles ihm Recht zu geben. Jedes Mal zum Beispiel, wenn irgendwo im Kongo seine Feinde Stimmung gegen ihn machten, genügte es, wenn er erschien, um zu erklären, um anzuklagen, damit die Situation sich wieder normalisierte. Eigenartigerweise vergaß er, dass er nicht überall zugleich sein konnte und dass das Wunder der Erklärung weniger die Wahrheit dessen war, was er darlegte, als die Wahrheit seiner Person.

Lumumba hatte die Schlacht um die Präsidentschaft der Republik verloren. Aber weil er ein Symbol war, ein Symbol des Vertrauens, das das kongolesische Volk in ihn gesetzt hatte und weil die afrikanischen Völker vage begriffen hatten, dass er der Einzige war, der auf die Würde seines Landes bedacht war, war Lumumba nach wie vor derjenige, der dem kongolesischen Patriotismus und den afrikanischen Nationalismus in seiner schärfsten und edelsten Form zum Ausdruck brachte.

Und dann begannen andere, wesentlich bedeutendere Länder als Belgien und Portugal sich direkt für die Frage zu interessieren. Mit Lumumba wurde Kontakt aufgenommen, er wurde interviewt. Nach seiner Reise in die Vereinigten Staaten stand fest: Lumumba musste verschwinden.

Warum? Weil die Feinde Afrikas sich nicht getäuscht hatten. Lumumba war verkauft, verkauft an Afrika, versteht sich. Das hieß, dass man ihn nicht mehr kaufen konnte.

Die Feinde Afrikas stellten mit einem gewissen Erschrecken fest, dass, falls Lumumba inmitten des kolonialistischen Lagers (einem französischen Afrika, das sich in eine erneuerte *Communauté* verwandelte, einer »portugiesischen Provinz« Angola und dem östlichen Afrika) Erfolg haben würde, dies das Ende »ihres« Afrika bedeuten würde, von dem sie schon ganz bestimmte Vorstellungen hatten.

Der größte Erfolg der Feinde Afrikas ist es, die Afrikaner selbst kompromittiert zu haben. Es ist wahr, dass diese Afrikaner direkt an der Ermordung Lumumbas interessiert waren. Chefs von Marionettenregierungen, inmitten einer marionettenhaften Unabhängigkeit, Tag für Tag mit der massiven Opposition ihrer Völker konfrontiert, brauchten sie nicht lange, um zu dem Schluss zu kommen, dass eine wirkliche Unabhängigkeit des Kongo sie persönlich in Gefahr bringen würde.

Und dann gab es andere Afrikaner, die nicht ganz solche Marionetten waren, aber die es mit der Angst bekommen, wenn es um die Frage geht, Afrika vom Westen loszulösen. Man könnte sagen, dass diese afrikanischen Staatschefs immer Angst haben, mit Afrika allein zu sein. Auch diese Leute, mehr oder weniger aktiv, haben dennoch bewusst zur Verschlechterung der Lage im Kongo beigetragen. Nach und nach kam man im Westen überein, dass man im Kongo intervenieren müsse, dass man den Dingen nicht ihren Lauf lassen könne.

Nach und nach nahm die Idee einer Intervention der UNO Gestalt an. Heute lässt sich also sagen, dass von den Afrikanern zwei Fehler gleichzeitig begangen wurden.

Zuerst von Lumumba selbst, als er um die Intervention der UNO nachsuchte. Nicht an die UNO hätte der Appell gerichtet werden müssen. Die UNO ist niemals fähig gewesen, nur ein einziges der Probleme, die sich dem Gewissen des Menschen durch den Kolonialismus stellen, zufriedenstellend zu lösen, und jedes Mal, wenn sie interveniert hat, dann nur, um konkret der kolonialistischen Macht zu Hilfe zu eilen.

Seht euch Kamerun an. Was für eines Friedens erfreuen sich die Untertanen des Herrn Ahidjo, die von einem französischen Expeditionscorps in Schach gehalten werden, das in seiner Mehrheit seine Feuertaufe in Algerien erhalten hat. Die UNO kontrolliert mittlerweile die Selbstbestimmung des Kamerun und die französische Regierung hat dort eine »provisorische Exekutive« errichtet.

Seht euch Vietnam an.

Seht euch Laos an.

Man kann einfach nicht sagen, dass die UNO scheitert, weil die Dinge so kompliziert sind.

In Wirklichkeit ist die UNO die juristische Karte, die die imperialistischen Mächte ausspielen, wenn die Karte der brutalen Gewalt nicht gezogen hat.

Die Teilungen, die gemischt kontrollierten Kommissionen, die Schirmherrschaften sind die internationalen legalen Mittel, um zu foltern, den Unabhängigkeitswillen der Völker zu brechen, die Anarchie, das Banditentum und das Elend zu kultivieren.

Denn schließlich gab es vor der Ankunft der UNO keine Massaker im Kongo. Nach all den mit Absicht propagierten irreführenden Gerüchten beim Abzug der Belgier zählte man am Ende nur ein Dutzend Tote. Aber seit der Ankunft der UNO ist man gewohnt, jeden Morgen zu erfahren, dass die Kongolesen sich zu Hunderten gegenseitig massakrieren.

Heute erzählt man uns, dass die wiederholten Provokationen von Belgiern inszeniert wurden, die sich als Soldaten der Organisation der Vereinten Nationen verkleidet hatten. Heute wird enthüllt, dass zivile Funktionäre der UNO tatsächlich schon am dritten Tag nach der Einsetzung Lumumbas eine neue Regierung aufgestellt hatten. Man begreift also viel besser die sogenannte Gewalttätigkeit, die Härte, die Reizbarkeit Lumumbas.

Tatsächlich weist jedoch alles auf die außerordentliche Besonnenheit Lumumbas hin.

Die Chefs der UNO-Mission nahmen mit den Feinden Lumumbas Kontakt auf und trafen mit ihnen Entscheidungen, die den Kongo als Staat verpflichteten. Wie muss ein Regierungschef in solch einem Fall reagieren? Das angestrebte und erreichte Ziel war das folgende: das Fehlen von Autorität, das Nichtvorhandensein des Staates zu beweisen.

Also die Sequestrierung des Kongo zu motivieren.

Der Fehler Lumumbas ist es folglich gewesen, anfänglich an die freundschaftliche Unparteilichkeit der UNO geglaubt zu haben. Seltsamerweise vergaß er, dass die UNO in ihrem gegenwärtigen Zustand nur eine Einrichtung ist, die von den Großen geschaffen wurde, um mit ihrer Hilfe zwischen zwei bewaffneten Konflikten den »friedlichen Kampf« zur Teilung der Welt fortsetzen zu können. Wenn im August 1960 Herr Iléo jedem, der es hören wollte, versicherte, dass man Lumumba hängen sollte, wenn die Mitglieder des Kabinetts Lumumba nicht wussten, was sie mit den Dollars anfangen sollten, die in jener Zeit Léopoldville überschwemmten, wenn schließlich Mobutu sich jeden Abend nach Brazzaville begab, um dort zu hören, was sich heute ziemlich genau rekonstruieren lässt, weshalb sich dann mit solcher Aufrichtigkeit, solcher Rückhaltlosigkeit an die UNO wenden?

Die Afrikaner dürfen diese Lektion nicht vergessen. Wenn uns äußere Hilfe fehlt, dann rufen wir unsere Freunde. Nur sie können uns wirklich und bedingungslos helfen, unsere Ziele zu verwirklichen, weil gerade die Freundschaft, die uns mit ihnen verbindet, eine Freundschaft des Kampfes ist.

Aber die afrikanischen Länder haben ihrerseits einen Fehler begangen, indem sie akzeptiert haben, ihre Truppen unter dem Deckmantel der UNO zu schicken. In der Tat ließen sie es zu, neutralisiert zu werden und erlaubten so den anderen, die Arbeit zu machen, ohne Verdacht zu schöpfen.

Sicherlich war es notwendig, Lumumba Truppen zu schicken, aber nicht im Rahmen der UNO. Direkt. Von befreundetem Land zu befreundetem Land. Die afrikanischen Truppen haben im Kongo eine moralische Niederlage erlitten. Gewehr bei Fuß haben sie, ohne zu reagieren (weil Truppen der UNO), dem Zerfall eines Staates und einer Nation Afrikas zugeschaut, die ganz Afrika gleichwohl begrüßt und besungen hatte. Eine Schande.

Unser Fehler, der Fehler der Afrikaner, ist es, vergessen zu haben, dass der Feind niemals aufrichtig das Feld räumt. Dass er niemals begreift. Dass er kapituliert, aber sich nicht überzeugen lässt.

Unser Fehler ist es, geglaubt zu haben, dass der Feind etwas an seiner Schlagkraft und seiner Schädlichkeit eingebüßt habe. Wenn Lumumba im Wege ist, dann verschwindet Lumumba. Vor einem Mord zurückschrecken ist niemals das Kennzeichen des Imperialismus gewesen.

Denkt an Ben M'Hidi, denkt an Moumié, denkt an Lumumba. Unser Fehler ist es, unsere Schritte nicht überlegt zu haben. Es ist eine Tatsache, dass es in Afrika, heute, Verräter gibt. Man hätte sie denunzieren und sie bekämpfen müssen. Mag dies auch hart sein, nach dem herrlichen Traum von einem Afrika, das zu sich selbst findet, das durch die einstimmige Forderung nach wahrer Unabhängigkeit geeint ist. Aber das ändert nichts an der Wirklichkeit.

Afrikaner haben die imperialistische Politik im Kongo gutgeheißen, haben als Vermittler gedient, haben die Aktivitäten und das seltsame Stillschweigen der UNO gebilligt.

Heute haben sie Angst. Alle heucheln sie Trauer um Lumumba. Lassen wir uns nicht täuschen, das ist nur Ausdruck ihrer Angst vor ihren Mandanten. Die Imperialisten, auch sie haben Angst. Und mit Recht, denn viele Afrikaner, viele Afroasiaten haben begriffen. Die Imperialisten werden eine kleine Pause einlegen. Sie werden abwarten, bis sich die »legitimen Emotionen« gelegt haben. Wir müssen von dieser kurzen Frist profitieren, um mit unseren furchtsamen Schritten Schluss zu machen, müssen uns entschließen, den Kongo und Afrika zu retten.

Die Imperialisten hatten beschlossen, Lumumba zu erschlagen. Sie haben es getan. Sie hatten beschlossen, Freiwilligenlegionen aufzustellen. Sie sind bereits an Ort und Stelle eingetroffen.

Die Luftwaffe von Katanga, unter dem Kommando von südafrikanischen und belgischen Piloten, hat seit mehreren Tagen damit begonnen, kongolesischen Boden mit Maschinengewehrfeuer zu bestreichen. Von Brazzaville aus begeben sich fremde Flugzeuge, voller freiwilliger Fallschirmjäger mit ihren Offizieren, zu Hilfe eines »gewissen« Kongo.

Wenn wir uns entschließen, Gizenga zu unterstützen, dann müssen wir es entschlossen tun.

Denn noch niemand kennt den Namen des nächsten Lumumba. Es gibt in Afrika eine bestimmte Strömung, die von ganz bestimmten Menschen vertreten wird. Diese für den Imperialismus gefährliche Strömung ist in Gefahr. Hüten wir uns davor, jemals zu vergessen: Was sich im Kongo abspielt, ist unser aller Schicksal.

Anmerkungen

1. Text veröffentlicht in der Zeitschrift *Esprit*, Februar 1952.
2. So etwa: Die Sozialabgaben? Die zahlen wir doch.
3. Dr. E. Stern. Psychosomatische Medizin, *Psyché*, Januar/Februar 1949, S. 128.
4. S. 20, von mir unterstrichen.
5. S. 20, von mir unterstrichen.
6. Straße eines Armenviertels in Lyon, wo zahlreiche Nordafrikaner wohnen.
7. Text veröffentlicht in der Zeitschrift *Esprit*, Februar 1955.
8. *Peau Noire et masques blanches* (Collection Esprit, Édition du Seuil).
9. Nehmen wir an, die Konzessionen, die wir gemacht haben, seien fiktiv. Philosophisch und politisch gibt es kein afrikanisches Volk, sondern eine afrikanische Welt. Ebenso eine Welt der Antillen. Dagegen lässt sich sagen, dass es ein jüdisches Volk gibt, aber keine jüdische Rasse.
10. Man denke zum Beispiel an den Karneval und die Lieder, die zu dieser Gelegenheit komponiert werden.
11. Man könnte sagen: Wie die französische Kleinbürgerin zu jener Zeit, aber das wollen wir damit nicht sagen. Was wir hier wollen, ist es zu untersuchen, wie sich die Haltung des Antillesen zur Negritude verändert hat.
12. Césaire: *Cahier d'un retour au pays natal*, S. 49.
13. Text der Rede von Frantz Fanon auf dem I. Kongress Schwarzer Schriftsteller und Künstler in Paris, September 1956. Veröffentlicht in der Sondernummer *Présence Africaine*, Juni/November 1956.
14. In diesem Stadium tritt ein wenig untersuchtes Phänomen in Erscheinung. Intellektuelle und Gelehrte der herrschenden Gesellschaft untersuchen »wissenschaftlich« die unterdrückte Gesellschaft, ihre Ästhetik, ihr ethisches Universum.

    In den Universitäten dürfen die wenigen kolonisierten Intellektuellen Vorlesungen über ihr kulturelles System halten. Es kommt sogar vor, dass Wissenschaftler des kolonisatorischen Landes über diesen oder jenen spezifischen Zug in Begeisterung geraten. Es treten Begriffe wie Reinheit, Naivität und Unschuld auf. Hier muss sich die Wachsamkeit des Einheimischen verdoppeln.

15. *El Moudjahid* Nr. 10 vom September 1957.
Im Allgemeinen sind die Ereignisse in dieser Artikelserie des Zentralorgans der FLN, auf die sich Frantz Fanon bezieht, noch hinreichend frisch in Erinnerung, und der Autor selbst ist in seiner Sorge um Klarheit und Didaktik hinreichend weit gegangen, sodass man es nicht für sinnvoll angesehen hat, den Text durch erklärende historische Fußnoten schwerfälliger zu machen.
16. *El Moudjahid* Nr. 10 vom September 1957.
17. In der Gegend von Konstantine verübte 1956 ein Polizeikommissar Selbstmord.
18. *El Moudjahid* Nr. 12 vom 15. November 1957.
Anlässlich des Buches von Georges Arnaud und Jacques Vergès: *Pour Djamila Bouhired.*
19. Diese Serie von drei Artikeln erschienen in *EI Moudjahid* vom 1., 15. und 30. Dezember 1957.
20. *El Moudjahid* Nr. 16 vom 15. Januar 1958.
21. *El Moudjahid* Nr. 18 vom 15. Februar 1958.
22. *El Moudjahid* Nr. 21 vom 1. April 1958.
23. *El Moudjahid* Nr. 22 vom 16. April 1958.
24. *El Moudjahid* Nr. 23 vom 5. Mai 1958.
25. *El Moudjahid* Nr. 24 vom 29. Mai 1958.
26. *El Moudjahid* Nr. 27 vom 22. Juli 1958.
27. *El Moudjahid* Nr. 28 vom 22. August 1958.
28. *El Moudjahid* Nr. 29 vom 17. September 1958.
29. *El Moudjahid* Nr. 30 vom 10. Oktober 1958.
30. *El Moudjahid* Nr. 31 vom 1. November 1958.
31. *El Moudjahid* Nr. 34 vom 24. Dezember 1958.
32. *El* Moudjahid Nr. 34 vom 24. Dezember 1958.
33. *El Moudjahid* Nr. 37 vom 25. Februar 1959.
34. *El Moudjahid* Nr. 42 vom 25. Mai 1959.
35. *El Moudjahid* Nr. 58 vom 5. Januar 1960.
36. *El Moudjahid* Nr. 58 vom 5. Januar 1960.
37. *Afrique Action* Nr. 19 vom 20. Februar 1961.

Eberhard Seidel

Döner. Eine türkisch-deutsche Kulturgeschichte

257 Seiten, gebunden
mit zahlreichen Abbildungen von Laura Fronterré
978-3-7550-0004-4

50 Jahre Dönergeschichte – ein kulinarisches Kaleidoskop!

Eberhard Seidel gelingt mit *Döner. Eine türkisch-deutsche Kulturgeschichte* das, was man sich von einem Sachbuch mit Anspruch erhofft. Ausgehend von diesem unscheinbaren Imbissgericht erzählt er die über 60-jährige Geschichte des türkischen Lebens in Deutschland neu: vom Anwerbeabkommen über die ökonomischen, sozialen und gesellschafts-politischen Bedingungen, die die Entwicklung des preiswerten gastronomischen Klassikers begünstigt haben, bis hin zum rassistischen Terror des NSU, der zunächst unter dem Schlagwort »Döner-Morde« durch die Presse ging. Seidel trifft Dönerproduzenten, Bäcker, Imbissbesitzer. Dabei lernen wir ganz nebenbei mehr als in jeder großen soziologischen Studie darüber, wie die Eingewanderten und ihre Nachkommen nicht nur die Essensgewohnheiten der Menschen, sondern das Land von Grund auf verändert haben.

»Ein hervorragend recherchiertes Buch, das trotz easy reading so inhaltsreich ist, wie ein gut bestückter Döner es sein sollte.«
Emma Steel, *Skin Up*

»Der Döner ist das neue Nationalgericht der Deutschen – ein Buch schildert jetzt seinen Siegeszug.«
Ferda Ataman, *Spiegel Online*

Valerie Solanas

Manifest der Gesellschaft zur Vernichtung der Männer

Aus dem amerikanischen Englisch von Nils-Thomas Lindquist, hrsg. von Barbara Kalender und mit einem Nachwort von Jörg Schröder
128 Seiten, gebunden
978-3-7550-0005-1

Das *S.C.U.M. Manifesto* gilt noch heute als eines der gewalttätigsten und streitbarsten Traktate. 1967 zum ersten Mal im Eigenverlag erschienen, machte das Werk in New York schnell die Runde. Die Olympia Press wurde darauf aufmerksam, die Übersetzung erschien kurze Zeit später schon bei MÄRZ und schlägt auch hierzulande große Wellen. Dass Valerie Solanas noch im selben Jahr Andy Warhol kennenlernt, dem sie eines ihrer Theaterstücke zu lesen gibt, bevor sie wenige Monate danach drei Schüsse auf ihn feuert, ist seither untrennbar mit der Rezeption dieses Buchs verbunden.

»Solanas ist heute genauso relevant wie in den 1960er-Jahren, denn für Frauen hat sich seither nicht viel geändert.«
Julie Bindel, *Spectator*

»Entweder denkt man, dass dies ein Werk von unverfälschter Genialität ist, oder man tut es als das Schwärmen einer verrückten Psycho-Schlampe ab, ohne zu verstehen, dass es genau deshalb so überzeugend und so voller Einsichten ist.«
Suzanne Moore, *New Statesman*

Frantz Fanon, geboren 1925 in Martinique, kämpfte als junger Mann im Zweiten Weltkrieg gegen die Achsenmächte und studierte anschließend Medizin und Philosophie in Lyon. Er arbeitete im Anschluss erst als Leiter einer Psychiatrie, danach für die Nationale Befreiungsfront in Algerien. Von der Négritude-Bewegung, der er zunächst anhing, trennte er sich, da ihm deren Forderungen nicht weit genug gingen. 1961 starb er an Leukämie.

Einar Schlereth, geboren 1937 in Marienwerder, arbeitete nach dem Studium der Anglistik und Romanistik viele Jahre beim NDR und bei Radio Bremen. Er übersetzte zahlreiche Werke aus dem Französischen, Schwedischen und Englischen.

Barbara Kalender, geboren 1958 in Stockhausen (Hessen), ist Autorin, Buchgestalterin und Verlegerin. 1981 trat sie in den März Verlag ein. Von 1990 bis 2018 hat sie gemeinsam mit Jörg Schröder 68 Folgen und sieben Treuegaben von *Schröder erzählt* veröffentlicht.

Erste Auflage Berlin 2022

Göhrener Straße 7, 10437 Berlin
info@maerzverlag.de

Erstmals erschienen bei: MÄRZ Verlag KG,
Frankfurt am Main, 1972
Titel der Originalausgabe: *Pour la révolution africaine*

Umschlaggestaltung: Barbara Kalender nach dem
MÄRZ-Erscheinungsbild von Jörg Schröder.
Satz: Monika Grucza-Nápoles, Berlin
Druck und Bindung: Pustet, Regensburg
ISBN 978-3-7550-0006-8
www.maerzverlag.de